2020 年度

公路水运工程试验检测人员考试类图书

资　讯

一、官方考试教材

序　号	书　名	书　号	定　价
1	公路水运工程试验检测专业技术人员职业资格考试用书　公共基础（2020 年版）	16493	80.00
2	公路水运工程试验检测专业技术人员职业资格考试用书　道路工程（2020 年版）	16494	90.00
3	公路水运工程试验检测专业技术人员职业资格考试用书　桥梁隧道工程（2020 年版）	16495	105.00
4	公路水运工程试验检测专业技术人员职业资格考试用书　交通工程（2020 年版）	16496	120.00

二、考试辅导用书

　　（一）应试题解系列

序　号	书　名	书　号	定　价
1	公路水运工程试验检测人员应试题解　公共基础（2020 年版）	16675	50.00
2	公路水运工程试验检测人员应试题解　道路工程（2020 年版）	16676	65.00
3	公路水运工程试验检测人员应试题解　桥梁隧道工程（2020 年版）	16677	65.00

　　（二）习题精练系列

序　号	书　名	书　号	定　价
1	公路水运工程试验检测人员考试习题精练与解析　公共基础（2020 年版）	16678	50.00
2	公路水运工程试验检测人员考试习题精练与解析　道路工程（2020 年版）	16679	65.00
3	公路水运工程试验检测人员考试习题精练与解析　桥梁隧道工程（2020 年版）	16680	75.00
4	公路水运工程试验检测人员考试习题精练与解析　交通工程（2020 年版）	16681	80.00

（三）考前冲刺模拟试题

序　号	书　名	书　号	定　价
1	公路水运工程试验检测师考前冲刺模拟试题(**助理试验检测师**)(2019 年版)	15733	58.00
2	公路水运工程试验检测师考前冲刺模拟试题(**试验检测师**)(2019 年版)	15734	62.00

三、相关参考用书

序　号	书　名	书　号	定　价
1★	公路水运试验检测数据报告编制导则(JT/T 828—2019)	3143	20.00
2★	《公路水运试验检测数据报告编制导则》释义手册	15484	60.00
3★	公路水运工程试验检测等级管理要求(JT/T 1181—2018)	2831	60.00
4	公路交通安全设施质量检验抽样方法(JT/T 495—2014)	1957	30.00
5	公路水运工程质量监督管理规定(第二版)	2810	50.00
6	《公路水运工程质量监督管理规定》宣贯读本	15199	45.00
7	公路工程试验检测仪器设备校准指南	09132	40.00
8	水运工程试验检测仪器设备检定/校准指导手册	15100	70.00
9	公路工程工地试验室标准化指南	10885	50.00
10	公路工程试验检测仪器设备计量管理指南	13028	150.00
11	水运工程试验检测仪器设备检定/校准指导手册：Ⅲ类仪器校准指南	预计 2020 年底出版	

各位考生可通过当地交通书店购买,也可通过各大网上书店购买。

咨询电话:(发行部)010-59757973。

试验检测考试交流 QQ 群 878467422(之前已加"一～十群"的不用重复加入)

2020 职（执）业资格考试辅导丛书

公路水运工程试验检测人员考试
习题精练与解析

公 共 基 础

张祖棠　主编

人民交通出版社股份有限公司

北 京

内 容 提 要

本书根据 2020 年度《公共基础》科目考试大纲及考试用书的相关要求,精心编写了大量练习题。全书共分三部分,第一部分为习题及参考答案,包括法律、法规、规章及规范性文件,试验室管理,试验检测基础知识三章;第二部分为典型易错题剖析;第三部分为模拟试卷及参考答案。

本书可作为公路水运工程试验检测人员考前复习参考资料。

图书在版编目(CIP)数据

公路水运工程试验检测人员考试习题精练与解析. 公共基础 / 张祖棠主编. — 北京 : 人民交通出版社股份有限公司, 2020.8

(2020 职(执)业资格考试辅导丛书)

ISBN 978-7-114-16678-5

Ⅰ.①公… Ⅱ.①张… Ⅲ.①道路工程—试验—资格考试—题解 ②道路工程—检测—资格考试—题解 ③航道工程—试验—资格考试—题解 ④航道工程—检测—资格考试—题解 Ⅳ.①U41-44 ②U61-44

中国版本图书馆 CIP 数据核字(2020)第 111007 号

书 名:	公路水运工程试验检测人员考试习题精练与解析 公共基础
著 作 者:	张祖棠
责任编辑:	朱伟康
责任校对:	孙国靖 龙 雪
责任印制:	刘高彤
出版发行:	人民交通出版社股份有限公司
地 址:	(100011)北京市朝阳区安定门外外馆斜街 3 号
网 址:	http://www.ccpcl.com.cn
销售电话:	(010)59757973
总 经 销:	人民交通出版社股份有限公司发行部
经 销:	各地新华书店
印 刷:	北京市密东印刷有限公司
开 本:	787×1092 1/16
印 张:	13.75
字 数:	326 千
版 次:	2020 年 8 月 第 1 版
印 次:	2020 年 8 月 第 1 次印刷
书 号:	ISBN 978-7-114-16678-5
定 价:	50.00 元

(有印刷、装订质量问题的图书,由本公司负责调换)

前　言

　　《公路水运工程试验检测人员考试习题精练与解析　公共基础》先后出版过 2016 年版和 2018 年版,为满足广大考生复习备考需要发挥了重要作用,至今已成为有影响力和广受欢迎的考试辅导资料。

　　2020 年版在总结近年来考试内容的基础上,结合《2020 年度公路水运工程试验检测专业技术人员职业资格考试大纲》要求,按照内容全面、重点突出的原则,补充了考试大纲第二部分试验室管理中《检测和校准实验室能力的通用要求》《公路水运工程试验检测等级管理要求》《检验检测机构诚信评价规范》《公路水运试验检测数据报告编制导则》等变化较大考试内容的相关习题。

　　本次修订的主要内容有:

　　1. 增加了典型易错题剖析部分,希望通过一些规律性的总结分析,让考生更好地掌握考试的出题规律;

　　2. 增加了考试大纲新增考点的相关习题;

　　3. 删除了各章超出考试大纲范围、文件废止停用或陈旧过时的习题;

　　4. 完善了部分习题的答案解析,以便考生进一步掌握相关知识;

　　5. 修改了各部分习题中的遗漏和错误;

　　6. 增加了试验检测师和助理试验检测师模拟试卷各一套。

　　在本书编写过程中,黄刚、刘大超、张以丞、束芝青、许子渝等参与了资料查询、整理以及编写、审核工作。

　　本书难免有疏漏和不足之处,请各位考生提出宝贵意见和建议,以便修订时参考。

主　编

2020 年 7 月

致考生

2015年6月23日，人力资源社会保障部、交通运输部联合印发了《关于印发〈公路水运工程试验检测专业技术人员职业资格制度规定〉和〈公路水运工程试验检测专业技术人员职业资格考试实施办法〉的通知》(人社部发〔2015〕59号)，标志着公路水运工程试验检测专业技术人员水平评价类国家职业资格制度正式设立。

一、为什么要考《公共基础》？

《公共基础》是一门涵盖公路水运工程试验检测工作中所涉及的法律、法规、规章及规范性文件，试验室管理要求以及试验检测基础知识的科目。在实际工作中，公路水运工程试验检测活动是一种规范性行为，从业人员必须具备熟悉和运用有关法律、法规、规章及规范性文件的能力；也是公路工程的质量控制手段，从业人员应熟悉相关的管理知识并遵守相关管理要求；还是一种技术性行为，从业人员应依据工程建设技术标准、规范和规程，对公路水运工程材料、构件、产品和工程实体的质量进行试验检测。因此，《公共基础》科目考试，能够检验试验检测专业技术人员对相关知识的掌握和运用水平，有利于培育行业所需的专业技术人才，从而全面提升从业人员的职业能力。

二、《公共基础》主要考查什么内容？

1.考查考生是否了解、熟悉并掌握与检验检测活动有关的法律、法规、规章及行业规范性文件，检验其是否具备熟练、灵活运用文件规定的能力。

2.考查考生是否了解、熟悉并掌握试验室管理的有关规定和检验检测机构资质认定的有关要求，检验其是否具备综合运用试验室管理相关知识的能力。

(1)有关试验室能力管理的要求。考生应从检验检测领域、交通建设行业两个层面，掌握检测人员能力、仪器设备控制和管理、场地设施等资源的管理要求，以及在抽样、样品抽取及处置、期间核查、结果有效性、检测方法选择和验证等方面的过程要求。

(2)有关公路水运试验检测报告的要求。《公路水运试验检测数据报告编制导则》明确了试验检测报告的编制格式和要求、数据报告信息化管理等，考生应该掌握其基本要求，提高编制检测报告和辨别报告规范性的能力。

(3)有关检验检测机构、检验检测人员诚信的要求。行业相关规范明确了检验检测机构和人员的诚信行为基本要求、诚信评价等级要求等，考生应掌握有关信用等级的划分、信用评价的方法和程序,形成辨别失信行为的能力。

3.考查考生的检验检测基础知识是否扎实、能否满足工作需要。考生应熟练掌握并运用与检测数据准确性有关的常用数理统计工具、数值修约,以及与检测活动密切相关的仪器设备检定/校准、计量结果的确认和运用、能力验证等知识。

三、考生该如何备考?

《公共基础》科目涉及的知识面广、跨学科内容多,要求记忆的知识点相对独立,学习记忆难度大,是历年考试的难点。如何备考复习、有效提高应试成绩是广大考生共同关注的问题。为此,我们提出了以下几点备考建议,仅供参考:

首先,按照考试大纲要求,通过考试用书的学习,系统掌握与大纲相对应的知识结构。考生应通过学习相关的法律、法规、行业规定,正确理解对检验检测机构和人员的主体要求、过程控制的要求;同时结合习题练习,达到对知识的融会贯通和查漏补缺的目标。

其次,要学会知识的梳理。比如,对于检验检测机构资质认定的内容,考生应知道从国家、行业层面规定了检验检测机构必须具备的条件是什么,人员的从业资格的是什么;在从业过程中,行业又是如何对检测机构进行分类、分等级的,等级评定必须按照什么程序进行,如何进行工地试验室管理;检测机构和人员的失信行为有哪些、如何扣分以及如何进行信用管理;等等。

再次,紧抓核心考点、高频考点、新增考点、易错考点,以及与工程实际联系紧密的考点进行复习。考生要借助考试用书、习题等考试资料,对考试要点进行分析解读、分类总结,把握每一类问题的一般规律。同时,通过做练习题达到以练带记、以练带思、以练带析、以练带用,处理好熟悉内容与不熟悉内容,变"他有"为"己有"。

最后,考生还应该认识到,《公共基础》科目具有很强的实践性,不仅考查上述法律法规、管理及基础知识,还重点考查考生运用这些知识分析和解决实际问题的能力。因此,考生要在理解、记忆上述知识的基础上,学会运用知识去解决检验检测活动中组织、人员、工作场所和工作环境、设备设施、管理体系等方面的实际问题。

本习题集基于新版大纲、考试用书和相关规范编写,并对习题作了较为详细全面的解析,希望能引导考生正确理解和全面掌握知识点,帮助考生较为全面、细致、深入地复习和应考。要特别强调的是,广大考生应以考试大纲和考试用书作为主要复习资料,本习题集仅作为备考参考资料。

最后,预祝各位考生顺利通过考试!

目　录

第一章 法律、法规、规章及规范性文件

📖 复习提示

　　本部分主要考查考生对法律法规及行业规范性文件的了解、熟悉和掌握情况,涉及的内容较多,各知识点相对独立,既包括国家层面的《中华人民共和国计量法》《中华人民共和国计量法实施细则》《中华人民共和国认证认可条例》《建设工程质量管理条例》等法律法规,又包括与行业管理有关的《公路水运工程试验检测管理办法》《公路水运工程试验检测专业技术人员职业资格制度规定》《公路水运工程试验检测机构等级标准》《公路水运工程试验检测机构等级评定及换证复核工作程序》《公路水运工程试验检测信用评价办法》等规范性文件。

　　2020年度考试大纲与前几年的考试大纲有着很大区别。其取消了以往大纲中对知识点"了解""熟悉""掌握"的分层要求,增大了复习备考的盲目性和难度。考生该如何应对呢?

　　首先,对于与检验检测机构、检验检测人员、检验检测行为有关的规范性文件,考生需要准确记忆、掌握。例一,对于《公路水运工程试验检测信用评价办法》,需要记忆:评价等级为五个等级,试验检测人员信用评价方法是"累计扣分制",评价周期为一年,失信行为扣分各项条款等。例二,在资质认定的证书和标志内容中,需要记忆:证书、标志的内容、样式和使用规定,如何对证书进行编号,证书的有效期,证书如何延续等。例三,对于"监督管理"知识点,其涉及《检验检测机构资质认定管理办法》第三十四、三十五、三十七、三十八条等内容,考生应掌握新的监管措施(包括:机构自我声明、问询告诫、认可约束、分类监管、诚信档案、参加能力验证、年度报告、统计制度等)。其他知识点不再一一列举。

　　其次,考生需要具备运用法律法规、规范性文件和相关理论知识分析、解决实际问题的能力。具体而言,就是对文件中提出的原则、程序、方法等内容要予以消化,要明确"应该怎么做""做的程序是什么""不这样做会受到什么处罚"。以使用计量器具为例,根据《中华人民共和国计量法》,做法方面的要求是:使用单位应当自行定期检定或者送其他计量检定机构检定(第九条);使用计量器具不得破坏其准确度,损害国家和消费者的利益(第十六条)。程序上的要求是:计量检定必须执行计量检定规程。国家计量检定规程由国务院计量行政部门制定。没有国家计量检定规程的,由国务院有关主管部门和省、自治区、直辖市人民政府计量行政部门分别制定部门计量检定规程和地方计量检定规程(第十条)。如果违反规定呢?使用

不合格的计量器具或者破坏计量器具准确度,给国家和消费者造成损失的,责令赔偿损失,没收计量器具和违法所得,可以并处罚款(第二十六条);属于强制检定范围的计量器具,未按照规定申请检定或者检定不合格继续使用的,责令停止使用,可以并处罚款(第二十五条)。

再次,考生需要注意新增文件的相关内容。比如,2020年度考试大纲增加了《关于进一步推进检验检测机构资质认定改革工作的意见》(国市监检测〔2019〕206号),该文件提出了检验检测机构资质认定试点推行告知承诺制度。此外,还新增《关于印发〈公路工程试验检测仪器设备服务手册〉的通知》(交办安监函〔2019〕66号),该文件依据溯源方式,将近600余种公路专用试验检测设备分为通用类、专用类和工具类三类进行管理,规定了设备的编号规则,并且将设备的溯源类别与《公路工程试验检测机构等级标准》相对应。

一、单项选择题

1.《中华人民共和国计量法》规定,国际单位制计量单位和国家选定的其他计量单位,为国家法定计量单位。国家法定计量单位的名称、符号由(　　)公布。
　　A.有关计量研究院　　　　　　　　B.国务院
　　C.省级以上人民政府计量行政部门　　D.县级以上人民政府计量行政部门

2.凡是为社会提供公证数据的产品质量检验机构,必须经(　　)对其计量检定、测试的能力和可靠性考核合格。
　　A.有关计量研究院　　　　　　　　B.有关人民政府计量认证行政部门
　　C.省级以上人民政府计量行政部门　　D.县级以上人民政府计量行政部门

3."为社会提供公证数据的产品质量检验机构,必须经省级以上人民政府计量认证行政部门计量认证"的规定出自(　　)。
　　A.《中华人民共和国计量法》　　　　B.《中华人民共和国计量法实施细则》
　　C.《中华人民共和国标准化法》　　　D.《中华人民共和国认证认可条例》

4.使用不合格的计量器具或者破坏计量器具准确度,给国家和消费者造成损失的,将被责令赔偿损失,(　　)和违法所得,可以并处罚款。
　　A.暂停检测机构检测业务　　　　　B.暂停涉事检测人员检测业务
　　C.赔偿损失　　　　　　　　　　　D.没收计量器具

5.未经(　　)批准,不得制造、销售和进口规定废除的非法定计量单位的计量器具和国务院禁止使用的其他计量器具。
　　A.国家计量认证行政部门　　　　　B.省级以上计量认证行政部门
　　C.县级以上计量认证行政部门　　　D.国务院

6.实行强制检定的计量器具是指(　　)针对社会公用计量标准器具,部门和企业、事业单位使用的最高计量标准器具,以及环境监测等方面的列入强制检定目录的工作计量器具。
　　A.国家计量认证行政部门　　　　　B.省级以上计量认证行政部门
　　C.县级以上计量认证行政部门　　　D.国务院主管部门

7.我国标准分为(　　)。
　　A.国家标准、专业标准、地方标准和企业标准
　　B.国家标准、行业标准、部门标准和内部标准

C. 国家标准、行业标准、团体标准和企业标准

D. 国际标准、国家标准、部门标准和内部标准

8. 除(　　)为强制性标准和推荐性标准外,国家鼓励采用推荐性标准。

A. 行业标准　　　　B. 企业标准　　　　C. 国家标准　　　　D. 团体标准

9. 对于使用非法定计量单位的,应(　　)。

A. 没收所得　　　　B. 处以罚款　　　　C. 责令改正　　　　D. 责令停止

10. 我们使用的计量器具必须是经检定合格的、(　　)、有标识的计量器具。

A. 结构完整的　　　　　　　　B. 有检定证书的

C. 检定周期内的　　　　　　　D. 检定周期外的

11. 涉及保障人身健康、生命财产安全的标准属于(　　)。

A. 国家标准　　　　　　　　　B. 行业标准

C. 强制性标准　　　　　　　　D. 推荐性标准

12. 在工程建设工程中,工程监理是受(　　)委托进行监理的。

A. 投资方　　　　　　　　　　B. 施工单位

C. 建设单位　　　　　　　　　D. 政府质监机构

13. 对全国建设工程质量实施统一监督管理的管理者是(　　)。

A. 国务院　　　　　　　　　　B. 国务院建设行政主管部门

C. 各行业主管部门　　　　　　D. 行政区域内的地方政府

14. 施工单位未对涉及安全的试块、试件以及有关材料进行取样检测的,应该被责令改正,并处(　　)。

A. 20 万 ~ 50 万元罚款　　　　　B. 10 万元以上 20 万元以下罚款

C. 行政处分　　　　　　　　　　D. 10% ~ 15% 单位罚款数额

15. 对强制性国家标准开展"征求意见"程序时的工作主体是(　　)。

A. 标准化技术委员会或起草专家组

B. 国务院标准化行政主管部门

C. 省、自治区、直辖市人民政府标准化行政主管部门

D. 组织起草部门

16. 强制性国家标准的技术要求应当(　　)强制,并且可验证、可操作。

A. 部分　　　　B. 大部分　　　　C. 全部　　　　D. 少部分

17. 在检验检测机构资质认定工作中,对于检验检测机构能够自我承诺符合告知的法定资质认定条件,国家市场监管总局和省级市场监管部门通过事中事后予以核查纠正的许可事项,采取(　　)方式实施资质认定。

A. 告知　　　　B. 评审　　　　C. 承诺　　　　D. 告知承诺

18. 资质认定选择一般资质认定程序的,许可时限上可以压缩(　　)。

A. 二分之一　　　　B. 四分之一　　　　C. 三分之二　　　　D. 许多

19. (　　)应当严格按照资质认定基本规范开展技术评审活动。

A. 资质认定部门　　　　　　　B. 评审组

C. 市场监管部门　　　　　　　D. 行业主管部门

20. 检验检测机构资质认定整改期限不得超过(　　)。

　　A. 10 个工作日　　　B. 20 天　　　　　C. 一个月　　　　D. 30 个工作日

21. 检验检测机构在申请资质时存在提供虚假材料或隐瞒情况的,(　　)年内不得再次申请资质认定。

　　A. 5　　　　　　　B. 3　　　　　　　C. 2　　　　　　　D. 1

22. 公路综合甲级试验检测机构配备试验检测人员中,下列不属于对技术负责人要求的是(　　)。

　　A. 具备质量负责人资格　　　　　　B. 持试验检测师证书

　　C. 8 年以上试验检测工作经历　　　D. 相关专业高级职称

23. 未取得(　　)的检验检测机构,不得开展产品质量检验工作。

　　A. 合法证书　　　　　　　　　　B. 资质认定证书

　　C. 产品合格证书　　　　　　　　D. 计量合格证书

24. 《公路水运工程试验检测机构等级证书》的有效期为(　　)年。

　　A. 3　　　　　　　B. 7　　　　　　　C. 5　　　　　　　D. 1

25. 上年度信用评价等级在(　　)及以下的检测机构,不宜作为授权设立工地试验室的母体检测机构。

　　A. A 级　　　　　B. B 级　　　　　C. C 级　　　　　D. 等级可以不考虑

26. 作为工地试验室的水泥混凝土检测室的设施建设中,必不可少的条件是(　　)。

　　A. 上、下水管道　　　　　　　　B. 水泥混凝土台面

　　C. 沉淀池　　　　　　　　　　　D. 机械强制通风

27. 省级交通质监机构对检测机构等级评审材料完成符合性审查的时限是(　　)个工作日。

　　A. 30　　　　　　B. 15　　　　　　C. 7　　　　　　　D. 5

28. 试验检测师应当通过(　　)专业科目的考试。

　　A. 任意一门　　　　　　　　　　B. 2 门或 2 门以上

　　C. 至少 3 门　　　　　　　　　　D. 全部 5 门

29. 如果检测报告已经签发后,需要进行实质性修改,修订的检测报告需(　　)。

　　A. 不变动原报告唯一性编号　　　B. 重新注以唯一性编号

　　C. 重新注以有别于原报告的编号　　D. 重新注以顺序编号

30. 按照《检验检测机构资质认定管理办法》规定,检验检测机构资质认定标志,由 China Inspection Body and Laboratory Mandatory Approval 的英文缩写 CMA 形成的图案和由一些代码组成的资质认定证书 12 位编号构成。下面选项中,不属于编号代码内容的是(　　)。

　　A. 发证年份代码　　　　　　　　B. 发证机关代码

　　C. 发证省别代码　　　　　　　　D. 专业领域类别代码

31. 检验检测机构自被撤销资质认定之日起(　　)年内,不得再次申请资质认定。

　　A. 1　　　　　　　B. 2　　　　　　　C. 3　　　　　　　D. 5

32. 公路水运检测机构工地试验室的设立实行(　　)。

　　A. 报批备案制　　B. 登记备案制　　C. 批准备案制　　D. 报批登记制

33. 检验检测机构的管理体系应当覆盖(　　)。

    A. 在固定场所开展的检验检测工作

    B. 在非固定场所实施的质量管理和开展的检验检测工作

    C. 在所有场所进行的质量管理和开展的检验检测工作

    D. 在其他场所开展的检验检测工作

34. 下列选项中,(　　)必须申请检验检测机构资质认定。

    A. 企业内部的检测部门

    B. 大专院校的实验室

    C. 计量检定研究院

    D. 为社会出具具有证明作用的数据和结果的机构

35. 检验检测机构一般应为独立法人,非独立法人的机构需要(　　)。

    A. 由上级主管单位确认其最高管理者　　　B. 经法人书面授权

    C. 县级以上资质认定部门批准　　　　　　D. 当地资质认定部门批准

36. (　　)不属于工地试验室工作区功能室。

    A. 收样室　　　　　　B. 土工室　　　　　　C. 集料室　　　　　　D. 外出检测室

37. 按照国家有关保密的规定,为了确保检验检测机构资质认定工作的公正实施,对资质认定工作中获得的信息依法进行保密,制定了《检验检测机构资质认定　公正性和保密性要求》,其目的主要是规范(　　)行为。

    A. 检验检测机构　　　　　　　　　　　　B. 资质认定管理部门

    C. 参与资质认定的所有人员　　　　　　　D. 资质认定所有工作

38. 在资质认定整个工作中,资质认定部门和参与资质认定工作的人员会获得有关检验检测机构的商业、技术等信息。按照《检验检测机构资质认定　公正性和保密性要求》,应该保密的信息是(　　)。

    A. 检验检测机构申请资质认定的资料及文件

    B. 暂停或撤销资质认定

    C. 扩大或缩小资质认定范围的信息及获准资质认定的范围

    D. 从其他合法渠道获得的有关检验检测机构的公开信息

39. 机构负责人、技术负责人等发生变更的,应当自变更之日起(　　)日内,到原发证质监机构办理变更登记手续。

    A. 15　　　　　　　　B. 7　　　　　　　　C. 10　　　　　　　　D. 30

40. 2012 年 1 月 1 日是下列(　　)文件的实施时间。

    A.《公路水运工程试验检测机构等级标准》

    B.《公路水运试验检测机构等级评定及换证复核工作程序》

    C.《公路水运工程试验检测人员继续教育办法(试行)》

    D.《关于进一步加强公路水运工程工地试验室管理工作的意见》

41.《公路水运工程试验检测管理办法》(交通运输部令 2019 年第 38 号)已于 2019 年 11 月 20 日经第(　　)次部务会议通过,自 2019 年 11 月 28 日起施行。

    A. 10　　　　　　　　B. 26　　　　　　　　C. 28　　　　　　　　D. 29

42. 质监机构在监督检查中发现检测机构有违反《公路水运工程试验检测管理办法》行为时,不会采取的行为是(　　)。

A. 质监机构不再委托其承担检测业务　　B. 约谈项目管理者

C. 警告　　D. 限期整改

43. 检测人员按照《公路水运工程试验检测管理办法》要求,应当真实、独立地开展检测工作,保证检验检测数据的(　　)。

A. 清晰、完整、规范　　　　　　　　B. 严密、完善、有效

C. 客观、公正、准确　　　　　　　　D. 客观、公正、科学

44. 资质认定证书的有效期为(　　)年。

A. 3　　　　　　B. 7　　　　　　C. 6　　　　　　D. 1

45. 制定《公路水运工程试验检测人员继续教育办法(试行)》的依据是(　　)。

A.《建设工程质量管理条例》　　　　B.《公路建设市场管理办法》

C.《中华人民共和国公路法》　　　　D.《公路水运工程试验检测管理办法》

46. 工地试验室对于隐蔽工程必须收集的是(　　)。

A. 施工日志　　　　　　　　　　　　B. 地质结构资料

C. 规范、标准和规程　　　　　　　　D. 图片及影像资料

47. 检验检测机构在资质认定证书确定的能力范围内,对社会出具具有证明作用数据、结果时,应当标注资质认定标志。资质认定标志加盖在(　　)位置。

A. 主页上部　　　　　　　　　　　　B. 封面左上角

C. 封面上部适当位置　　　　　　　　D. 封面检验检测机构名称上

48. 建立公路水运工程工地试验室是为了进一步加强工地试验室管理,规范试验检测行为,提高试验检测数据的(　　)和准确性,保证公路水运工程质量。

A. 客观性　　　　B. 完整性　　　　C. 科学性　　　　D. 真实性

49. 作为责任主体的(　　)应该加强对授权工地试验室的管理和指导,并对工地试验室试验检测结果的真实性和准确性负责。

A. 施工总承包机构　　　　　　　　　B. 施工检测机构

C. 母体试验检测机构　　　　　　　　D. 工程质量监督机构

50. 下列不属于初审必须完成的工作的是(　　)。

A. 检查检测机构检定和校准是否按规定进行

B. 检查检测机构采用的试验检测标准、规范和规程是否合法有效

C. 检查检测机构申报材料与实际状况的符合性

D. 检查检测机构是否具有良好的试验检测业绩

51. 检验检测机构应该对管理体系(　　)。

A. 定期修订　　　B. 定期改版　　　C. 定期审查　　　D. 随时审查

52. 对检验检测机构进行资质认定,就是要对机构的体系运行、法律地位、授权签字人能力以及机构的(　　)进行评价许可。

A. 仪器设备　　　B. 场地设施　　　C. 公司规模　　　D. 检测能力

53. 申请资质认定的检验检测机构无须满足的条件是(　　)。

A. 具有固定的工作场所,工作环境满足检验检测要求

B. 依法成立并能承担相应法律责任的独立法人

C. 具有并有效运行保证其检验检测活动独立、公正、科学、诚信的管理体系

D. 具备从事检验检测活动所必需的检验检测设备设施

54. 当检验检测机构发生资质认定检验检测项目取消情形时,应该(　　)。

A. 向资质认定部门申请办理变更手续

B. 自行从机构参数表内取消,并以某种形式公示

C. 自行从机构参数表内取消,并报相关部门备案

D. 自行从机构参数表内取消

55. 按照《公路水运工程试验检测机构等级标准》要求,下列不属于综合乙级对沥青混合料项目设备配置的强制性要求的是(　　)。

A. 电子天平　　　　　　　　　B. 马歇尔稳定度仪

C. 最大理论密度测定仪　　　　D. 标准筛

56. 资质认定部门识别获得资质认定证书的检验检测机构的业务特点和风险点,根据风险程度分类监管,下列不属于风险程度较高领域的是(　　)。

A. 机动车安全技术检验　　　　B. 司法鉴定、质量仲裁

C. 大型桥梁施工安全　　　　　D. 装饰装修材料检验

57. 信用等级被评为很差的工地试验室授权负责人,(　　)年内不能担任工地试验室授权负责人。

A. 1　　　　　　B. 2　　　　　　C. 3　　　　　　D. 5

58.《实验室和检查机构资质认定管理办法》(质检总局令第86号)与《检验检测机构资质认定管理办法》(质检总局令第163号)比较,在评审要素结构上做了较大改变。现场评审核查内容由"管理要求""技术要求"2个评审要求,19个要素(　　)观察条款,变为一个要求"评审要求",6个要素(　　)观察条款,形成了一个开放性的评审系统。

A. 70个,65个　　　　　　　　B. 19个,70个

C. 19个,6个　　　　　　　　D. 170个,230个

59. 制定《检验检测机构资质认定管理办法》的依据是(　　)。

A.《中华人民共和国计量法》《中华人民共和国标准化法》《中华人民共和国产品质量法》《中华人民共和国认证认可条例》

B.《中华人民共和国计量法》《中华人民共和国标准化法》《建设工程质量检测管理办法》《计量认证/审查认可(验收)获证检测机构监督管理办法》

C.《中华人民共和国计量法》《中华人民共和国认证认可条例》

D.《中华人民共和国标准化法》《中华人民共和国产品质量法》《中华人民共和国认证认可条例》

60. 按照《检验检测机构资质认定管理办法》规定,其适用于(　　)。

A. 从事科学实验、检验检测和校准活动的技术机构的实验室

B. 从事与认证有关的产品设计、产品、服务、过程或者生产加工场所的核查,并确定其符合规定要求的技术机构的检测机构

C. 从事向社会出具具有证明作用的数据、结果的检验检测活动以及对检验检测机构实施资质认定和监督管理

D. 从事向社会出具具有证明作用的数据和结果的检测机构

61. 属于《检验检测机构资质认定管理办法》管理主体的部门是（　　）。

A. 认监处　　　　　　　　　　　B. 县级以上质监部门

C. 市场监督管理局　　　　　　　D. 直属检验检疫局

62. 关于资质认定的概念，下列描述正确的是（　　）。

A. 指省级以上质量技术监督部门依据有关法律法规和标准、技术规范的规定，对检验检测机构的基本条件和技术能力是否符合法定要求实施的计量认证

B. 指省级以上质量技术监督部门依据有关法律法规和标准、技术规范的规定，对检验检测机构的基本条件和技术能力是否符合法定要求实施的评价许可。资质认定包括检验检测机构计量认证

C. 指国家认监委质量技术监督部门依据有关法律法规和标准、技术规范的规定，对检验检测机构的基本条件和技术能力是否符合法定要求实施的评价许可。资质认定包括检验检测机构计量认证

D. 指省级以上质量技术监督部门依据有关法律法规和标准、技术规范的规定，对检验检测机构的基本条件和技术能力是否符合法定要求实施的评价许可。资质认定不包括检验检测机构计量认证

63. 按照《检验检测机构资质认定管理办法》对资质认定办理时限的规定要求，受理决定必须在（　　）个工作日内作出，并且在（　　）个工作日内完成技术评审。

A. 5,30　　　　B. 5,20　　　　C. 5,45　　　　D. 7,45

64. 资质认定证书有效期为（　　）年。如需证书延续，应当在其有效期届满（　　）个月前提出申请。

A. 6,3　　　　B. 6,6　　　　C. 3,3　　　　D. 3,6

65.《检验检测机构资质认定管理办法》对技术评审的组织实施，规定要求对技术评审活动进行监督，建立（　　）。

A. 评审结论负责制　　　　　　　B. 责任负责制

C. 责任追究制　　　　　　　　　D. 责任倒查制

66. 按照《检验检测机构资质认定管理办法》规定的相关法律责任，有（　　）情形的，属于轻微违法，由县级以上质量技术监督部门责令其 1 个月内改正;逾期未改正或者改正后仍不符合要求的，处 1 万元以下罚款，处罚期间仍可对外出报告。

A. 未按照资质认定部门要求参加能力验证或者比对

B. 出具的检验检测数据、结果失实

C. 超出资质认定证书规定的检验检测能力范围，擅自向社会出具具有证明作用数据、结果

D. 非授权签字人签发检验检测报告

67. 交通检测机构专用标识章的形状为长方形，上半部分为标识，下半部分为证书编号，字体为（　　）。

A.隶书 B.楷书 C.宋体 D.仿宋体

68.检验检测机构资质认定证书编号由( )位数字组成。

A.10 B.11 C.12 D.13

69.检验检测机构应加强对检验检测专用章管理,建立相应的责任制度和( )。

A.用章登记办法 B.用章登记制度

C.用章登记程序 D.存档备查制度

70.制定《检验检测机构资质认定 分类监管实施意见》的意义在于提升省级资质认定部门对检验检测机构管理的有效性和( )。

A.规范性 B.及时性 C.严谨性 D.科学性

71.依据有关法律法规、《检验检测机构资质认定管理办法》《检验检测机构资质认定评审准则》等有关文件的规定,结合资质认定部门的监管实际,资质认定部门将检验检测机构分为A、B、C、D四个类别。在首次启动分类监管时,所有检验检测机构起始默认类别为( )。

A.A类 B.B类 C.C类 D.D类

72.资质认定部门采取多种措施管理检验检测机构,不属于检验检测机构分类监管机制的是( )。

A.随机抽查 B.年度监督检查

C.日常监督检查 D.投诉调查

73.对不同类别的检验检测机构采用不同的监管频次和管理方式。对被确定为B类的检验检测机构,在下一年度的年度监督检查中( )。

A.不将其列为下一年度的年度监督检查对象。对检验检测机构的日常监督检查一般3年进行一次

B.尽量抽取进行检查。日常监督检查一般每1年实施1次

C.列为必须检查对象。对D类检验检测机构的日常监督检查频次每年不少于2次

D.选择性地抽取少数机构进行检查。日常监督检查一般每2年实施1次

74.资质认定部门及委托的专业技术评价机构,其行为不得损害资质认定工作的保密性、公正性和( )。

A.规范性 B.公平性 C.严谨性 D.客观性

75.通过对检验检测机构建立健全监管机制,对B类的检验检测机构应该予以( )。

A.信任 B.鞭策 C.鼓励 D.整顿

76.《公路水运工程试验检测专业技术人员职业资格制度规定》于( )实施。

A.2015年6月23日 B.2015年6月25日

C.2015年7月1日 D.2015年9月1日

77.按照《公路水运工程试验检测专业技术人员职业资格制度规定》,不属于职业资格制度规定范围专业的是( )。

A.公路工程 B.桥梁隧道工程 C.交通工程 D.水运材料

78.按照《公路水运工程试验检测专业技术人员职业资格制度规定》,职业资格考试应该由( )组织和实施工作。

A.交通运输部与人力资源社会保障部 B.各省交通质量监督机构

C.交通运输部工程质量监督机构　　　D.交通运输部职业资格中心

79.按照《公路水运工程试验检测专业技术人员职业资格制度规定》,职业资格考试监督和检查工作应该由(　　)负责。

A.交通运输部与人力资源社会保障部　B.人力资源社会保障部

C.交通运输部工程质量监督机构　　　D.交通运输部职业资格中心

80.按照《公路水运工程试验检测专业技术人员职业资格制度规定》,职业资格考试合格后证书由(　　)登记,并向社会公布。

A.交通运输部与人力资源社会保障部　B.各省交通质量监督机构

C.交通运输部工程质量监督机构　　　D.交通运输部职业资格中心

81.按照《公路水运工程试验检测专业技术人员职业资格考试实施办法》,职业资格考试成绩实行(　　)年为一个周期的滚动管理。

A.1　　　　　　B.3　　　　　　C.2　　　　　　D.5

82.按照《公路水运工程试验检测专业技术人员职业资格考试实施办法》,职业资格考试中,《公共基础》科目的考试时间为(　　)分钟。

A.100　　　　　B.150　　　　　C.120　　　　　D.180

83.按照《公路水运工程试验检测专业技术人员职业资格制度规定》,下列不属于助理试验检测师职业能力要求的是(　　)。

A.熟悉相关技术标准、规范、规程　　B.熟悉相关法律法规

C.编制试验检测报告　　　　　　　　D.编制试验检测方案

84.为规范公路水运工程试验检测活动,保证公路水运工程质量及人民生命和财产安全,根据(　　),制定《公路水运工程试验检测管理办法》。

A.《中华人民共和国公路法》　　　　B.《中华人民共和国标准化法》

C.《建设工程质量管理条例》　　　　D.《中华人民共和产品质量法》

85.按照《公路水运工程试验检测机构等级标准》要求,下列不属于综合乙级的检测能力项目的是(　　)。

A.路基路面　　　　　　　　　　　　B.结构混凝土

C.桥梁结构、构件　　　　　　　　　D.沥青混合料

86.年限满(　　)年后,检测机构在具备相应的业绩条件下方可申报上一等级的评定。

A.2　　　　　　B.3　　　　　　C.1　　　　　　D.5

87.试验检测《等级证书》期满后,拟继续开展公路水运工程试验检测业务的,检测机构应提前(　　)个月向原发证机构提出换证申请。

A.6　　　　　　B.5　　　　　　C.4　　　　　　D.3

88.根据《公路水运工程试验检测管理办法》规定,属于现场评审必须完成的工作是(　　)。

A.检定和校准是否按规定进行

B.采用的试验检测标准、规范和规程是否合法有效

C.检测机构申报材料与实际状况的符合性

D.是否具有良好的试验检测业绩

89. 交通运输行业的公路水运工程试验检测活动的监督管理者是(　　)。
    A. 国务院交通运输主管部门　　　　　B. 交通运输部工程质量监督机构
    C. 省级人民政府交通运输主管部门　　D. 省级交通质量监督机构

90. 团体标准应当按照由国务院标准化行政主管部门制定并公布的编号规则进行编号。未进行编号的且逾期不改正的,由(　　)标准化行政主管部门撤销相关标准编号,并在标准信息公共服务平台上公示。
    A. 团体　　　　　B. 国务院　　　　　C. 行业　　　　　D. 省级以上

91. 《公路水运工程试验检测信用评价办法》已于(　　)起施行。
    A. 2018 年 6 月 15 日　　　　　　　　B. 2009 年 9 月 1 日
    C. 2009 年 1 月 1 日　　　　　　　　 D. 2018 年 7 月 1 日

92. 《关于进一步加强公路水运工程工地试验室管理工作的意见》已于(　　)发布并自印发之日起施行。
    A. 2009 年 9 月 15 日　　　　　　　　B. 2009 年 9 月 1 日
    C. 2009 年 8 月 13 日　　　　　　　　D. 2009 年 6 月 25 日

93. 《公路水运工程试验检测信用评价办法》中,试验检测机构的信用评价采用(　　)。
    A. 综合评分制　　　　　　　　　　　B. 百分制
    C. 定期检查累计扣分制　　　　　　　D. 随机检查累计扣分制

94. 《公路水运工程试验检测信用评价办法》中,试验检测人员的信用评价采用(　　)。
    A. 综合评分制　　B. 百分制　　C. 加权平均法　　D. 累计扣分制

95. 信用评价周期为(　　)年。
    A. 5　　　　　　B. 3　　　　　　C. 1　　　　　　D. 2

96. 《公路水运工程试验检测机构信用评价标准》中,规定的失信行为有(　　)项。
    A. 14　　　　　　B. 17　　　　　　C. 24　　　　　　D. 19

97. 《公路水运工程试验检测信用评价办法》规定,试验检测出具虚假数据报告并造成质量标准降低的(　　)。
    A. 扣 100 分　　　　　　　　　　　　B. 直接确定为 D 级
    C. 扣 40 分　　　　　　　　　　　　 D. 扣 10 分/份、单次扣分不超过 30 分

98. 工地试验室实行(　　)责任制。
    A. 工程师　　　B. 中心主任　　　C. 授权负责人　　　D. 经理

99. 工地试验室授权负责人信用等级被评为较差的,(　　)年内不能担任工地试验室授权负责人。
    A. 1　　　　　　B. 2　　　　　　C. 3　　　　　　D. 5

100. 建立公路水运工程工地试验室是为了进一步加强工地试验室管理,规范试验检测行为,提高试验检测数据的(　　)和准确性,保证公路水运工程质量。
    A. 真实性　　　B. 完整性　　　C. 有效性　　　D. 客观性

101. 工地试验室试验检测的检测环境中(　　)应满足试验检测规程要求和试验检测工作需要。
    A. 办公室　　　B. 芯样加工室　　　C. 养护室　　　D. 发电机室

102. 换证复核评审不合格的检测机构,质监机构应当责令其在( )内进行整改,整改期内不得承担质量评定和工程验收的试验检测业务。

　　A. 30 天　　　　　　B. 90 天　　　　　　C. 15 天　　　　　　D. 180 天

103. 按照《公路水运试验检测机构等级评定及换证复核工作程序》要求换证复核现场评审评分超过 80 分(含 80 分)的,要在完成( )个月整改后,由组长进行现场验证,形成整改情况确认意见报送质监机构。

　　A. 1　　　　　　　　B. 5　　　　　　　　C. 3　　　　　　　　D. 6

104. 根据《公路水运工程试验检测管理办法》,下述对公路水运检测机构的规定专业、等级数描述正确的是( )。

　　A. 3 个专业 3 个等级

　　B. 2 个专业 2 个等级

　　C. 公路专业分为两类 3 个等级

　　D. 水运结构类的 2 个专业 3 个等级

105. 按照《公路水运工程试验检测管理办法》要求,试验检测数据必须( )。

　　A. 清晰、完整、规范　　　　　　　　　　B. 严密、完善、有效

　　C. 客观、公正、准确　　　　　　　　　　D. 客观、公正、有效

106. 公路水运检测机构要申请换证复核必须是( )信用等级为 B 级。

　　A. 上一年度　　　B. 有效期内　　　C. 连续三年　　　D. 本年度

107. 质监机构在监督检查中发现检测人员有违反《公路水运工程试验检测管理办法》规定行为的,不会采取的行为是( )。

　　A. 公示　　　　　　B. 整改　　　　　　C. 违规记录　　　　　　D. 注销

108. 公路水运检测机构要申请换证复核,必须是有效期内信用等级为( )等级证书,有效期内所开展的试验检测参数应覆盖批准的所有试验检测项目且不少于批准参数的( )。

　　A. B 级及以上,100%　　　　　　　　B. C 级及以上,85%

　　C. C 级及以上,100%　　　　　　　　D. B 级及以上,85%

109. 对公路水运检测机构进行现场核查,专家组要依据现场核查情况,填写《公路水运工程试验检测机构现场核查评分表》及现场工作用表,根据核查得分,给出核查意见。核查得分为( )可以不进行现场验证。

　　A. 大于 60 分　　　　　　　　　　　　B. 大于或等于 85 分

　　C. 小于 85 分　　　　　　　　　　　　D. 大于 85 分

110. 按照《公路工程试验检测仪器设备服务手册》规定,设备必须具有唯一标识,10 位编码里除 GL 外其余采用阿拉伯数字,从左向右第一个两位编码表示( )。

　　A. 领域　　　　　　B. 项目　　　　　　C. 设备序号　　　　　　D. 专业

111. 设立工地试验室的母体试验检测机构,应当在其等级证书核定的业务范围内,根据工程现场管理需要或合同约定,对工地试验室进行授权。下列不属于授权内容的是( )。

　　A. 授权负责人　　　　　　　　　　　　B. 授权工地试验室的公章

　　C. 授权期限　　　　　　　　　　　　　D. 母体试验室的设备使用权

112. 公路水运的工地试验室应该建立不合格品报告制度,对于签发的涉及结构安全的产品或试验检测项目不合格报告,工地试验室授权负责人应在( )工作日之内报送试验检测委托方。

    A.7 个　　　　B.5 个　　　　C.2 个　　　　D.1 个

113. 为巩固并不断提高( )的能力和技术水平,适应公路水运工程试验检测工作发展需要,促进试验检测人员继续教育制度化、规范化、科学化。

    A. 检测公司人员　　　　　　B. 试验检测人员
    C. 试验检测机构　　　　　　D. 工地试验室从业人员

114. 制定《公路水运工程试验检测人员继续教育办法(试行)》的依据是( )。

    A.《建设工程质量管理条例》　　B.《公路建设市场管理办法》
    C.《中华人民共和国公路法》　　D.《公路水运工程试验检测管理办法》

115.《公路水运工程试验检测人员继续教育办法(试行)》的实施时间是( )。

    A.2011 年 10 月 25 日　　　　B.2011 年 12 月 1 日
    C.2012 年 3 月 1 日　　　　　D.2012 年 1 月 1 日

116.《公路水运工程试验检测人员继续教育办法(试行)》规定公路水运工程试验检测继续教育周期为( )年(自取得证书的次年起计算)。每个周期内接受继续教育的时间累计不应少于( )学时。

    A.1,24　　　　B.2,12　　　　C.1,12　　　　D.2,24

117. ( )主管全国公路水运工程试验检测人员继续教育工作,负责制定继续教育相关制度,确定继续教育主体内容,统一组织继续教育师资培训,监督、指导各省开展继续教育工作。

    A. 人力资源社会保障部　　　　B. 交通运输部工程质量监督局
    C. 交通运输部、人力资源社会保障部　　D. 交通运输部职业资格中心

118. 国家为了用人单位能够科学地使用公路水运工程试验检测专业技术人员,同时为全社会提供公路水运工程试验检测专业技术人员能力评价服务,特别设立了公路水运工程试验检测专业技术人员( )制度。

    A. 准入类职业资格评价　　　　B. 能力类职业资格评价
    C. 考核类职业资格　　　　　　D. 水平评价类职业资格

119. 公路水运工程试验检测机构等级评定中判定场地所有属性的证明材料是否有效的时间是租赁期( )。

    A. 大于 4 年　　　　　　　　B. 大于或等于 4 年
    C. 大于或等于 6 年　　　　　D. 大于或等于 5 年

120. 在公路水运工程试验检测机构等级评定中评审组内部评议环节评审专家独立打分,组长评分权重为( )。

    A.60%　　　　B.30%　　　　C.40%　　　　D. 没有权重

121. 按照《公路工程试验检测仪器设备服务手册》规定,设备必须具有唯一标识,10 位编码中,最后四位编码的依据是( )。

    A. 交通运输部部门计量规程

B. 公路水运工程试验检测机构等级标准

C. 国家计量检定规程

D. 检验检测机构通用要求

122. 我们在关注仪器设备的外观状态、功能特性的同时,还必须关注量值准确性,(　　)是与设备量值准确性相关的。

A. 设备型号　　　B. 手感质量　　　C. 技术参数　　　D. 最大量程

123. 依据《公路工程试验检测仪器设备服务手册》的要求,对公路工程试验检测仪器设备开展(　　)管理。

A. 专业分类　　　B. 领域分类　　　C. 检测对象　　　D. 量值溯源

124. 按照《水运工程试验检测仪器设备检定/校准指导手册》标识编号规则,10 位编码中除水运行业表示为 SY 外,其余采用阿拉伯数字,从左向右第一个两位编码是 02,表示(　　)检测专业。

A. 公路材料　　　B. 结构(地基)　　　C. 材料　　　D. 水文地质测绘

二、判断题

1. 企业、事业单位根据需要,可以建立本单位使用的计量标准器具,其各项最高计量标准器具经有关人民政府计量行政部门主持考核合格后使用。(　　)

2. 推荐性国家标准的相关技术要求可以低于强制性国家标准的相关技术要求。(　　)

3. 标准制定部门未依法对标准进行编号、复审或者备案的,国务院标准化行政主管部门应要求其限期改正。(　　)

4. 个体工商户不可以制造、修理简易的计量器具。(　　)

5. 交通建设工程所建设的公路、桥梁、隧道、码头等永久性设施,包括施工过程中使用的原材料都不适用《中华人民共和国产品质量法》。(　　)

6. 伪造检验数据或者伪造检验结论的,责令更正,可以处以所收检验费 1 倍以上 3 倍以下的罚款。(　　)

7. 强制性国家标准的解释不是与标准一样具备法律效力。(　　)

8. 公路水运工程试验检测专业技术人员职业资格考试合格后,取得的职业资格证书全国行业有效。(　　)

9. 根据国家有关法律、法规的规定,依据工程建设技术标准、规范、规程,对公路水运工程所用材料、构件、工程制品、工程实体的质量和技术指标等进行的试验检测活动,称为公路水运工程试验检测。(　　)

10. 按照《公路水运工程试验检测机构等级标准》要求,可选参数的申请数量不低于可选参数总量的 80%。(　　)

11. 工地试验室应该在授权的参数范围内开展检测工作。(　　)

12. 工程建设项目同一合同段中的施工和监理单位不得将外委试验委托给同一检测单位。(　　)

13. 如果试验检测机构承接的检测参数既未通过等级评定,也未通过计量认证,则属于超业务范围,检测机构不可以出具报告。(　　)

14. 检测机构存在多个试验场所时,其每个分场所都需建立各自的质量体系。 （ ）

15. 连续 2 年被评为信用较差的人员,其信用等级直接按很差发布,并列入黑名单。

（ ）

16. 接受继续教育是试验检测人员的义务和权利。 （ ）

17. 建设工程相关的勘察、设计、施工、工程监理等原始资料应该由业主提供。 （ ）

18. 公路水运试验检测机构换证复核不合格的,由质监机构责令进行整改,整改期内可承担质量评定和工程验收的试验检测业务。 （ ）

19. 国家认监委于 2015 年 7 月 31 日正式发布了《检验检测机构资质认定 公正性和保密性要求》等 15 份配套工作程序和技术要求,相关文件自发布之日起执行。 （ ）

20. 凡遵守国家相关法律法规并符合检验检测机构资质认定申请条件的检验检测机构,无论其规模、隶属关系、经济状况如何,均可申请资质认定。 （ ）

21. 检验检测机构资质认定证书由国家认监委统一监制。 （ ）

22. 检验检测专用章必须包括检验检测机构完整的、准确的名称信息。 （ ）

23. 按照《公路水运工程试验检测专业技术人员职业资格制度规定》,职业资格考试合格后证书由交通运输部职业资格中心登记,并向社会公布。 （ ）

24. 检测人员不得借工作之便推销建设材料、构配件和设备,可以同时受聘于 2 家以上检测机构。 （ ）

25. 对工地临时试验室进行的监督,应当由母体试验室进行。 （ ）

26. 公路水运工程试验检测机构等级评定工作分为初审、现场评审、整改三个阶段。

（ ）

27. 等级评审和换证复核都是以书面审查为主,必要时进行现场评审。 （ ）

28. 取得《等级证书》的检测机构,可设立工地临时试验室,承担相应公路水运工程的试验检测业务,并对其试验检测结果承担责任。因此,检测机构应该负责工地临时试验室的业务指导、行政管理、监督检查。 （ ）

29. 检测机构在同一公路水运工程项目标段中不得同时接受业主、监理、施工等多方的试验检测委托任务。 （ ）

30. 在计算公路水运检测机构检测用房面积时,机构用于检测活动演练的工作场地可以计算在内。 （ ）

31. 《公路水运工程试验检测信用评价办法》对试验检测机构信用评价划分为五个等级。

（ ）

32. 《公路水运工程试验检测信用评价办法》对试验检测人员信用评价划分为五个等级。

（ ）

33. 《关于进一步加强公路水运工程工地试验室管理工作的意见》是由各省级交通质量监督机构发布的。 （ ）

34. 《公路水运工程试验检测信用评价办法》适用于持有公路水运工程试验检测工程师或试验检测员证书的试验检测从业人员和取得公路水运工程试验检测等级证书并承担公路水运工程质量鉴定、验收、评定(检验)、监测及第三方试验检测业务的试验检测机构的从业承诺履行状况等诚信行为的评价。 （ ）

35.《公路水运工程试验检测信用评价办法》适用于取得公路水运工程试验检测等级证书并承担公路水运工程质量检定的其他试验检测业务的检验检测机构诚信行为的评价。
（　　　）

36.《公路水运工程试验检测信用评价办法》规定,试验检测机构的信用评价采用综合评分制。
（　　　）

37.《公路水运工程试验检测信用评价办法》规定,试验检测人员的信用评价采用累计扣分制。
（　　　）

38.《公路水运工程试验检测机构信用评价标准》规定,出具虚假数据报告并造成质量标准降低的扣 10 分/份,单次扣分不超过 30 分。
（　　　）

39.《公路水运工程工地试验室及现场检测项目信用评价标准》规定,出具虚假数据报告并造成质量标准降低的扣 100 分。
（　　　）

40.《公路水运工程试验检测人员信用评价标准》规定,出具虚假数据报告并造成质量标准降低的扣 40 分。
（　　　）

41.《公路水运工程试验检测机构信用评价标准》规定,租借试验检测等级证书承揽试验检测业务的直接确定为 D 级。
（　　　）

42.试验检测机构换证复核是指试验检测等级证书有效期满,根据试验检测机构申请,由原发证机构对其与所持有证书等级标准的符合程度、业绩及信用情况以及是否持续具有相应试验检测等级能力的核查。
（　　　）

43.试验检测机构换证复核时,应在公路水运工程试验检测管理信息系统中录入人员、场地、仪器设备等数据信息,并向所在地省级交通质监机构提交材料。
（　　　）

44.申请换证复核的试验检测机构应符合:等级证书有效期内所开展的试验检测参数应覆盖批准的所有试验检测项目,且不少于批准参数的 100% 等基本条件。
（　　　）

45.按照《公路水运工程试验检测管理办法》规定,检测机构等级分为公路工程和水运工程专业,下分为 3 个等级。
（　　　）

46.机构取得《等级证书》后,可向社会提供试验检测服务。
（　　　）

47.检测人员独立开展检测工作,保证试验检测数据科学、客观、公正,并对试验检测结果承担法律责任。
（　　　）

48.初审合格的进入现场评审阶段;初审认为有需要补正的,质监机构应当及时退还申请材料,并说明理由。
（　　　）

49.省级质监机构负责本行政区域内所有公路水运工程检测机构的换证复核工作。
（　　　）

50.申请等级评审的试验检测机构应将机构、人员等信息录入部质监局试验检测管理信息系统。
（　　　）

51.试验检测机构申请可选的参数数量,应该以质监机构最后的确认数量为准。（　　　）

52.质监机构根据技术能力确认情况,确认检验检测机构的检测能力范围。（　　　）

53.检测机构依据合同承担公路水运工程试验检测业务,不得转包、分包。（　　　）

54.施工单位、监理单位应根据工程质量安全管理需要或合同约定,在工程现场自行设立工地试验室,不能委托第三方试验检测机构设立工地试验室。
（　　　）

55. 根据《关于进一步加强公路水运工地工程试验室管理工作的意见》,工地试验室的设立条件是:母体试验检测机构应具有相应的检测能力和具备相应的《公路水运工程试验检测机构等级证书》。 （　　）

56. 由施工单位委托第三方试验检测机构设立工地试验室的管理,可不纳入母体试验检测机构的质量管理体系。 （　　）

57. 工地试验室的设立实行登记备案制。 （　　）

58. 工地试验室试验检测结果的真实性和准确性由工地试验室负责。 （　　）

59. 试验检测人员是指具备一定能力的在公路水运建设项目上或公路水运检测机构里从事试验检测的从业人员。 （　　）

60.《公路工程试验检测仪器设备服务手册》只适用于公路工程等级试验检测机构的检定/校准工作。 （　　）

61.《等级证书》期满后拟继续开展公路水运工程试验检测业务的,检测机构应提前3个月向原发证机构提出换证申请。 （　　）

62. 公路水运工程质量事故鉴定、大型水运工程项目和高速公路项目验收的质量鉴定检测,质监机构应当委托通过计量认证并具有甲级或者相应专项能力等级的检测机构承担。 （　　）

63. 工地试验室试验检测报告签字人必须是持证的试验检测人员。 （　　）

64. 母体检测机构可以不对的工地试验室的试验检测结果负责。 （　　）

65. 公路水运工程试验检测检测机构等级,是依据检测机构的公路水运工程试验检测水平、配备的设备数量及精密程度、高级检测人员的数量和属于公司产权(或租赁)场地的面积进行的能力划分。 （　　）

66. 检测机构不准使用已经过期的《等级证书》,但专用标识章没有时限。 （　　）

67. 工地试验室如果出现样品保管条件不满足要求、未按规定留样等不规范行为的,扣3分/项。 （　　）

68. 工地试验室及现场检测出具虚假数据报告并造成质量标准降低的,信用评价扣100分。 （　　）

69. 公路水运工程试验检测人员出具虚假数据报告造成质量标准降低的,信用评价扣40分。 （　　）

70. 省级交通质监机构每年年初制定本行政区域检测机构年度比对计划并备案,年末上报比对试验的实施情况。 （　　）

71. 资质认定部门根据检验检测机构的申请事项、自我声明和分类监管情况,采取书面审查或者现场评审的方式,作出是否准予延续的决定。 （　　）

72. 在计算公路水运检测机构检测用房面积时,机构用于检测活动演练的工作场地可以计算在内。 （　　）

73. 公路水运工程试验检测机构等级评定工作中,现场试验操作考核时,选取的新增参数要大于或等于抽取参数总量的30%。 （　　）

74. 项目业主提交工地试验室信用评价意见的时限是次年1月下旬。 （　　）

75. 检测机构上年度信用评价等级在C级及以上的检测机构不宜作为授权设立工地试验

室的母体检测机构。 （　　）

76.机构复评检测机构信用的依据不包括质监机构事中事后监管发现的失信行为。
（　　）

77.资质认定证书确定的检验检测能力范围外的,出具的检验检测报告或者证书上,视具体情况标注检验检测机构资质认定标志。 （　　）

78.关于工地试验室授权负责人的管理,母体机构应制定授权负责人管理制度,质监机构应建立授权负责人专业信息库。 （　　）

79.工地试验室的功能布局应该遵循布局合理、互不干扰、分区明确的原则。 （　　）

80.检验检测机构授权签字人的同等能力是指大学本科毕业,从事相关专业检验检测工作5年及以上;大学专科毕业,从事相关专业检验检测工作8年及以上。 （　　）

三、多项选择题

1.计量基准器具的使用必须(　　)。
   A.经国家鉴定合格 　　　　　　　 B.具有正常工作所需要的环境条件
   C.具有称职的保存、维护、使用人员 D.具有完善的管理制度

2.企业标准、团体标准的使用必须实施自我声明公开和监督制度。企业和团体要通过标准信息公共服务平台向社会公开(　　)。
   A.企业或团体组织机构代码 　　 B.服务的性能指标
   C.标准的编号 　　　　　　　　 D.标准的名称

3.“使用不合格的计量器具”是指(　　)。
   A.未贴检定标识的设备 　　　　 B.超过检定合格有效期的设备
   C.经检定不合格的计量器具 　　 D.未按规定进行期间核查的设备

4.设立认证机构应当符合下列(　　)条件。
   A.注册资本不得少于人民币300万元 B.有固定场所
   C.有符合认证认可要求的管理制度 　 D.有专业人员

5.(　　)都是强制性国家标准的管理主体。
   A.标准化技术委员会或审查专家组
   B.国务院标准化行政主管部门
   C.国务院有关行政主管部门
   D.县级以上人民政府标准化行政主管部门

6.为了保证工地试验室试验数据的客观准确,要求(　　)。
   A.严禁代签试验检测报告
   B.严禁变造虚假数据
   C.试验检测操作应严格按照试验检测规程进行
   D.严禁编造虚假记录和报告

7.依据检测机构的公路水运工程试验检测水平、主要试验检测仪器设备及检测人员的配备情况、试验检测环境等基本条件,对检测机构进行的能力划分,公路工程检测机构等级分为(　　)。

A.水运类 B.专项类 C.综合类 D.结构类

8.检测机构多项等级评定申请初审工作中,关于检测人员持证数量统计方法,描述正确的有( )。

A.持单一专业证书人员只统计1次

B.持多证人员最多在不同专业不同等级统计2次

C.技术负责人持单一证书可以重复使用

D.同一人持多证可在不同等级评定中使用多次

9.当出现下列( )情况时,试验检测机构的原等级证书失效。

A.等级证书到期未按规定期限申请换证核查

B.换证复核时被注销等级证书

C.试验检测机构将业务转包、违法分包

D.试验检测机构法人、技术负责人、质量负责人发生变更后未办理相应手续

10.工地试验室标准化建设的核心不包括( )。

A.质量管理信息化 B.检测工作智能化

C.硬件建设标准化 D.数据报告信息化

11.可以采取告知承诺进行资质认定的有( )。

A.场所变更 B.首次申请

C.增加检测项目 D.延续证书有效期

12.检验检测机构如果申请采用告知承诺方式进行资质认定时,需对( )作出承诺。

A.填写信息的真实、准确 B.已经知悉告知内容

C.本机构的真实意思 D.符合告知的条件和技术能力

13.如果检验检测机构是虚假承诺,则资质认定部门应该依照《中华人民共和国行政许可法》对其( )。

A.注销资质 B.撤销资质 C.责令整改 D.予以公示

14.《检验检测机构资质认定管理办法》是依据( )的相关规定制定的。

A.《中华人民共和国认证认可条例》

B.《中华人民共和国行政许可法》

C.《中华人民共和国标准化法》

D.《中华人民共和国计量法》

15.按照《检验检测机构资质认定管理办法》的规定,申请资质认定的检验检测机构,其检验检测活动要保证( )。

A.独立、公正 B.科学、诚信

C.科学、客观 D.独立、公开

16.检验检测机构资质认定工作,应当遵循( )的原则。

A.客观公正 B.科学规范 C.公平公开 D.严谨细致

17.按照《检验检测机构资质认定管理办法》的规定,( )有条件申请资质认定。

A.依法成立并能够承担相应法律责任的法人组织

B.事业单位的内设机构,由其法人授权的组织

C.生产企业出资设立的具有法人资格的检验检测机构

D.生产企业内部的检验检测机构

18.按照《检验检测机构资质认定管理办法》的规定,要取得资质认定应该经过(　　)等环节。

　　　A.受理　　　　　　B.技术评审　　　　　C.行政审批　　　　　D.发证

19.新版检验检测机构资质认定证书由证书和附表构成,两者包括的内容不同,其中不属于证书表述的内容是(　　)。

　　　A.检验检测能力范围　　　　　　　　B.授权签字范围

　　　C.授权签字人　　　　　　　　　　　D.证书编号

20.检验检测机构及其人员应当确保检验检测数据、结果的(　　)。为此,必须不受任何可能干扰其技术判断因素的影响,独立于检验检测过程中的各利益相关方之外。

　　　A.严谨　　　　　　B.真实　　　　　　C.客观　　　　　　D.准确

21.如果检验检测机构(　　),资质认定部门应当撤销其资质认定证书。

　　　A.未经检验检测或者以篡改数据、结果等方式,出具虚假检验检测数据、结果的

　　　B.以欺骗、贿赂等不正当手段取得资质认定的

　　　C.整改期间擅自对外出具检验检测数据、结果,或者逾期未改正、改正后仍不符合要求的

　　　D.对不具备法定基本条件和能力的实验室和检查机构作出取得资质认定决定的

22.资质认定证书到期,检验检测机构需要延续证书有效期,资质认定部门可以采取书面审查和现场评审两种方式,作出是否准予延续的决定。如果采用书面审查的方式,资质认定部门依据(　　)作出决定。

　　　A.检验检测机构提交的相关具备资质能力的证明材料

　　　B.检验检测机构以公开方式作出的诚信承诺

　　　C.检验检测机构关于遵守法律法规、独立公正从业、履行社会责任等情况的自我声明

　　　D.分类监管情况

23.如果检验检测机构具有(　　)行为,则属于较重违法,由县级以上质量技术监督部门责令3个月内整改,处3万元以下罚款,整改期间不准对外出具报告。

　　　A.非授权签字人签发检验检测报告的

　　　B.出具的检验检测数据、结果失实的

　　　C.超出资质认定证书规定的检验检测能力范围,擅自向社会出具具有证明作用的数据、结果的

　　　D.接受影响检验检测公正性的资助

24.检验检测机构应该建立、实施和完善其检测活动管理体系,保证(　　)能够持续符合资质认定条件和要求,确保其有效运行。

　　　A.设施设备　　　　B.技术能力　　　　C.基本条件　　　　D.机构运行

25.当发生(　　)应以办理变更手续方式向资质认定部门提出申请。

　　　A.资质认定检验检测项目取消的　　　　B.检验检测标准发生变更的

　　　C.报告授权签字人发生变更的　　　　　D.检验检测方法发生变更的

26. 为了维护资质认定评审工作的公正性,参与资质认定工作的管理人员、支撑人员、评审员、技术专家,应该(　　)。

　　A. 不得以任何方式向检验检测机构推荐咨询服务机构或咨询人员

　　B. 不接受任何影响其工作公正性的经济资助

　　C. 签署"公正性与保密性声明"

　　D. 主动报告与对应的检验检测机构之间存在行政、经济、商务等方面的利害关系

27. 按照《国家认监委关于印发检验检测机构资质认定配套工作程序和技术要求的通知》,将 15 个配套文件分为(　　)文件。

　　A. 管理类　　　　　　B. 技术类　　　　　　C. 评审类　　　　　　D. 表格类

28. 下列配套文件中,属于管理类配套文件的是(　　)。

　　A. 检验检测机构资质认定　检验检测专用章使用要求

　　B. 检验检测机构资质认定　公正性和保密性要求

　　C. 检验检测机构资质认定　评审准则

　　D. 检验检测机构资质认定　申请书

29. 资质认定标志(CMA 图案和资质认定证书编号)的颜色建议为(　　)。

　　A. 红色　　　　　　　B. 蓝色　　　　　　　C. 朱红色　　　　　　D. 黑色

30. 资质认定证书与其附表共同构成对检验检测机构技术能力的认定,检验检测机构资质认定证书内容包括(　　)。

　　A. 授权签字人　　　　　　　　　　　B. 有效期限

　　C. 检验检测能力范围　　　　　　　　D. 发证机关

31. 检验检测机构向社会出具具有证明作用的检验检测数据、结果的,应当在(　　)上加盖检验检测专用章,用以表明由其出具,并由该检验检测机构负责。

　　A. 检验检测原始记录　　　　　　　　B. 检验检测报告

　　C. 检验检测证书　　　　　　　　　　D. 检验检测计算书

32. 按照《公路水运工程试验检测专业技术人员职业资格制度规定》,下列属于职业资格制度规定范围专业的是(　　)。

　　A. 道路工程　　　　　　　　　　　　B. 桥梁隧道工程

　　C. 交通工程　　　　　　　　　　　　D. 水运结构与地基

33. 按照《公路水运工程试验检测专业技术人员职业资格考试实施办法》规定,(　　)不得参加公路水运工程试验检测师职业资格考试。

　　A. 取得中专或高中学历,从事检测工作 4 年以上

　　B. 取得双学历,从事检测工作 2 年以上

　　C. 取得本科学历,从事检测工作 3 年以上

　　D. 取得硕士学历,从事检测工作 1 年以上

34.《公路水运工程试验检测专业技术人员职业资格制度规定》的制定依据是(　　)。

　　A.《中华人民共和国公路法》　　　　B.《中华人民共和国港口法》

　　C.《中华人民共和国考试法》　　　　D.《中华人民共和国航道法》

35. 公路水运工程试验检测活动应当遵循科学、(　　)的原则。

A. 诚信　　　　　　B. 严谨　　　　　　C. 公正　　　　　　D. 客观

36. 按照《检验检测机构资质认定管理办法》规定进行技术评审工作,评审组在技术评审中发现有不符合要求时,可以采取( )方式处理。

　　A. 书面通知申请人限期整改,直至完成整改

　　B. 书面通知申请人限期整改,整改 30 个工作日

　　C. 申请人在整改期内完成,相应评审项目判定合格

　　D. 申请人在整改期内未完成,相应评审项目判定不合格

37. 检测机构等级评定的初审内容主要包括( )。

　　A. 典型报告(包括模拟报告)及业绩证明

　　B. 质量保证体系是否具有可操作性

　　C. 人员考试合格证书和聘用关系证明文件

　　D. 申报的试验检测项目范围及设备配备与所申请的等级是否相符

38. 水运工程检测机构质量负责人的检测工作经历要求 5 年以上的是( )。

　　A. 水运材料甲级　　　　　　　　　　B. 水运材料乙级

　　C. 水运材料丙级　　　　　　　　　　D. 水运结构(地基)甲级

39. 在《公路水运工程试验检测机构等级标准》中,对公路工程检测机构相关专业高级职称人数及专业配置有要求的是( )。

　　A. 综合甲级　　　　　　　　　　　　B. 综合乙级

　　C. 交通工程专项　　　　　　　　　　D. 桥梁隧道工程专项

40. 工地试验室在人员配备上必须坚持( )原则。

　　A. 专业配置合理

　　B. 实验室授权负责人具有高职称

　　C. 试验检测人员持证上岗

　　D. 能覆盖工程涉及的专业范围和内容

41. 检验检测机构应当定期向资质认定部门上报年度报告,年度报告的内容必须包括( )。

　　A. 持续符合资质认定条件和要求　　　B. 遵守从业规范

　　C. 开展检验检测活动　　　　　　　　D. 期内的检测业绩

42. 凡是获取资质认定证书机构的从业人员,在检验检测活动中必须遵循( )原则。

　　A. 客观公正　　　　　　　　　　　　B. 科学严谨

　　C. 公平公正　　　　　　　　　　　　D. 诚实信用

43. 按照《公路水运工程试验检测机构等级标准》要求,属于综合甲级检测能力中钢筋(含接头)项目的强制性要求设备的是( )。

　　A. 大行程万能试验机　　　　　　　　B. 弯曲装置

　　C. 游标卡尺　　　　　　　　　　　　D. 秒表

44. 按照《公路水运工程试验检测机构等级标准》要求,下列不属于综合乙级检测能力中地基基础、基桩项目的强制性要求设备的是( )。

　　A. 承载板及测试装置　　　　　　　　B. 标准贯入仪

C.基桩完整性测仪 　　　　　　　　　　D.超声波检测仪

45.《公路水运工程试验检测信用评价办法》的制定依据是(　　)。

A.《建设工程质量管理条例》

B.《公路建设市场管理办法》

C.《公路水运工程试验检测人员考试实施办法》

D.《公路水运工程试验检测管理办法》

46.《公路水运工程试验检测信用评价办法》的等级分别为(　　)和 D 级。

A. AA　　　　　　B. A　　　　　　　C. B　　　　　　　D. C

47.依据(　　)原则进行信用评价。

A.科学　　　　　　B.客观　　　　　　C.全面　　　　　　D.公开

48.如果试验检测机构(　　),按照评价标准信用等级将直接确定为 D 级。

A.出借或借用试验检测等级证书承揽试验检测业务

B.以弄虚作假或其他违法形式骗取等级证书或承接业务

C.出具虚假数据报告并造成质量标准降低

D.所设立的工地试验室及现场检测项目信用评价得分为 0

49.工地试验室的下列(　　)失信行为,构成以 100 分的扣分标准。

A.出具假报告造成质量安全事故 　　　B.未按规定参加信用评价

C.未经母体机构有效授权 　　　　　　D.未履行合同擅离工地

50.按照《公路水运工程试验检测信用评价办法》对试验检测机构进行信用评价,以信用评价综合得分 = 母体机构得分 $\times (1-A)$ + 工地试验(∑每个工地试验室得分/总数)$\times A$ 计算得到,与综合得分对应的有 5 个信用等级,当分数(　　)时,可以评价机构的信用为好和较好。

A. ≥95 分 　　　　　　　　　　　　B. <85 分

C. ≥85 分且 <95 分 　　　　　　　　D. >60 分且 ≤70 分

51.换证复核时要重点核查(　　)。

A.质量保证体系文件的执行情况 　　　B.核查检测机构人员、场所的变动情况

C.试验检测工作的开展情况 　　　　　D.违规与投诉情况

52.公路水运工程试验检测就是指根据国家有关法律、法规的规定,依据工程建设技术标准、规范、规程,对公路水运工程所用(　　)的质量和技术指标等进行的试验检测活动。

A.工程实体　　　B.工程制品　　　C.工程材料　　　D.工程构件

53.质监机构在监督检查中发现检测机构有违反《公路水运工程试验检测管理办法》规定行为的,应该采取的行为是(　　)。

A.警告　　　　　　B.整改　　　　　　C.重新评定　　　　D.注销等级

54.评审组对检测机构除重点核查其基本条件的实际符合程度外,还应对新增加的试验检测项目(参数)和(　　)情形进行现场核查。

A.标准规范变化情况 　　　　　　　　B.检测科室结构的变化

C.技术、质量负责人有变更的 　　　　D.工地试验室开展项目情况

55.现场评审的主要环节是(　　)。

A. 评审工作布置会议　　　　　　　　B. 总体考察

C. 现场试验和查阅质量记录　　　　　D. 评审情况反馈会议

56. 评审组对公路水运检测机构进行现场核查,除了在部质监局试验检测管理系统核查机构、人员的相关信息外,主要是对检测机构的(　　　)进行符合性核查。

A. 检测能力　　　　　　　　　　　　B. 人员到达现场的情况

C. 申报材料与实际状况　　　　　　　D. 质量保证体系运行与体系文件

57. 公路水运检测机构的资料管理,必须(　　　)。

A. 全面　　　　　B. 完整　　　　　C. 规范　　　　　D. 清晰

58. 对公路水运检测机构进行监督检查,一般包括(　　　)内容。

A. 仪器设备的运行、检定和校准情况

B. 人员的到岗情况

C. 采用的技术标准、规范和规程是否合法有效

D. 有无转包、违规分包行业

59. 工地试验室印章的基本信息有(　　　)。

A. 工程名称　　　　　　　　　　　　B. 工地试验室

C. 建设项目标段名称　　　　　　　　D. 母体试验检测机构名称

60. 公路水运工程的工地试验室实行授权负责人责任制。(　　　)才能负责工地试验室授权对工地试验室运行管理工作和试验检测活动全面工作。

A. 高级职称人员　　　　　　　　　　B. 持检测工程师证人员

C. 专项检测工程师　　　　　　　　　D. 母体试验检测机构委派的正式聘用人员

61. 设立工地试验室的母体试验检测机构,应当在其等级证书核定的业务范围内,根据工程现场管理需要或合同约定,对工地试验室进行授权。授权内容包括(　　　)以及工地试验室可开展的试验检测项目及参数。

A. 授权负责人　　　　　　　　　　　B. 授权工地试验室的公章

C. 授权期限　　　　　　　　　　　　D. 授权人员调配权

62.《公路工程试验检测仪器设备服务手册》中属于设备首次检定的检定参数是(　　　)。

A. 有下划线项目　　　　　　　　　　B. 自己确定

C. 非下划线项目　　　　　　　　　　D. 视设备等级确定

63. 公路水运检测机构的持证人员的继续教育应该遵循(　　　)原则。

A. 简单易懂　　　B. 切合实际　　　C. 全员培训　　　D. 注重实效

64. 公路水运工程试验检测机构等级评定中,评审组要对场地面积、环境条件(　　　)等总体情况进行考察。

A. 样品管理　　　B. 文件控制　　　C. 安全防护　　　D. 环境保护

65. 申请公路水运工程试验检测机构等级评定时,应向所在地省级交通质监机构提交(　　　)。

A. 公路水运工程试验检测机构等级评定申请书

B. 申请人法人证书原件及复印件

C. 所申报试验检测项目的典型报告

D. 质量保证体系文件

66. 在公路水运工程试验检测机构等级评定中,检测机构在发生下列(　　)情况时,评审组经报告质监机构同意后可以终止评审。

A. 管理体系控制失控,相关记录缺失

B. 存在试验检测报告伪造,数据虚假

C. 不具备申请检测项目的实际检测能力

D. 隐瞒机构严重的违法违规情况

67. 试验检测机构等级评定的现场评审的内容是(　　)。

A. 申请人完成试验检测项目的实际能力

B. 检测机构申报材料与实际状况的符合性

C. 自我申明

D. 质量保证体系和运转

68. 关于外委管理,下列说法正确的是(　　)。

A. 接受外委试验的检测机构应取得《公路水运工程试验检测机构等级证书》(含相应参数)、通过计量认证(含相应参数)且上年度信用等级为 B 级及以上

B. 外委试验取样、送样过程应进行见证

C. 工程建设项目的同一合同段中的施工、监理单位和检测机构可以将外委试验委托给同一家检测机构

D. 工地试验室应加强外委试验管理

69. 工地试验室依据母体检测机构的质量体系文件,结合工程特点,所编制的质量体系文件及各项管理制度,应具有(　　)特点。

A. 全面　　　　　B. 适用　　　　　C. 简洁　　　　　D. 针对性和操作性强

70. 工地试验室应制定样品管理制度,对样品的(　　)等全过程实施严格的控制和管理。

A. 取样　　　　　B. 运输　　　　　C. 存储　　　　　D. 处置

习题参考答案及解析

一、单项选择题

1. B

【解析】《中华人民共和国计量法》第三条。国际单位制计量单位和国家选定的其他计量单位,为国家法定计量单位。国家法定计量单位的名称、符号由国务院公布。这里容易出错的选项是 A,选项 C、D 属于地域的管理者。

2. C

【解析】《中华人民共和国计量法实施细则》第二十一条。为社会提供公证数据的产品质量检验机构,必须经省级以上人民政府计量行政部门对其计量检定、测试的能力和可靠性考核合格。这里要注意的是"省级"。

3. B

【解析】注意《中华人民共和国计量法》与《中华人民共和国计量法实施细则》的区别，具体的一些行为规定应该是出自《中华人民共和国计量法实施细则》。

4. D

【解析】《中华人民共和国计量法》第二十七条。制造、销售、使用以欺骗消费者为目的的计量器具的，没收计量器具和违法所得，处以罚款；情节严重的，并对个人或者单位直接责任人员依照刑法有关规定追究刑事责任。注意关键词"使用"。

5. B

【解析】《中华人民共和国计量法》第十四条。未经省、自治区、直辖市人民政府计量行政部门批准，不得制造、销售和进口国务院规定废除的非法定计量单位的计量器具和国务院禁止使用的其他计量器具。

6. C

【解析】《中华人民共和国计量法》第九条。县级以上人民政府计量行政部门对社会公用计量标准器具，部门和企业、事业单位使用的最高计量标准器具，以及用于贸易结算、安全防护、医疗卫生、环境监测方面的列入强制检定目录的工作计量器具，实行强制检定。未按照规定申请检定或者检定不合格的，不得使用。这是法律条款原文，涉及强制检定计量器具这个概念。

7. C

【解析】《中华人民共和国标准化法》第二条。标准包括国家标准、行业标准、地方标准和团体标准、企业标准。

8. C

【解析】《中华人民共和国标准化法》第二条。国家标准分为强制性标准、推荐性标准，行业标准、地方标准是推荐性标准。

9. C

【解析】使用非法定计量单位法律责任的规定。根据《中华人民共和国计量法实施细则》第四十三条，使用非法定计量单位的，责令其改正。

10. C

【解析】《中华人民共和国计量法实施细则》第二十五条。任何单位和个人不准在工作岗位上使用无检定合格印、证或者超过检定周期以及经检定不合格的计量器具。在教学示范中使用计量器具不受此限。为什么不是选项B，因为此说法不全面，除有检定证外，还有校准证等形式。

11. C

【解析】《中华人民共和国标准化法》第十条。对保障人身健康和生命财产安全、国家安全、生态环境安全以及满足经济社会管理基本需要的技术要求，应当制定强制性国家标准。

12. C

【解析】《建设工程质量管理条例》第十二条。建设单位应当委托具有相应资质等级的工程监理单位进行监理。

13. B

【解析】《建设工程质量管理条例》第四十三条。国务院建设行政主管部门建设工程对全国建设工程质量实施统一监督管理。

14. B

【解析】《建设工程质量管理条例》第六十五条。违反本条例规定,施工单位未对建筑材料、建筑构配件、设备和商品混凝土进行检验,或者未对涉及结构安全的试块、试件以及有关材料取样检测的,责令改正,处 10 万元以上 20 万元以下的罚款;情节严重的,责令停业整顿,降低资质等级或者吊销资质证书;造成损失的,依法承担赔偿责任。选项 D 是该条例第七十三条的规定;选项 A 是该条例第五十六条的规定。

15. D

【解析】《强制性国家标准管理办法》第二十二条。组织起草部门应当以书面形式向涉及的有关行政主管部门以及企业事业组织、社会团体、消费者组织和教育、科研机构等方面征求意见。要注意在强制性国家标准制定过程中每个程序的工作主体是不一样的,本题容易迷惑的是选项 B。我们可以用如下表格来梳理各个阶段的工作主体。

强制性国家标准制定程序	工作主体与要求	社会公众参与方式
项目提出	**省、自治区、直辖市人民政府标准化行政主管部门,社会团体、企业事业组织以及公民:** 提出立项建议 **国务院标准化行政主管部门:** 在征求有关部门意见、调研需求、论证评估的基础上提出立项	提出立项建议 在需求调研时提出意见
立项	**国务院标准化行政主管部门:** ●经立项审查和社会公示后下达项目计划,进行 30 天公示 ●针对立项建议,会同国务院有关行政主管部门研究决定	项目公示时提出意见
组织起草	**组织起草部门:** 可以委托相关标准化技术委员会承担起草工作,未组成标准化技术委员会的,组织起草部门应当成立起草专家组承担强制性国家标准起草工作 **标准化技术委员会或起草专家组:** 遵守国家有关规定起草标准	
征求意见	**组织起草部门:** ●书面定向征求意见,包括征求意见稿、编制说明以及拟订的过渡期 ●通过本部门门户网站和全国标准信息公共服务平台向社会公开征求意见,公开征求意见期限不少于 60 日	公开征求意见时提出建议
对外通报	**国务院标准化行政主管部门:** 按照世界贸易组织(WTO)的要求对外通报	WTO 其他成员国的企业可以提出意见建议

续上表

强制性国家标准制定程序	工作主体与要求	社会公众参与方式
技术审查	**组织起草部门:** • 可以委托相关标准化技术委员会承担起草工作,未组成标准化技术委员会的,组织起草部门应当成立起草专家组承担强制性国家标准起草工作 • 起草人不得承担技术审查工作 • 报批稿报送 **标准化技术委员会或审查专家组:** 重点审查技术要求的科学性、合理性、适用性、规范性,与相关政策要求的符合性,以及与其他强制性标准的协调性	
批准发布	**国务院标准化行政主管部门:** • 审查、统一编号、依据授权批准发布 • 发布后 20 日内免费公开文本	

16. C

【解析】《强制性国家标准管理办法》第十九条。强制性国家标准的技术要求应当全部强制,并且可验证、可操作。

17. D

【解析】《关于进一步推进检验检测机构资质认定改革工作的意见》(二)试点推行告知承诺制度。在检验检测机构资质认定工作中,对于检验检测机构能够自我承诺符合告知的法定资质认定条件,市场监管总局和省级市场监管部门通过事中事后予以核查纠正的许可事项,采取告知承诺方式实施资质认定。具体工作按照国务院有关要求和市场监管总局制定的《检验检测机构资质认定告知承诺实施办法(试行)》实施。

18. B

【解析】《关于进一步推进检验检测机构资质认定改革工作的意见》(三)优化准入服务,便利机构取证。3. 对于选择一般资质认定程序的,许可时限压缩四分之一,即:15 个工作日内作出许可决定、7 个工作日内颁发资质认定证书;全面推行检验检测机构资质认定网上许可系统,逐步实现申请、许可、发证全过程电子化。

19. B

【解析】《检验检测机构资质认定管理办法》第十七条。评审组应当严格按照资质认定基本规范、评审准则开展技术评审活动,在规定时间内出具技术评审结论。这里应该知道选项 C 在该活动中是监督职责,选项 A 是一个不准确的提法,选项 D 是无关的责任机构,只有选项 B 才是该活动的主体。

20. D

【解析】《检验检测机构资质认定管理办法》第十八条。检验检测机构资质认定不符合要求时,整改期限不得超过 30 个工作日。

21. D

【解析】《检验检测机构资质认定管理办法》第四十六条。申请资质时提供虚假材料或隐瞒情况的检验检测机构,一年内不得再次申请资质认定。

22. A

【解析】《公路水运工程试验检测机构等级标准》"一、公路工程试验检测机构等级标准"表1人员配备要求。

23. B

【解析】《检验检测机构资质认定管理办法》第三条。

24. C

【解析】《公路水运工程试验检测管理办法》第十九条。《等级证书》有效期为5年。

25. C

【解析】《关于印发工地试验室标准化建设要点的通知》2.3。母体检测机构应在其等级证书核定的业务范围内对工地试验室进行授权,上年度信用评价等级在C级及以下的检测机构不宜作为授权设立工地试验室的母体检测机构。

26. C

【解析】《关于印发工地试验室标准化建设要点的通知》3.1.8。这里注意是必须满足。选项A、B、D是可以满足,但不是必须满足。

27. D

【解析】检测机构等级评定受理时间的规定。根据《公路水运工程试验检测机构等级评定及换证复核工作程序》第六条,省级交通质监机构收到申请材料后,应在5个工作日内完成符合性审查。

28. A

【解析】《公路水运工程试验检测专业技术人员职业资格考试实施办法》第四条。

29. C

【解析】检验检测报告或证书签发后,若有更正或增补应予以记录。修订的检验检测报告或证书应标明所代替的报告或证书,并注以唯一性标识。

30. C

【解析】《检验检测机构资质认定 证书及其使用要求》。编号由"发证年份代码+发证机关代码+专业领域类别代码+行业主管部门代码+发证流水号"共12位数字组成。这里需要注意的是,代码所代表的5项内容一定要记忆准确。

31. C

【解析】《检验检测机构资质认定管理办法》第四十五条。

32. B

【解析】《关于进一步加强公路水运工程工地试验室管理工作的意见》第五条。工地试验室设立实行登记备案制。经试验检测机构授权设立的工地试验室,经建设单位初审后报送项目质监机构登记备案,质监机构对通过备案的工地试验室出具"公路水运工程工地试验室备案通知书"。

33. C

【解析】管理体系的作用就是在所有场所中得到贯彻。

34. D

【解析】《检验检测机构资质认定管理办法》第三条。

35. B

【解析】《检测和校准实验室能力认可准则》(CNAS-CL01:2018)5.1。实验室应为法律实体,或法律实体中被明确界定的一部分,该实体对实验室活动承担法律责任。

首先,检验检测机构必须具有在法律上的独立性,以保证对其行为担负法律责任。

其次,法人又有独立法人和非独立法人之分,非独立法人经法人授权后独立开展工作对本机构的行为负全部的法律责任。

36. A

【解析】《关于印发工地试验室标准化建设要点的通知》3.1.4。工地试验室工作区功能室一般分为:土工室、集料室、石料室、水泥室、留样室等,不包括收样室。

37. D

【解析】《检验检测机构资质认定　公正性和保密性要求》第二条。选项 C 错在包括了被评审的检验检测机构人员。

38. A

【解析】《检验检测机构资质认定　公正性和保密性要求》第十～十二条。选项 B、C、D 是规定的不属于保密范围。

十、应保密的信息包括:1)检验检测机构申请资质认定的资料及文件;2)评审或其他资质认定过程中所获取的有关信息;3)检验检测机构档案;4)特别规定的其他保密信息。

十一、在下列情况下,资质认定部门可以披露保密信息:1)得到获准资质认定的检验检测机构书面同意;2)履行法定责任。

十二、下列信息不属于保密范围:1)对外公布的关于获准资质认定状态的信息,包括获准资质认定、拒绝资质认定、暂缓资质认定、暂停或撤销资质认定、扩大或缩小资质认定范围的信息及获准资质认定的范围;2)检验检测机构获取资质认定应对外公开的信息;3)资质认定部门从其他合法渠道获得的有关检验检测机构的公开信息。

39. D

【解析】《公路水运工程试验检测管理办法》第二十三条。检测机构名称、地址、法定代表人或者机构负责人、技术负责人等发生变更的,应当自变更之日起 30 日内到原发证质监机构办理变更登记手续。这类题目需要准确记忆时限。

40. C

【解析】《公路水运工程试验检测人员继续教育办法(试行)》自 2012 年 1 月 1 日起施行。

41. B

【解析】该办法已于 2019 年 11 月 20 日经第 26 次部务会议通过,于 2019 年 11 月 28 日起施行。这是在关注每个法律法规、规章制度、管理办法的制定时间、依据、实施时间之外的另外一类问题。

42. B

【解析】《公路水运工程试验检测管理办法》第四十六条。质监机构在监督检查中发现检测机构有违反本规定行为的,应当予以警告、限期整改,情节严重的列入违规记录并予以公示,质监机构不再委托其承担检测业务。

43. D

【解析】《公路水运工程试验检测管理办法》第三十九条。检测人员应当严守职业道德和工作程序,独立开展检测工作,保证试验检测数据科学、客观、公正,并对试验检测结果承担法律责任。用一组词来表明要求、方针、原则的很多,考生需要联想加理解来记忆这类无关联而又必须记忆准确的一组词。

44. C

【解析】《检验检测机构资质认定管理办法》第十一条。资质认定证书有效期为6年。

45. D

【解析】《公路水运工程试验检测人员继续教育办法(试行)》第一条。注意该办法的上位文件是《公路水运工程试验检测管理办法》;另外,每个办法、规程、制度的制定一定是有依据的,这是需要考生注意的一类问题。

46. D

【解析】《关于印发工地试验室标准化建设要点的通知》4.4.7。工地试验室应注意收集隐蔽工程、关键部位的工程质量检验图片及影像资料,及时整理归档。

47. C

【解析】具体加盖在什么位置,实际工作中比较混乱,四个选项的情况都有出现。为此,《检验检测机构资质认定管理办法》第二十八条和《检验检测机构资质认定　标志及其使用要求》作出了明确规定:检验检测机构在资质认定证书确定的能力范围内,对社会出具具有证明作用数据、结果时,应当标注资质认定标志。资质认定标志加盖(或印刷)在检验检测报告或证书封面上部适当位置。

48. A

【解析】《关于进一步加强公路水运工程工地试验室管理工作的意见》提出,公路水运工程工地试验室是工程质量控制和评判的重要基础数据来源,是工程建设质量保证体系的重要组成部分。为进一步加强工地试验室管理,规范试验检测行为,提高试验检测数据的客观性、准确性,保证公路水运工程质量……。注意文件对于检测数据的要求。题目中四个选项好像都对,而文件中为客观性。

49. C

【解析】《关于进一步加强公路水运工程工地试验室管理工作的意见》第六条。母体试验检测机构应加强对授权工地试验室的管理和指导,根据工程现场管理需要或合同约定,合理配备工地试验室试验检测人员和仪器设备,并对工地试验室试验检测结果的真实性和准确性负责。

工地试验室涉及的单位较多,包括建设单位、监理单位、施工总承包单位、检测单位、监督单位等,负有直接责任的应该是母体试验检测机构。

50. C

【解析】《公路水运工程试验检测管理办法》第十二条、第十四条。选项C是现场评审内容。这里需要注意的是首先要看清楚是"属于"还是"不属于";其次,还要知道初审完成的工作。

第十二条　初审主要包括以下内容:(一)试验检测水平、人员及检测环境等条件是否与所申请的等级标准相符;(二)申报的试验检测项目范围及设备配备与所申请的等级是否相符;(三)采用的试验检测标准、规范和规程是否合法有效;(四)检定和校准是否按规定进行;(五)质量保证体系是否具有可操作性;(六)是否具有良好的试验检测业绩。

第十四条　现场评审是通过对申请人完成试验检测项目的实际能力、检测机构申报材料与实际状况的符合性、质量保证体系和运转等情况的全面核查。

51. C

【解析】《检验检测机构资质认定管理办法》第二十四条。检验检测机构应当定期审查和完善管理体系,保证其基本条件和技术能力能够持续符合资质认定条件和要求,并确保管理体系有效运行。管理体系需要在一定时期内保证相对的稳定性,所以只是需要定期审查而不是随时审查,更不能定期修订和改版,只有在大部分内容发生变化时才需要改版。

52. D

【解析】《检验检测机构资质认定管理办法》第二条。本办法所称检验检测机构,是指依法成立,依据相关标准或者技术规范,利用仪器设备、环境设施等技术条件和专业技能,对产品或者法律法规规定的特定对象进行检验检测的专业技术组织。本办法所称资质认定,是指省级以上质量技术监督部门依据有关法律法规和标准、技术规范的规定,对检验检测机构的基本条件和技术能力是否符合法定要求实施的评价许可。选项 A、B 应该是包含在选项 D 里面的。

53. B

【解析】《检验检测机构资质认定管理办法》第九条。申请资质认定的检验检测机构应当符合以下条件:①依法成立并能够承担相应法律责任的法人或其他组织;②具有与其从事检验检测活动相适应的检验检测技术人员和管理人员;③具有固定的工作场所,工作环境满足检验检测要求;④具备从事检验检测活动所必需的检验检测设备设施;⑤具有并有效运行保证其检验检测活动独立、公正、科学、诚信的管理体系;⑥符合有关法律法规或者标准、技术规范规定的特殊要求。

54. A

【解析】《检验检测机构资质认定管理办法》第十二条。检验检测机构有下列情形之一,应当向资质认定部门申请办理变更手续:a)机构名称、地址、法人性质发生变更的;b)法定代表人、最高管理者、技术负责人、检验检测报告授权签字人发生变更的;c)资质认定检验检测项目取消的;d)检验检测标准或者检验检测方法发生变更的;e)依法需要办理变更的其他事项。有上述 5 种情形之一的,应该向资质认定部门申请办理变更手续。这是 163 号令新增加的内容,明确了对于检验检测机构一些不用的参数应该怎样规范处理的问题。

55. C

【解析】《公路水运工程试验检测机构等级标准》"一、公路工程试验检测机构等级标准"表2-2。这里需要注意的是,首先要看清楚是"属于"还是"不属于";其次,还要区分强制性设备和非强制性设备。

56. C

【解析】《国家认监委关于实施〈检验检测机构资质认定管理办法〉的若干意见》十一

(一)。检验检测风险在不同区域、领域或者不同时期会有差异,资质认定部门应从实际出发,识别获得资质认定证书的检验检测机构的业务特点和风险点,逐步形成与实际情况相适应的风险管理机制。以下为风险程度较高领域:(1)涉及安全的领域,例如食品安全、信息安全、环境安全、建筑安全等领域;(2)涉及司法鉴定、质量仲裁等领域;(3)涉及民生、公益和消费者利益的领域,如装饰装修材料检验、机动车安全技术检验等领域。这里是检验检测风险不是施工风险。

57. D

【解析】《关于进一步加强公路水运工程工地试验室管理工作的意见》第十一条(四)。工地试验室授权负责人信用等级被评为信用较差的,2年内不能担任工地试验室授权负责人。信用等级被评为信用很差的,5年内不能担任工地试验室授权负责人。

58. A

【解析】考生需要理解两个管理办法结构上的大变动,注意评审要素和评审条款的区别。

59. C

【解析】《检验检测机构资质认定管理办法》第一条。选项A是86号令的依据,这是163号令变化大的一个问题。

60. C

【解析】《检验检测机构资质认定管理办法》第四条。原来的机构分为从事科学实验、检验检测和校准活动的技术机构的实验室和从事与认证有关的产品设计、产品、服务、过程或者生产加工场所的核查,并确定其符合规定要求的技术检查机构。新办法将实验室和检查机构整合成了一个概念,叫作检验检测机构。

61. C

【解析】《检验检测机构资质认定管理办法》第五条。在管理体制上增加了市场监督管理局、县级质监部门责任;省级管理主体取消了检验检疫部门。这是国家管理机构简化的过程,就是将工商行政管理局、质量技术监督局、食品药品监督管理局的职责,以及物价局的价格监督检查与反垄断执法职责,商务委员会的有关反垄断职责等整合,组建市场监管总局,作为政府直属机构。

62. B

【解析】《检验检测机构资质认定管理办法》第二条。对资质认定的涵盖范围调整,没有了认可,涵盖了计量认证。考生需要准确记忆资质认定的定义。

63. C

【解析】《检验检测机构资质认定管理办法》第十条。这是质检总局第163号令提出的一个新的资质认定评审工作时限。旨在提高政府部门的工作实效。

第十条　检验检测机构资质认定程序:(二)资质认定部门应当对申请人提交的书面申请和相关材料进行初审,自收到之日起5个工作日内作出受理或者不予受理的决定,并书面告知申请人。(三)资质认定部门应当自受理申请之日起45个工作日内,依据检验检测机构资质认定基本规范、评审准则的要求,完成对申请人的技术评审。技术评审包括书面审查和现场评审。技术评审时间不计算在资质认定期限内,资质认定部门应当将技术评审时间书面告知申请人。由于申请人整改或者其他自身原因导致无法在规定时间内完成的情况除外。（四）资质认定部门应当自收到技术评审结论之日起 20 个工作日内，作出是否准予许可的书面决定。准予许可的，自作出决定之日起 10 个工作日内，向申请人颁发资质认定证书。不予许可的，应当书面通知申请人，并说明理由。

64. D

【解析】《检验检测机构资质认定管理办法》第十一条。86 号令是证书到期前 6 个月提出复查申请，163 号令是证书到期前 3 个月提出延续申请；证书有效期由 3 年延长至 6 年。这也是 163 号令的新要求。

65. C

【解析】《检验检测机构资质认定管理办法》第二十条。资质认定部门应当对技术评审活动进行监督，并建立责任追究机制。

66. A

【解析】《检验检测机构资质认定管理办法》第四十二条（六）。检验检测机构有下列情形之一的，由县级以上质量技术监督部门责令其 1 个月内改正；逾期未改正或者改正后仍不符合要求的，处 1 万元以下罚款：（一）违反本办法第二十五条、第二十八条规定出具检验检测数据、结果的；（二）未按照本办法规定对检验检测人员实施有效管理，影响检验检测独立、公正、诚信的；（三）未按照本办法规定对原始记录和报告进行管理、保存的；（四）违反本办法和评审准则规定分包检验检测项目的；（五）未按照本办法规定办理变更手续的；（六）未按照资质认定部门要求参加能力验证或者比对的；（七）未按照本办法规定上报年度报告、统计数据等相关信息或者自我声明内容虚假的；（八）无正当理由拒不接受、不配合监督检查的。这里题干设计主要需要区分第四十二条与第四十三条针对有资质但有较重违法行为的内容。选项 B、C、D 都是属于第四十三条的内容。

67. A

【解析】专用标识章的形状为长方形，长为 27mm，宽为 16mm。上半部分为标识，下半部分为证书编号，字体为隶书，字号为小四，颜色为"蝴蝶蓝"，如下图所示。

交通 GJC 综甲 2018-001

报告专用标识章

68. C

【解析】《检验检测机构资质认定　标志及其使用要求》使用说明 1。标志的图形：资质认定标志的整个图形由英文字母 CMA 形成的图案和资质认定证书编号组成。证书编号由 12 位数字组成。CMA 是 China Inspection Body and Laboratory Mandatory Approval 的英文缩写，如下图所示。

69. B

【解析】《检验检测机构资质认定　检验检测专用章使用要求》第四条。检验检测机构应加强对检验检测专用章管理,建立相应的责任制度和用章登记制度,安排专人负责保管和使用,用章记录资料要存档备查。

70. B

【解析】《检验检测机构资质认定　分类监管实施意见》第二条。探索建立检验检测机构分类监管制度。按照检验检测机构及其运行风险的大小、日常管理表现、投诉举报情况、监督检查结果以及其他方面的信息反馈,建立检验检测机构诚信档案,并据此实施差异化的监督管理,实现全国统一的检验检测机构科学监管体系,提升监管有效性和及时性。

71. B

【解析】《检验检测机构资质认定　分类监管实施意见》第四条。在首次启动分类监管时,所有检验检测机构起始默认类别为 B 类。

72. A

【解析】《检验检测机构资质认定　分类监管实施意见》第五条(二)。资质认定部门可以采取如下监管措施实施分类监管:(1)年度监督检查。由国家认监委统一组织,由资质认定部门对获证检验检测机构进行现场检查,每年组织 1 次。(2)日常监督检查。由资质认定部门组织,按照分类监管类别对应的检查频次,由县级以上质量技术监督部门(市场监督管理部门)实施。每次检查应由 2 名以上监管人员执行,必要时可以聘请技术专家参加。可采用"双随机"方式抽查。(3)投诉调查。根据对检验检测机构的举报和投诉,由资质认定部门自行或者委托县级以上质量技术监督部门对检验检测机构进行调查。调查注重对投诉举报及其他渠道线索的查证落实,并据此实施对检验检测机构的行政处理或处罚。

73. D

【解析】《检验检测机构资质认定　分类监管实施意见》第五条(三)。(1)对被确定为 A 类的检验检测机构,原则上不将其列为下一年度的年度监督检查对象。对 A 类检验检测机构的日常监督检查一般 3 年进行一次。(2)对被确定为 B 类的检验检测机构,在下一年度的年度监督检查中,可根据情况选择性地抽取少数机构进行检查。日常监督检查一般每 2 年实施一次。(3)对被确定为 C 类的检验检测机构,在下一年度的年度监督检查中原则上尽量抽取进行检查。日常监督检查一般每 1 年实施 1 次。(4)对被确定为 D 类的检验检测机构,在下一年度的年度监督检查中列为必须检查对象。对 D 类检验检测机构的日常监督检查频次每年不少于 2 次。题干有意混淆了不同类的监督检查频次。

74. D

【解析】《检验检测机构资质认定　公正性和保密性要求》第五条。资质认定部门不得以任何方式向检验检测机构推荐咨询服务机构或咨询人员。其委托的专业技术评价机构及其行为不得损害资质认定的保密性、客观性和公正性。

75. C

【解析】《检验检测机构资质认定　分类监管实施意见》第五条(三)。对 A 类检验检测机构予以"信任",B 类检验检测机构予以"鼓励",C 类检验检测机构予以"鞭策",D 类检验检测机构予以"整顿"。

76. D

【解析】《公路水运工程试验检测专业技术人员职业资格制度规定》。这类题主要是要知道准确时间,因为每个规章、制度都有批准日期、通过日期、旧文件的废止日期、具体实施日期、发布日期等多个时间概念。

77. A

【解析】《公路水运工程试验检测专业技术人员职业资格制度规定》第四条。公路水运工程试验检测专业技术人员职业资格包括道路工程、桥梁隧道工程、交通工程、水运结构与地基、水运材料 5 个专业。考生应该准确掌握专业名称。

78. D

【解析】《公路水运工程试验检测专业技术人员职业资格制度规定》第八条。交通运输部职业资格中心负责公路水运工程助理试验检测师和试验检测师职业资格考试的组织和实施工作,组织成立考试专家委员会,研究拟定考试科目、考试大纲、考试试题和考试合格标准。这里容易混淆的是,职业资格考试的组织者一定不是选项 B 各省交通质量监督机构,而考试的实施者却是各省交通质量监督机构。考生需要分清楚组织者、实施者、监督者、管理者等由谁来担当。

79. A

【解析】《公路水运工程试验检测专业技术人员职业资格制度规定》第九条。人力资源社会保障部、交通运输部对交通运输部职业资格中心实施的考试工作进行监督和检查,指导交通运输部职业资格中心确定公路水运工程助理试验检测师和试验检测师职业资格考试科目、考试大纲、考试试题和考试合格标准。考生需要分清楚组织者、实施者、监督者之间的不同概念。

80. D

【解析】《公路水运工程试验检测专业技术人员职业资格制度规定》第十九条。公路水运工程试验检测职业资格证书实行登记制度。登记具体工作由交通运输部职业资格中心负责。登记情况应向社会公布。考生需要分清楚组织者、实施者、监督者、证书管理者之间的不同概念。

81. C

【解析】《公路水运工程试验检测专业技术人员职业资格考试实施办法》第四条。公路水运工程助理试验检测师、试验检测师考试成绩均实行 2 年为一个周期的滚动管理。在连续

2 个考试年度内,参加公共基础科目和任一专业科目的考试并合格,可取得相应专业和级别的公路水运工程试验检测专业技术人员职业资格证书。

82. C

【解析】《公路水运工程试验检测专业技术人员职业资格考试实施办法》第三条。公路水运工程助理试验检测师、试验检测师均设公共基础科目和专业科目,专业科目为《道路工程》《桥梁隧道工程》《交通工程》《水运结构与地基》和《水运材料》。《公共基础》科目考试时间为 120 分钟,专业科目考试时间为 150 分钟。

83. D

【解析】《公路水运工程试验检测专业技术人员职业资格制度规定》第十六条和第十七条。这里需要分别记忆助理试验检测工程师和试验检测工程师在能力上的不同要求。还要注意这里题干是"不属于"。

84. C

【解析】《公路水运工程试验检测管理办法》第一条。为规范公路水运工程试验检测活动,保证公路水运工程质量及人民生命和财产安全,根据《建设工程质量管理条例》,制定本办法。考生需要注意的是,每个法律法规、规章制度、管理办法都会在第一章说明其制定依据。

85. C

【解析】《公路水运工程试验检测机构等级标准》"一、公路工程试验检测机构等级标准"表 2 - 2。这里需要注意的是:首先看清楚是"属于"还是"不属于",其次要分清楚检测能力包括检测能力项目和检测参数,知道每个等级必须满足的能力项目、参数是什么。

86. C

【解析】《公路水运工程试验检测管理办法》第八条。检测机构被评为丙级、乙级后须满 1 年且具有相应的试验检测业绩方可申报上一等级的评定。

87. D

【解析】《公路水运工程试验检测管理办法》第十九条。《等级证书》期满后拟继续开展公路水运工程试验检测业务的,检测机构应提前 3 个月向原发证机构提出换证申请。

88. C

【解析】《公路水运工程试验检测管理办法》第十二条、第十四条。这里需要注意的是首先看清楚是"属于"还是"不属于";其次,要知道现场评审完成的工作。

第十二条　初审主要包括以下内容:(一)试验检测水平、人员及检测环境等条件是否与所申请的等级标准相符;(二)申报的试验检测项目范围及设备配备与所申请的等级是否相符;(三)采用的试验检测标准、规范和规程是否合法有效;(四)检定和校准是否按规定进行;(五)质量保证体系是否具有可操作性;(六)是否具有良好的试验检测业绩。

第十四条　现场评审是通过对申请人完成试验检测项目的实际能力、检测机构申报材料与实际状况的符合性、质量保证体系和运转等情况的全面核查。

题干混淆了"初审"内容和"现场评审"的内容。只有选项 C 是现场评审内容。

89. B

【解析】《公路水运工程试验检测管理办法》第五条。交通运输部负责公路水运工程试验检测活动的统一监督管理。交通运输部工程质量监督机构具体实施公路水运工程试验检测活动的监督管理。省级人民政府交通运输主管部门负责本行政区域内公路水运工程试验检测活动的监督管理。省级交通质量监督机构具体实施本行政区域内公路水运工程试验检测活动的监督管理。考生要注意监督者、管理者和监督实施者、具体管理实施者之间的区别。我们实行的是行业管理和地域管理相结合的管理模式。

90. D

【解析】《中华人民共和国标准化法》第四十二条。社会团体、企业未依照本法规定对团体标准或者企业标准进行编号的,由标准化行政主管部门责令限期改正;逾期不改正的,由省级以上人民政府标准化行政主管部门撤销相关标准编号,并在标准信息公共服务平台上公示。

91. D

【解析】《公路水运工程试验检测信用评价办法》文头。这里是实施日期,而非发布日期、通过日期、颁布日期、废止日期等。题干有意混淆了文件中的几个日期。

92. C

【解析】《关于进一步加强公路水运工程工地试验室管理工作的意见》文头。这里是发布日期,而非通过日期、颁布日期、废止日期等。

93. A

【解析】《公路水运工程试验检测信用评价办法》第六条。试验检测机构的信用评价实行综合评分制。具体扣分标准按照《公路水运工程试验检测机构信用评价标准》和《公路水运工程工地试验室及现场检测项目信用评价标准》执行。

94. D

【解析】《公路水运工程试验检测信用评价办法》第十一条。对试验检测人员信用评价实行累计扣分制。具体扣分标准按照《公路水运工程试验检测人员信用评价标准》执行。

95. C

【解析】《公路水运工程试验检测信用评价办法》第五条。信用评价周期为1年。

96. C

【解析】《公路水运工程试验检测机构信用评价标准》。这里主要需要从总体上知道机构一共有多少种失信行为。选项A是检测人员的失信行为项数,选项D是工地试验室及现场检查项目的失信行为项数。

97. B

【解析】本题考查的是机构的失信行为。行为代码JJC201001规定,机构出具虚假数据报告并造成质量安全事故的,直接确定为D级。机构的严重失信行为有5种,考生都需要知道。

98. C

【解析】《关于进一步加强公路水运工程工地试验室管理工作的意见》第九条。工地试验室实行授权负责人责任制。工地试验室授权负责人对工地试验室运行管理工作和试验检测活动全面负责,授权负责人必须是母体试验检测机构委派的正式聘用人员,且须持有试验检测工程师证书。

99. B

【解析】《关于进一步加强公路水运工程工地试验室管理工作的意见》第十一条(四)。工地试验室授权负责人信用等级被评为信用较差的,2 年内不能担任工地试验室授权负责人。信用等级被评为信用很差的,5 年内不能担任工地试验室授权负责人。

100. D

【解析】《关于进一步加强公路水运工程工地试验室管理工作的意见》文头。公路水运工程工地试验室是工程质量控制和评判的重要基础数据来源,是工程建设质量保证体系的重要组成部分。为进一步加强工地试验室管理,规范试验检测行为,提高试验检测数据的客观性、准确性,保证公路水运工程质量……。注意文件对于检测数据的要求。四个选项好像都对,而文件中指的是"客观性"。

101. C

【解析】《关于进一步加强公路水运工程工地试验室管理工作的意见》第七条。工地试验室试验检测环境(包括所设立的养护室、样品室、留样室等)应满足试验检测规程要求和试验检测工作需要。注意发电设备室是属于检测过程需要的,但不需要作过多的要求。

102. D

【解析】《公路水运工程试验检测管理办法》第二十二条。换证复核合格的,予以换发新的《等级证书》。不合格的,质监机构应当责令其在 6 个月内进行整改。本题将 6 个月换为了 180 天,考生要注意不同的表述方式。

103. C

【解析】《公路水运试验检测机构等级评定及换证复核工作程序》第二十三条(二)。80 分 ≤ 评分 < 85 分,整改期限一般为 3 个月。

104. C

【解析】《公路水运工程试验检测管理办法》第六条。公路工程专业分为综合类和专项类。公路工程综合类设甲、乙、丙 3 个等级。公路工程专项类分为交通工程和桥梁隧道工程。水运工程专业分为材料类和结构类。水运工程材料类设甲、乙、丙 3 个等级。水运工程结构类设甲、乙 2 个等级。公路工程综合类、水运工程材料类的 3 个等级好记忆,但对于水运结构类只有 2 个等级,需要准确记忆,不要混淆。

105. C

【解析】《公路水运工程试验检测管理办法》第三十条。检测机构应当严格按照现行有效的国家和行业标准、规范和规程独立开展检测工作,不受任何干扰和影响,保证试验检测数据客观、公正、准确。条款中用一组词来表明要求、方针、原则的表述很多,考生需要联想加理解来记忆这类无关联而又必须记忆准确的一组词。

106. B

【解析】《公路水运试验检测机构等级评定及换证复核工作程序》第九条。(一)等级证书有效期内信用等级为 B 级及以上;(二)所开展的试验检测参数应覆盖批准的所有试验检测项目且不少于批准参数的 85%;(三)甲级及专项类检测机构每年应有不少于一项高速公路或大型水运工程的现场检测项目或设立工地试验室业绩,其他等级检测机构每年应有不少于一项公路或水运工程现场检测项目或设立工地试验室业绩。注意对信用等级年限的描述,旧文件是上一年度,修订后的文件是等级证书有效期内。

107. D

【解析】《公路水运工程试验检测管理办法》第四十七条。质监机构在监督检查中发现检测人员有违反本规定行为的,应当予以警告,情节严重的列入违规记录并予以公示。这里是设计的一个反向问题。选项 A、B、C 是文件提出的可能要采取的行为。

108. D

【解析】《公路水运试验检测机构等级评定及换证复核工作程序》第九条。注意这种组合设计,在一个题干中需要的信息多且要求准确。

109. B

【解析】《公路水运试验检测机构等级评定及换证复核工作程序》第二十三条。这里需要记忆的是分值界限 85 分,而且是"大于或等于"。

110. D

【解析】《公路工程试验检测仪器设备服务手册》(一)编号,如下图。

GL □□ □□ □□□□
专业 项目 设备

111. D

【解析】《关于进一步加强公路水运工程工地试验室管理工作的意见》第四条。设立工地试验室的母体试验检测机构,应当在其等级证书核定的业务范围内,根据工程现场管理需要或合同约定,对工地试验室进行授权。授权内容包括工地试验室可开展的试验检测项目及参数、授权负责人、授权工地试验室的公章、授权期限等。本题设计的是一个"不属于"反面问题。现实工作中,工地试验室与母体试验室设备使用一直有一个归属权问题。

112. C

【解析】《关于进一步加强公路水运工程工地试验室管理工作的意见》第十条(四)。实行不合格品报告制度,对于签发的涉及结构安全的产品或试验检测项目不合格报告,工地试验室授权负责人应在 2 个工作日之内报送试验检测委托方,抄送项目质量监督机构,并建立不合格试验检测项目台账。考生要注意两点,一是不合格品报告制度,二是上报时限,强调的是"签发的涉及结构安全的产品或试验检测项目不合格报告"。

113. B

【解析】《公路水运工程试验检测人员继续教育办法(试行)》第一条。这里一定要区别持证的检测人员和检测公司的人员,继续教育只针对在检测公司里从事检测工作的持证的试验检测人员。

114. D

【解析】《公路水运工程试验检测人员继续教育办法(试行)》第一条。注意该办法的上位文件是《公路水运工程试验检测管理办法》;另外,每个办法、规程、制度的制定一定是有依据的,这是一类需要考生注意的问题。

115. D

【解析】《公路水运工程试验检测人员继续教育办法(试行)》第二十五条。本办法自 2012 年 1 月 1 日起施行。本题用通过时间和假设的时间来混淆正确的答案。

116. D

【解析】《公路水运工程试验检测人员继续教育办法(试行)》第十五条。公路水运工程试验检测继续教育周期为 2 年(自取得证书的次年起计算)。试验检测人员在每个周期内接受继续教育的时间累计不应少于 24 学时。

117. B

【解析】《公路水运工程试验检测人员继续教育办法(试行)》第五条。交通运输部工程质量监督局(注:现已更名为交通运输部安全与质量监督管理司)主管全国公路水运工程试验检测人员继续教育工作。这里容易混淆的是选项 C 和 D。

118. D

【解析】《公路水运工程试验检测专业技术人员职业资格制度规定》第三条。这里需要准确记忆这次变更后的公路水运工程试验检测专业技术人员考核名称。

119. D

【解析】《公路水运试验检测机构等级评定及换证复核工作程序》第十五条(四)。

120. C

【解析】《公路水运试验检测机构等级评定及换证复核工作程序》第十九条。

121. B

【解析】《公路工程试验检测仪器设备服务手册》"四、内容释义"(一)编号。按照《公路水运工程试验检测机构等级标准》仪器设备配置顺序依次编排,分别使用。

122. C

【解析】《公路工程试验检测仪器设备服务手册》"四、内容释义"(五)检验参数。

123. D

【解析】《公路工程试验检测仪器设备服务手册》一、工作目的。为解决试验检测行业存在的突出问题,有效服务试验检测机构和公路工程项目建设从业单位开展仪器设备溯源管理……

124. B

【解析】《水运工程试验检测仪器设备检定/校准指导手册》四(一)编号。专业共分三个专业:材料检测专业(01)、结构(地基)检测专业(02)和水文地质测绘专业(03)。考生要注意,《公路工程试验检测仪器设备服务手册》的三个专业是:道路工程专业(01)、桥隧工程专业(02)和交通工程专业(03)。

二、判断题

1. √

【解析】《中华人民共和国计量法》第八条。企业、事业单位根据需要,可以建立本单位使用的计量标准器具,其各项最高计量标准器具经有关人民政府计量行政部门主持考核合格后使用。

2. ×

【解析】《中华人民共和国标准化法》第二十一条。推荐性国家标准、行业标准、地方标准、团体标准、企业标准的技术要求不得低于强制性国家标准的相关技术要求。

3.√

【解析】《中华人民共和国标准化法》第三十四条。标准制定部门未依法对标准进行编号、复审或者备案的,国务院标准化行政主管部门应要求其说明情况,并限期改正。

4.×

【解析】《中华人民共和国计量法》第十七条。个体工商户可以制造、修理简易的计量器具。制造、修理计量器具的个体工商户,必须经县级人民政府计量行政部门考核合格,发给《制造计量器具许可证》或者《修理计量器具许可证》。

5.×

【解析】《中华人民共和国产品质量法》第二条。交通建设工程所建设的公路、桥梁、隧道、码头等永久性设施,不适用产品质量法,但建设过程中所用到的原材料,如钢筋、水泥、外加剂等适用产品质量法。

6.×

【解析】《中华人民共和国产品质量法》第五十七条。产品质量检验机构、认证机构伪造检验结果或者出具虚假证明的,责令改正,对单位处五万元以上十万元以下的罚款,对直接负责的主管人员和其他直接责任人员处一万元以上五万元以下的罚款;有违法所得的,并处没收违法所得;情节严重的,取消其检验资格、认证资格;构成犯罪的,依法追究刑事责任。

产品质量检验机构、认证机构出具的检验结果或者证明不实,造成损失的,应当承担相应的赔偿责任;造成重大损失的,撤销其检验资格、认证资格。

产品质量认证机构违反本法第二十一条第二款的规定,对不符合认证标准而使用认证标志的产品,未依法要求其改正或者取消其使用认证标志资格的,对因产品不符合认证标准给消费者造成的损失,与产品的生产者、销售者承担连带责任;情节严重的,撤销其认证资格。

7.×

【解析】《强制性国家标准管理办法》第四十一条。强制性国家标准解释草案由组织起草部门研究提出并报国务院标准化行政主管部门。强制性国家标准的解释与标准具有同等效力。解释发布后,国务院标准化行政主管部门应当自发布之日起二十日内在全国标准信息公共服务平台上免费公开解释文本。

8.×

【解析】《公路水运工程试验检测专业技术人员职业资格制度规定》第十三条。公路水运工程试验检测职业资格考试合格,由交通运输部职业资格中心颁发人力资源社会保障部、交通运输部监制,交通运输部职业资格中心用印的相应级别《中华人民共和国公路水运工程试验检测专业技术人员职业资格证书》。该证书在全国范围有效。这里主要注意提法的准确性。

9.√

【解析】《公路水运工程试验检测管理办法》第三条。这是需要记忆的众多概念、定义之一。这类概念需要正确、准确记忆每个文字。

10.×

【解析】这里有两个错误,第一应该是不低于"本等级",第二应该是60%。见《公路水运工程试验检测机构等级标准》表2-5注3。

11. √

【解析】《关于进一步加强公路水运工程工地试验室管理工作的意见》第八条。工地试验室应在母体试验检测机构授权的范围内,为工程建设项目提供试验检测服务,不得对外承揽试验检测业务。

12. √

【解析】《公路水运工程试验检测管理办法》第三十五条。检测机构在同一公路水运工程项目标段中不得同时接受业主、监理、施工等多方的试验检测委托。

13. √

【解析】《公路水运工程试验检测管理办法》第二十八条。取得《等级证书》,同时按照《中华人民共和国计量法》的要求经过计量行政部门考核合格的检测机构,可在《等级证书》注明的项目范围内,向社会提供试验检测服务。

14. ×

【解析】《关于印发工地试验室标准化建设要点的通知》3.4.1。工地试验室应依据母体检测机构的质量体系文件,结合工程特点,编制简洁、适用、针对性和操作性强的质量体系文件及各项管理制度。这里讲的是依据母体体系文件,不是另外建立质量体系。

15. √

【解析】《公路水运工程试验检测信用评价办法》第十二条。

16. √

【解析】《公路水运工程试验检测人员继续教育办法(试行)》第三条。接受继续教育是试验检测人员的义务和权利。试验检测人员应按照本办法规定参加继续教育。

17. ×

【解析】建设单位提供工程原始资料的规定。《建设工程质量管理条例》第九条规定,建设单位必须向有关的勘察、设计、施工、工程监理等单位提供与建设工程有关的原始资料。

18. ×

【解析】《公路水运工程试验检测管理办法》第二十二条。换证复核合格的,予以换发新的《等级证书》。不合格的,质监机构应当责令其在6个月内进行整改,整改期内不得承担质量评定和工程验收的试验检测业务。

19. ×

【解析】应该是试行1年。考生要知道,任何法律、法规、规章都存在一个文件的发布日期、实施日期、终止日期、试行日期。文件有可能无试行日期;发布日期与实施日期有可能是一致的,也可能是不一致的。

20. √

【解析】《检验检测机构资质认定　公正性和保密性要求》第三条。

21. √

【解析】《检验检测机构资质认定　证书及其使用要求》第二条。

22. √

【解析】《检验检测机构资质认定　检验检测专用章使用要求》第三条。检验检测专用章应表明检验检测机构完整的、准确的名称。检验检测专用章加盖在检验检测报告或证书封面的机构名称位置或检验检测结论位置,骑缝位置也应加盖。

23. √

【解析】《公路水运工程试验检测专业技术人员职业资格制度规定》第十九条。

24. ×

【解析】《公路水运工程试验检测管理办法》第四十条。检测人员不得同时受聘于两家以上检测机构,不得借工作之便推销建设材料、构配件和设备。

25. ×

【解析】《公路水运工程试验检测管理办法》第二十九条。工程所在地省级交通质监机构应当对工地临时试验室进行监督。注意这里是工程所在地域的省级交通质监机构。要区分管理和监督是不同的概念,工地试验室的管理主体是母体试验室。

26. ×

【解析】《公路水运工程试验检测管理办法》第十条。公路水运工程试验检测机构等级评定工作分为受理、初审、现场评审三个阶段。

27. ×

【解析】《公路水运工程试验检测管理办法》第二十一条。换证复核是以书面审查为主。等级评审工作应该是受理、初审、现场评审 3 个阶段。

28. ×

【解析】《公路水运工程试验检测管理办法》第二十九条。工程所在地省级交通质监机构应当对工地临时试验室进行监督。这里需要区分母体试验室对工地试验室负有的主体管理责任与省级交通质监机构的监督责任。

29. √

【解析】《公路水运工程试验检测管理办法》第三十五条。检测机构在同一公路水运工程项目标段中不得同时接受业主、监理、施工等多方的试验检测委托。

30. ×

【解析】《交通运输部办公厅关于公路水运工程所有检测机构等级评定工作有关事项的通知》五。所有检测机构用于培训、教育、演练等工作的场地不计入试验检测用房面积。

31. √

【解析】《公路水运工程试验检测信用评价办法》第八条。试验检测机构信用评价分为 AA、A、B、C、D 五个等级。

32. ×

【解析】《公路水运工程试验检测信用评价办法》第十二条。机构分等级;人员实行累计扣分制,没有等级之分。所以选择时一定要看清楚是针对机构的还是针对人员的。

33. ×

【解析】是由交通运输部办公厅发布的。这是一个细节问题,发布机构很多,具体到某个文件是什么机构发布的需要细致辨析,尤其是"加强……工作的意见"好像是省级主管机构发布的,实际上不是。

34. √

【解析】《公路水运工程试验检测信用评价办法》第二条。

35. ×

　　【解析】《公路水运工程试验检测信用评价办法》第二条。机构有等级证书还要承担公路水运工程检测、试验或者监测任务的才适用。考生要注意,每个办法一定会清楚地界定其适用范围和对象。

36. √

　　【解析】《公路水运工程试验检测信用评价办法》第六条。考生需要区分机构、人员、工地试验室的评价方法。

37. √

　　【解析】《公路水运工程试验检测信用评价办法》第十一条。

38. ×

　　【解析】《公路水运工程试验检测信用评价办法》附件1。应该是直接确定为D级。注意区分机构失信行为与人员失信行为的扣分标准。

39. √

　　【解析】《公路水运工程试验检测信用评价办法》附件2。

40. √

　　【解析】《公路水运工程试验检测信用评价办法》附件3。

41. √

　　【解析】《公路水运工程试验检测信用评价办法》附件1。

42. √

　　【解析】《公路水运工程试验检测机构等级评定及换证复核工作程序》第二条。

43. √

　　【解析】《公路水运工程试验检测机构等级评定及换证复核工作程序》第五条。检测机构申请公路水运工程试验检测机构等级评定或换证复核时,应在公路水运工程试验检测管理信息系统中录入人员、场地、仪器设备等数据信息,并向所在地省级交通质监机构提交资料。

44. ×

　　【解析】《公路水运工程试验检测机构等级评定及换证复核工作程序》第九条(二)。所开展的试验检测参数应覆盖批准的所有试验检测项目且不少于批准参数的85%。这里需要注意的是理解条文里的"批准项目"和"批准参数"的区别。对"批准项目"要求是100%。对"批准参数"要求是大于85%。

45. ×

　　【解析】《公路水运工程试验检测管理办法》第六条。公路、水运综合类是分为3个等级,但是公路专项类分为交通工程和桥梁隧道工程和水运结构类是水运工程2个等级。所以不能一概而论。

46. ×

　　【解析】《公路水运工程试验检测管理办法》第二十八条。必须同时通过计量行政部门考核合格和计量认证的检测机构,才能向社会提供试验检测服务。

47. √

　　【解析】《公路水运工程试验检测管理办法》第三十九条。

48. ×

【解析】《公路水运工程试验检测管理办法》第十三条。初审合格的进入现场评审阶段；初审认为有需要补正的,质监机构应当通知申请人予以补正直至合格；初审不合格的,质监机构才应当及时退还申请材料,并说明理由。文件分别说明了"初审合格""初审合格但需要补正""初审不合格"三种情形的处理办法。

49. ×

【解析】《公路水运工程试验检测管理办法》第七条。部质量监督机构负责公路工程综合甲级、专项类和水运工程材料类、结构类甲级；省级质监机构负责公路工程综合类乙、丙级,水运工程材料类乙、丙级和水运工程结构类乙级。

50. √

【解析】《公路水运工程试验检测机构等级评定及换证复核工作程序》第五条。考生应注意的是,机构、人员信息的录入是进行评审工作的前提条件,省级质监机构和现场核查专家组在进行材料审查时,都需要核查在部质监局试验检测管理信息系统里相关的信息。

51. ×

【解析】《交通运输部办公厅关于公路水运工程所有检测机构等级评定工作有关事项的通知》第七条。应该以现场评审组最终确认的数量为准。

52. ×

【解析】试验检测能力范围应该是由评审组依据评审专家的技术判断确定检测机构的检测能力范围。《公路水运工程试验检测机构等级评定及换证复核工作程序》第十七条(四)。评审组根据技术能力考核情况,确认检测机构的试验检测能力范围。有必要对参数检测方法或范围、设备的测量范围、精确度等作出限制时,评审组应予以注明。

53. ×

【解析】《公路水运工程试验检测管理办法》第三十六条。检测机构依据合同承担公路水运工程试验检测业务,不得转包、违规分包。考生应注意"违规"一词。

54. ×

【解析】《关于进一步加强公路水运工程工地试验室管理工作的意见》第三条。施工单位、监理单位应根据工程质量安全管理需要或合同约定,在工程现场可自行设立工地试验室,也可委托第三方试验检测机构设立工地试验室。

55. √

【解析】《关于进一步加强公路水运工程工地试验室管理工作的意见》第三条。设立工地试验室的母体均应具有相应的《公路水运试验检测机构等级证书》。

56. ×

【解析】《关于进一步加强公路水运工程工地试验室管理工作的意见》第七条。工地试验室应按照母体试验检测机构质量管理体系的要求,建立完整的试验检测人员档案、仪器设备管理档案和试验检测业务档案,严格按照试验检测规程操作,并做到试验检测台账、仪器设备使用记录、试验检测原始记录、试验检测报告相互对应。

57. √

【解析】《关于进一步加强公路水运工程工地试验室管理工作的意见》第五条。工地试验室设立实行登记备案制。

58. ×

【解析】《关于进一步加强公路水运工程工地试验室管理工作的意见》第六条。母体试验检测机构应加强对授权工地试验室的管理和指导,根据工程现场管理需要或合同约定,合理配备工地试验室试验检测人员和仪器设备,并对工地试验室试验检测结果的真实性和准确性负责。注意是由管理主体母体试验检测机构负责。

59. ×

【解析】《公路水运工程试验检测管理办法》第三条。指具备相应公路水运工程试验检测知识、能力,并承担相应公路水运工程试验检测业务的专业技术人员。

60. ×

【解析】《公路工程试验检测仪器设备服务手册》二、适用范围。不仅适用于等级试验检测机构,也适用于监督检查、信用评价等活动。

61. √

【解析】《公路水运工程试验检测管理办法》第十九条。《等级证书》有效期为 5 年。《等级证书》期满后拟继续开展公路水运工程试验检测业务的,检测机构应提前 3 个月向原发证机构提出换证申请。

62. ×

【解析】要注意新旧公路水运工程试验检测管理办法的区别,《公路水运工程试验检测管理办法》(交通运输部令 2019 年第 38 号)没有此规定了。修订前的《公路水运工程试验检测管理办法》(交通运输部令 2016 年第 80 号)第二十九条规定,公路水运工程质量事故鉴定、大型水运工程项目和高速公路项目验收的质量鉴定检测,质监机构应当委托通过计量认证并具有甲级或者相应专项能力等级的检测机构承担。

63. √

【解析】《关于进一步加强公路水运工程工地试验室管理工作的意见》第七条。工地试验室应按照母体试验检测机构质量管理体系的要求,建立完整的试验检测人员档案、仪器设备管理档案和试验检测业务档案,严格按照试验检测规程操作,并做到试验检测台账、仪器设备使用记录、试验检测原始记录、试验检测报告相互对应。试验检测报告签字人必须是持证的试验检测人员。

64. ×

【解析】《公路水运工程试验检测管理办法》第二十九条。取得《等级证书》的检测机构,可设立工地临时试验室,承担相应公路水运工程的试验检测业务,并对其试验检测结果承担责任。

65. ×

【解析】《公路水运工程试验检测管理办法》第六条。检测机构等级,是依据检测机构的公路水运工程试验检测水平、主要试验检测仪器设备及检测人员的配备情况、试验检测环境等基本条件对检测机构进行的能力划分。

66. ×

【解析】《公路水运工程试验检测信用评价办法》附件 1 中 JJC201019。使用已过期《等级证书》和专用标识章出具报告的,扣 20 分。

67. ×

【解析】《公路水运工程试验检测信用评价办法》附件 2 中 JJC202019。试验样品管理存在人为选择性取样、样品流转工作失控、样品保管条件不满足要求、未按规定留样等不规范行为的,扣 5 分/项。

68. √

【解析】《公路水运工程试验检测信用评价办法》附件 2 中 JJC202001。注意区分机构失信行为与人员失信行为的扣分标准。

69. √

【解析】《公路水运工程试验检测信用评价办法》附件 3 中 JJC203002。

70. √

【解析】《公路水运工程试验检测管理办法》第四十四条。省级交通质监机构每年年初制定本行政区域检测机构年度比对计划并报部质量监督机构备案,年末上报比对试验的实施情况。

71. √

【解析】《检验检测机构资质认定管理办法》第十一条。

72. ×

【解析】《交通运输部办公厅关于公路水运工程试验检测机构等级评定工作有关事项的通知》五。试验检测机构用于培训、教育、演练等工作的场地不计入试验检测用房面积。

73. ×

【解析】《交通运输部办公厅关于公路水运工程试验检测机构等级评定工作有关事项的通知》七。应该是占参数总量的 30%。

74. ×

【解析】《公路水运工程试验检测信用评价办法》第九条。项目业主于次年 1 月中旬将工地试验室、现场检测项目的评价意见和扣分依据以及母体机构失信行为报项目质监机构。

75. ×

【解析】《关于印发工地试验室标准化建设要点的通知》2.3。上年度信用评价等级在 C 级及以下的检测机构,不宜作为设立工地试验室的母体机构。

76. ×

【解析】《公路水运工程试验检测信用评价办法》第十条。质监机构信用复评依据包括:(1)检测机构自评;(2)各级交通运输主管部门、质监机构事中事后监管和建设单位、监理单位发现的失信行为;(3)投诉举报查实的违规行为;(4)交通运输主管部门或质监机构通报批评或行政处罚的失信行为;(5)等级评定、换证复核中发现的失信行为;(6)检测机构及工地试验室在各级质监机构、行业的比对试验中出现的失信行为;(7)交通运输管理部门在公共信用信息服务平台中发布的有关行政处罚行为。

77. ×

【解析】《国家认监委关于实施〈检验检测机构资质认定管理办法〉的若干意见》九(二)。检验检测机构为科研、教学、内部质量控制等活动出具检验检测数据、结果时,在资质认定证书确定的检验检测能力范围内的,出具的检验检测报告或者证书上可以不标注检验检测机构资质认定标志;在资质认定证书确定的检验检测能力范围外的,出具的检验检测报告或者证书上,不得标注检验检测机构资质认定标志。

78.√

【解析】《关于进一步加强工地试验室管理工作的意见》第十一条。对于工地试验室授权负责人的管理包括:(1)监督。母体检测机构制定授权负责人管理制度,质监机构应建立授权负责人专业信息库;(2)变更。由母体检测机构提出申请,经建设单位同意后上报质监机构备案;(3)担任资格。

79.√

【解析】《关于印发工地试验室标准化建设要点的通知》3.1.2。工地试验室规划应遵循总体布局合理、功能分区明确、组织协调顺畅的原则。另需注意的是,工地试验室仪器设备应按照优化检测工作流程、整体布局合理、同步作业不相互干扰的原则进行布置。

80.√

【解析】《国家认监委关于实施〈检验检测机构资质认定管理办法〉的若干意见》七(一)。检验检测机构授权签字人应当具有中级及以上技术职称或者同等能力,"博士研究生毕业,从事相关专业检验检测工作1年及以上;硕士研究生毕业,从事相关专业检验检测工作3年及以上;大学本科毕业,从事相关专业检验检测工作5年及以上;大学专科毕业,从事相关专业检验检测工作8年及以上"可视为具有同等能力。

三、多项选择题

1. ABCD

【解析】要注意这里指的是计量基准器具,不要等同于一般计量器具的使用。《中华人民共和国计量法实施细则》第四条规定,计量基准器具的使用必须具备下列条件:(一)经国家鉴定合格;(二)具有正常工作所需要的环境条件;(三)具有称职的保存、维护、使用人员;(四)具有完善的管理制度。符合上述条件的,经国务院计量行政部门审批并颁发计量基准证书后,方可使用。

2. BCD

【解析】《中华人民共和国标准化法》第二十七条。国家实行团体标准、企业标准自我声明公开和监督制度。企业应当公开其执行的强制性标准、推荐性标准、团体标准或者企业标准的编号和名称;企业执行自行制定的企业标准的,还应当公开产品、服务的功能指标和产品的性能指标。国家鼓励团体标准、企业标准通过标准信息公共服务平台向社会公开。

3. BC

【解析】《中华人民共和国计量法实施细则》第七条规定了什么是可以使用的,选项D是指期间核查设备,选项A是指标识错、漏的设备,这两种不一定是不合格的设备。

4. ABC

【解析】《中华人民共和国认证认可条例》。取得认证机构资质,应当符合下列条件:(一)取得法人资格;(二)有固定的场所和必要的设施;(三)有符合认证认可要求的管理制度;(四)注册资本不得少于人民币300万元;(五)有10名以上相应领域的专职认证人员。从事产品认证活动的认证机构,还应当具备与从事相关产品认证活动相适应的检测、检查等技术能力。

5. BCD

【解析】《强制性国家标准管理办法》。第九条　国务院标准化行政主管部门统一管理全国标准化工作,负责强制性国家标准的立项、编号和对外通报。县级以上人民政府标准化行政主管部门和有关行政主管部门依据法定职责,对强制性国家标准的实施进行监督检查。第十八条　组织起草部门可以委托相关标准化技术委员会承担起草工作。未组成标准化技术委员会的,组织起草部门应当成立起草专家组承担强制性国家标准起草工作。涉及两个以上国务院有关行政主管部门的强制性国家标准项目,牵头组织起草部门应当会同其他组织起草部门成立起草专家组。起草专家组应当具有权威性和代表性。

上述条款的要点见下表。注意选项 A 是标准制定的参与者,但是不是管理主体。

主　　体	职　　责
国务院标准化行政主管部门	1.负责强制性国家标准的立项、编号和对外通报; 2.批准发布或者授权批准发布
国务院有关行政主管部门	依据职责负责强制性国家标准的项目提出、组织起草、征求意见和技术审查
县级以上人民政府标准化行政主管部门	依据法定职责,对强制性国家标准的实施进行监督检查

6. ABCD

【解析】根据《关于印发工地试验室标准化建设要点的通知》,工地试验室应加强质量控制和管理,确保工地试验检测活动规范有效,试验检测数据客观准确,严禁编造虚假数据、记录和报告,严禁代签试验检测报告。同时试验检测操作应严格按照试验检测规程进行。试验检测所需的环境条件应满足有关标准、规范和规程要求。

7. BC

【解析】《公路水运工程试验检测管理办法》第六条。公路工程专业分为综合类和专项类;公路工程综合类设甲、乙、丙 3 个等级,公路工程专项类分为交通工程和桥梁隧道工程。水运工程专业分为材料类和结构类;水运工程材料类设甲、乙、丙 3 个等级,水运工程结构类设甲、乙 2 个等级。

8. ABC

【解析】《公路水运工程试验检测机构等级评定及换证复核工作程序》第八条。检测机构多项等级评定申请的初审工作,应符合以下要求:同一人持多证可在不同等级评定中使用,但不得超过 2 次;除行政、技术、质量负责人外,其他持单一证书人员不得重复使用。

9. AB

【解析】《公路水运工程试验检测管理办法》第十九条。《等级证书》有效期为 5 年。《等级证书》期满后拟继续开展公路水运工程试验检测业务的,检测机构应提前 3 个月向原发证机构提出换证申请。该条文说明了登记证书是有期限的。到期未换证,证书视为无效,即选项 A。机构在运行过程中,因为自己的原因或者因为违规违法被注销了的证书,也即失效,即选项 B。选项 C 是机构的违规行为,选项 D 是机构未按程序办事问题。

10. AB

【解析】《关于印发工地试验室标准化建设要点的通知》。工地试验室标准化建设是促进工程建设项目管理水平进一步提升的重要举措,其核心是质量管理精细化、检测工作规范化、硬件建设标准化和数据报告信息化。

11. ABCD

【解析】《检验检测机构资质认定告知承诺实施办法(试行)》第三条。检验检测机构首次申请资质认定、申请延续资质认定证书有效期、增加检验检测项目、检验检测场所变更时,可以选择以告知承诺方式取得相应资质认定。特殊食品、医疗器械检验检测除外。

12. ABCD

【解析】《检验检测机构资质认定告知承诺实施办法(试行)》第六条。申请机构愿意作出承诺的,应当对下列内容作出承诺:(1)所填写的相关信息真实、准确;(2)已经知悉资质认定部门告知的全部内容;(3)本机构能够符合资质认定部门告知的条件和技术能力要求,并按照规定接受后续核查;(4)本机构能够提交资质认定部门告知的相关材料;(5)愿意承担虚假承诺或者承诺内容严重不实所引发的相应法律责任;(6)所作承诺是本机构的真实意思表示。

13. BC

【解析】《检验检测机构资质认定告知承诺实施办法(试行)》第十一条。对于机构作出虚假承诺或者承诺内容严重不实的,由资质认定部门依照《中华人民共和国行政许可法》的相关规定撤销资质认定证书或者相应资质认定事项,并予以公布。这里还需要区别注销和撤销的概念。两者区别如下:

(1)定义上:注销是在达到法定或者约定期限、条件,出现法定事由、情形时,到有关机关消灭取得的资格,证件。撤销是由有关机关在当事主体实施违法行为,达到法定撤销要件后,撤销相应的主体资格,证件等撤销指从法律上取消。

(2)应用上:注销向系统发出清除现在登录的用户的请求,清除后即可使用其他用户来登录你的系统,注销不可以替代重新启动,只可以清空当前用户的缓存空间和注册表信息。撤销是组织针对资质、资格的取消行为,即某自然人、法人持有的资质资格由于过期或者不再符合资质、资格要求,由资质发放管理方采取的一种取消行为。

14. AD

【解析】《检验检测机构资质认定管理办法》第一条。为了规范检验检测机构资质认定工作,加强对检验检测、机构的监督管理,根据《中华人民共和国计量法》及其实施细则、《中华人民共和国认证认可条例》等法律、行政法规的规定,制定本办法。

15. AB

【解析】《检验检测机构资质认定管理办法》第九条(五)。申请资质认定的检验检测机构应当符合以下条件:(五)具有并有效运行保证其检验检测活动独立、公正、科学、诚信的管理体系。

16. AC

【解析】《检验检测机构资质认定管理办法》第七条。检验检测机构资质认定工作应当遵循统一规范、客观公正、科学准确、公平公开的原则。考生需要注意,这里指的是资质认定工作的原则,而不是对检验检测机构的要求。

17. ABC

【解析】《检验检测机构资质认定管理办法》第九条。申请资质认定的检验检测机构应当符合以下条件:(1)依法成立并能够承担相应法律责任的法人或者其他组织;(2)具有与其从事检验检测活动相适应的检验检测技术人员和管理人员;(3)具有固定的工作场所,工作环境满足检验检测要求;(4)具备从事检验检测活动所必需的检验检测设备设施;(5)具有并有效运行保证其检验检测活动独立、公正、科学、诚信的管理体系;(6)符合有关法律法规或者标准、技术规范规定的特殊要求。

本题要注意区分选项 C 和选项 D。该条文说明:申请资质认定的检验检测机构,首先是依法成立并能够承担相应法律责任的法人或者其他组织。(1)凡是依法设立的法人和其他组织,其依法注册、登记的经营范围或者业务范围内包括检验检测,并且能够独立、公正从业的,均可申请检验检测资质认定。其他组织包括:依法取得工商行政机关颁发《营业执照》的企业法人分支机构、特殊普通合伙企业、民政部门登记的民办非企业单位(法人)等符合法律法规规定的机构。(2)若检验检测机构是机关和事业单位法人内设机构,不具有法人资格,可由其法人授权,申请检验检测资质认定,其对外出具的检验检测报告或证书的法律责任由其所在法人单位承担并予以明示。(3)生产企业内部实验室不在检验检测机构资质认定范围之内。生产企业出资设立的具有法人资格的检验检测机构可以申请资质认定,但应当遵循检验检测机构客观独立、公正公开、诚实守信的相关法律法规规定。

18. ABCD

【解析】《检验检测机构资质认定管理办法》第十条。检验检测机构资质认定程序:(一)申请资质认定的检验检测机构(以下简称申请人),应当向国家认监委或者省级资质认定部门(以下统称资质认定部门)提交书面申请和相关材料,并对其真实性负责;(二)资质认定部门应当对申请人提交的书面申请和相关材料进行初审,自收到之日起 5 个工作日内作出受理或者不予受理的决定,并书面告知申请人;(三)资质认定部门应当自受理申请之日起 45 个工作日内,依据检验检测机构资质认定基本规范、评审准则的要求,完成对申请人的技术评审。技术评审包括书面审查和现场评审。技术评审时间不计算在资质认定期限内,资质认定部门应当将技术评审时间书面告知申请人。由于申请人整改或者其他自身原因导致无法在规定时间内完成的情况除外;(四)资质认定部门应当自收到技术评审结论之日起 20 个工作日内,作出是否准予许可的书面决定。准予许可的,自作出决定之日起 10 个工作日内,向申请人颁发资质认定证书。不予许可的,应当书面通知申请人,并说明理由。

19. BC

【解析】《检验检测机构资质认定　证书及其使用要求》(三)。检验检测机构资质认定证书内容包括:发证机关、获证机构名称和地址、法律责任承担单位、检验检测能力范围、有效期限、证书编号、资质认定标志。资质认定证书与其附表共同构成对检验检测机构技术能力的认定。附表分两部分,第一部分是经资质认定部门批准的授权签字人及其授权签字范围,第二部分是经资质认定部门批准检验检测的能力范围。

本题要注意新版检验检测机构资质认定证书由证书和附表构成,两者包括的内容不同。

选项 B、C 应该是附表表述的内容。

20. BCD

【解析】《检验检测机构资质认定管理办法》第二十三条。检验检测机构及其人员应当独立于其出具的检验检测数据、结果所涉及的利益相关各方,不受任何可能干扰其技术判断因素的影响,确保检验检测数据、结果的真实、客观、准确。注意这是对从业人员工作质量的要求,要区别于人员的从业行为要求(客观独立、公平公正、诚实信用)。

21. ABC

【解析】《检验检测机构资质认定管理办法》第四十五条。检验检测机构有下列情形之一的,资质认定部门应当撤销其资质认定证书:(一)未经检验检测或者以篡改数据、结果等方式,出具虚假检验检测数据、结果的;(二)违反本办法第四十三条规定,整改期间擅自对外出具检验检测数据、结果,或者逾期未改正、改正后仍不符合要求的;(三)以欺骗、贿赂等不正当手段取得资质认定的;(四)依法应当撤销资质认定证书的其他情形。被撤销资质认定证书的检验检测机构,3 年内不得再次申请资质认定。该条款是 163 号令新增加的,明确了对检验检测机构进行惩罚的 4 种情形,且撤销原因由行政许可实施方行为变为被许可方具体行为。

22. CD

【解析】《检验检测机构资质认定管理办法》第十一条。资质认定部门根据检验检测机构的申请事项、自我声明和分类监管情况,采取书面审查或者现场评审的方式,作出是否准予延续的决定。这是 163 号令新增加的一种评审方式,需要加以重点理解记忆。

23. ABCD

【解析】《检验检测机构资质认定管理办法》第四十二条和第四十三条明确说明了两大类的不同违法情形,且说明了行政处罚办法。

第四十三条　检验检测机构有下列情形之一的,由县级以上质量技术监督部门责令整改,处 3 万元以下罚款:(一)基本条件和技术能力不能持续符合资质认定条件和要求,擅自向社会出具具有证明作用的数据、结果的;(二)超出资质认定证书规定的检验检测能力范围,擅自向社会出具具有证明作用的数据、结果的;(三)出具的检验检测数据、结果失实的;(四)接受影响检验检测公正性的资助或者存在影响检验检测公正性行为的;(五)非授权签字人签发检验检测报告的。前款规定的整改期限不超过 3 个月。整改期间,检验检测机构不得向社会出具具有证明作用的检验检测数据、结果。

24. BC

【解析】《检验检测机构资质认定管理办法》第二十四条。检验检测机构应当定期审查和完善管理体系,保证其基本条件和技术能力能够持续符合资质认定条件和要求,并确保管理体系有效运行。

25. ABCD

【解析】《检验检测机构资质认定管理办法》第十二条。有下列情形之一的,检验检测机构应当向资质认定部门申请办理变更手续:(一)机构名称、地址、法人性质发生变更的;(二)法定代表人、最高管理者、技术负责人、检验检测报告授权签字人发生变更的;(三)资质认定检验检测项目取消的;(四)检验检测标准或者检验检测方法发生变更的;(五)依法需要办理变更的其他事项。

26. ABCD

　　【解析】《检验检测机构资质认定　公正性和保密性要求》第四~七条。四、检验检测机构资质认定应严格按照程序要求实施,对检验检测机构进行资质认定的人员不得从事任何可能影响公正性的活动,包括对检验检测机构提供咨询等商业活动。五、资质认定部门不得以任何方式向检验检测机构推荐咨询服务机构或咨询人员。其委托的专业技术评价机构及其行为不得损害资质认定的保密性、客观性和公正性。六、检验检测机构资质认定工作不接受任何影响其工作公正性的经济资助。七、本人所在的机构与工作对应的检验检测机构之间存在的或潜在的行政、经济、商务等方面的利害关系,并对公正性相关承诺承担法律责任。凡有利益冲突的人员均应主动回避。

27. ACD

　　【解析】这里主要应该知道163号令关于评审工作制定的3大类15个配套文件,其中,管理类8个,评审类3个,表格类4个。选项B是原来评审中常用的称呼。

28. AB

　　【解析】《国家认监委关于印发检验检测机构资质认定配套工作程序和技术要求的通知》15个配套文件如下:

　　管理类的8个文件是:1.检验检测机构资质认定　公正性和保密性要求;2.检验检测机构资质认定　专业技术评价机构基本要求;3.检验检测机构资质认定　评审员管理要求;4.检验检测机构资质认定　标志及其使用要求;5.检验检测机构资质认定　证书及其使用要求;6.检验检测机构资质认定　检验检测专用章使用要求;7.检验检测机构资质认定　分类监管实施意见;8.检验检测机构资质认定　评审工作程序。

　　评审类的3个文件是:9.检验检测机构资质认定　评审准则;10.检验检测机构资质认定　刑事技术机构评审补充要求;11.检验检测机构资质认定　司法鉴定机构评审补充要求。

　　表格类的4个文件是:12.检验检测机构资质认定　许可公示表;13.检验检测机构资质认定　申请书;14.检验检测机构资质认定　评审报告;15.检验检测机构资质认定　审批表。

29. ABD

　　【解析】《检验检测机构资质认定　标志及其使用要求》第三条。检验检测机构应在其检验检测报告或证书和相关宣传资料中正确使用资质认定标志。资质认定标志应符合本要求规定的尺寸比例,并准确、清晰标注证书编号。资质认定标志的颜色建议为红色、蓝色或者黑色。

30. ABCD

　　【解析】《检验检测机构资质认定　证书及其使用要求》第三条。检验检测机构资质认定证书内容包括:发证机关、获证机构名称和地址、法律责任承担单位、检验检测能力范围、有效期限、证书编号、资质认定标志。资质认定证书与其附表共同构成对检验检测机构技术能力的认定。

31. BC

　　【解析】《检验检测机构资质认定　检验检测专用章使用要求》第二条。检验检测机构向社会出具具有证明作用的检验检测数据、结果的,应当在其检验检测报告或证书上加盖检验检测专用章,用以表明该检验检测报告或证书由其出具,并由该检验检测机构负责。

32. ABCD

【解析】《公路水运工程试验检测专业技术人员职业资格制度规定》第四条。包括道路工程、桥梁隧道工程、交通工程、水运结构与地基、水运材料5个专业。

33. AC

【解析】题干有意混淆了学历和从业时间。《公路水运工程试验检测专业技术人员职业资格考试实施办法》第十二条。符合下列条件之一者,可报考公路水运工程试验检测师职业资格考试:(一)取得中专或高中学历,并取得公路水运工程助理试验检测师证书后,从事公路水运工程试验检测专业工作满6年;(二)取得工学、理学、管理学学科门类专业大专学历,累计从事公路水运工程试验检测专业工作满6年;(三)取得工学、理学、管理学学科门类专业大学本科学历或者学位,累计从事公路水运工程试验检测专业工作满4年;(四)取得含工学、理学、管理学学科门类专业在内的双学士学位或者工学、理学、管理学学科门类专业研究生班毕业,累计从事公路水运工程试验检测专业工作满2年;(五)取得工学、理学、管理学学科门类专业硕士学位,累计从事公路水运工程试验检测专业工作满1年;(六)取得工学、理学、管理学学科门类专业博士学位;(七)取得其他学科门类专业的上述学历或者学位人员,累计从事公路水运工程试验检测专业工作年限相应增加1年。

34. ABD

【解析】《公路水运工程试验检测专业技术人员职业资格制度规定》第一条。为加强公路水运工程试验检测专业技术人员队伍建设,提高试验检测专业技术人员素质,根据《中华人民共和国公路法》《中华人民共和国港口法》《中华人民共和国航道法》和国家职业资格证书制度的有关规定,制定本规定。考生需要注意的是,每个法律法规、规章制度、管理办法都会在第一章说明其制定的上位法是什么,也就是其制定的依据是什么。这其实是考试的一类出题方式,需要加以关注。

35. BCD

【解析】《公路水运工程试验检测管理办法》第四条。公路水运工程试验检测活动应当遵循科学、客观、严谨、公正的原则。这里除要求准确记忆检验检测活动的工作原则外,还需要与其他的工作原则区别记忆。还要区别本文件的第三十九条对检测数据的要求(第三十九条检测人员应当严守职业道德和工作程序,独立开展检测工作,保证试验检测数据科学、客观、公正,并对试验检测结果承担法律责任)。

36. BCD

【解析】《检验检测机构资质认定管理办法》第十八条。评审组在技术评审中发现有不符合要求时,应当书面通知申请人限期整改,整改期不得超过30个工作日。逾期未完成整改或者整改后仍不符合要求的,相应评审项目应当判定不合格。

37. BD

【解析】《公路水运工程试验检测管理办法》第十二条。初审主要包括以下内容:(1)试验检测水平、人员及检测环境等条件是否与所申请的等级标准相符;(2)申报的试验检测项目范围及设备配备与所申请的等级是否相符;(3)采用的试验检测标准、规范和规程是否合法有效;(4)检定和校准是否按规定进行;(5)质量保证体系是否具有可操作性;(6)是否具有良好的试验检测业绩。选项A、C是申请时应向所在地省级质监机构提交的材料。

38. BC

【解析】《公路水运工程试验检测机构等级标准》"二、水运工程试验检测机构等级标准"表1人员配备要求。

39. ABCD

【解析】根据《公路水运工程试验检测机构等级标准》"一、公路工程试验检测机构等级标准"表1。除综合丙级外,其余四个等级(综合甲级、综合乙级、交通工程专项、桥梁隧道工程专项)均有要求。

40. ACD

【解析】《关于印发工地试验室标准化建设要点的通知》3.2人员配备。3.2.1　工地试验室应综合考虑工程特点、工程量大小及工程 复杂程度、工期要求等因素,科学合理地确定试验检测人员数量,确保试验检测工作正常开展。3.2.2　试验检测人员应持证上岗、专业配置合理,能涵盖工程涉及专业范围和内容。试验检测人员应注册登记在母体检测机构。

41. ABC

【解析】《检验检测机构资质认定管理办法》第三十七条。

42. CD

【解析】《检验检测机构资质认定管理办法》第二十二条。检验检测机构及其人员从事检验检测活动,应当遵守国家相关法律法规的规定,遵循客观独立、公平公正、诚实信用的原则,恪守职业道德,承担社会责任。条文中增加了"诚信"方面的内容。这是从业人员的行为规范。

43. BC

【解析】《公路水运工程试验检测机构等级标准》"一、公路工程试验检测机构等级标准"表2-1。这里需要注意的是首先看清楚是"属于"还是"不属于";其次,要知道综合甲级的检测能力强制性要求设备有哪些。

44. BCD

【解析】《公路水运工程试验检测机构等级标准》"一、公路工程试验检测机构等级标准"表2-2。这里需要注意的是首先看清楚是"属于"还是"不属于",其次,要知道综合乙级的检测能力强制性要求设备有哪些。

45. ABD

【解析】《公路水运工程试验检测信用评价办法》第一条。考生应关注每个法律法规、规章制度、管理办法的制定依据。

46. ABCD

【解析】《公路水运工程试验检测信用评价办法》第八条。试验检测机构信用评价分为AA、A、B、C、D五个等级。

47. ABD

【解析】《公路水运工程试验检测信用评价办法》第三条。信用评价应遵循公开、客观、公正、科学的原则。

48. ABCD

【解析】《公路水运工程试验检测信用评价办法》附件1中行为代码:JJC201001、

JJC201002、JJC201003、JJC201004。注意区分机构失信行为与人员失信行为的扣分标准。

49. AD

【解析】《公路水运工程试验检测信用评价办法》第六条和附件2。工地试验室及现场检测项目扣100分的失信行为包括:(1)出虚假数据报告造成质量安全事故或质量标准降低的;(2)未履行合同擅自撤离工地的。

50. AC

【解析】《公路水运工程试验检测信用评价办法》第八条。试验检测机构信用评价分为AA、A、B、C、D五个等级,评分对应的信用等级分别为:AA级:信用评分≥95分,信用好;A级:85分≤信用评分<95分,信用较好;B级:70分≤信用评分<85分,信用一般;C级:60分≤信用评分<70分,信用较差;D级:信用评分<60分,信用很差。这里一定要记清楚各档次分数的界限值是多少。

51. ABCD

【解析】《公路水运工程试验检测管理办法》第二十一条。换证复核以书面审查为主。必要时,可以组织专家进行现场评审。换证复核的重点是核查检测机构人员、仪器设备、试验检测项目、场所的变动情况,试验检测工作的开展情况,质量保证体系文件的执行情况,违规与投诉情况等。

52. ABCD

【解析】《公路水运工程试验检测管理办法》第三条。本办法所称公路水运工程试验检测,是指根据国家有关法律、法规的规定,依据工程建设技术标准、规范、规程,对公路水运工程所用材料、构件、工程制品、工程实体的质量和技术指标等进行的试验检测活动。考生需要知道作为公路水运检测机构一般面对的检测对象有哪些,容易忽视的是选项B和选项D。

53. AB

【解析】《公路水运工程试验检测管理办法》第四十六条。质监机构在监督检查中发现检测机构有违反本规定行为的,应当予以警告、限期整改,情节严重的列入违规记录并予以公示,质监机构不再委托其承担检测业务。实际能力已达不到《等级证书》能力等级的检测机构,质监机构应当给予整改期限。整改期满仍达不到规定条件的,质监机构应当视情况注销《等级证书》或者重新评定检测机构等级。重新评定的等级低于原来评定等级的,检测机构1年内不得申报升级。被注销等级的检测机构,2年内不得再次申报。质监机构应当及时向社会公布监督检查的结果。

这里的重点是先进行限期整改,整改期满仍达不到规定条件的,质监机构应当视情况注销《等级证书》或者重新评定检测机构等级,而不是有违反规定的行为就采取"注销等级""重新评定",中间有一个整改期。

54. CD

【解析】《公路水运工程试验检测机构等级评定及换证复核工作程序》第十五条。评审组通过现场符合性检查,核查检测机构的人员、设备设施、检测参数开展情况及工作业绩等实际状况是否与所申请材料的内容一致且满足要求,并应核查以下内容:(一)所申请试验检测参数要求配置的仪器设备是否缺少、是否符合相应技术标准要求。(二)检测机构登记的持证试验检测人员是否在岗,签订的劳动合同和办理的社会保险是否齐全、规范、有效。(三)所申请检测参数的原始记录和试验检测报告(含模拟报告)是否齐全。(四)检测机构用房产权证明或租赁期限证明材料是否有效(租赁期限应大于或等于5年)。(五)换证复核应核查检测机构取得等级证书后持证人员调离该机构的人数占原总持证人数的比例;检测机构的重要变更是否在规定期限内办理手续;设立工地试验室和开展现场检测项目情况。

55. ABCD

【解析】《公路水运工程试验检测机构等级评定及换证复核工作程序》第十二条至第二十条。第十二条　评审组长主持召开评审工作预备会议。第十三条　评审组长主持召开评审工作布置会议。第十四条　评审组应通过对检测场地面积及布局、环境条件、样品管理、设备配置及管理、文件控制、安全防护及环境保护等的现场评审,评价检测机构开展试验检测工作的总体情况。第十五条　评审组通过现场符合性检查。第十六条　评审组对检测机构的管理体系运行情况、设备管理、环境条件、人员培训、能力验证、机构被处罚情况作出评价。第十七条　评审组通过查验检测机构的试验记录、报告,考核现场试验操作,检查试验检测人员能否完整、规范、熟练地完成检测项目试验,评价检测机构的试验检测技术能力。第十八条　对检测机构行政、技术、质量负责人等关键岗位人员,应重点考查资历条件是否满足等级标准及有关要求,是否理解和熟悉岗位职责等内容。第十九条　评审组长组织评审组内部评议。第二十条　评审组长主持召开评审情况反馈会议。

56. ACD

【解析】《公路水运工程试验检测管理办法》第十四条。现场评审是通过对申请人完成试验检测项目的实际能力、检测机构申报材料与实际状况的符合性、质量保证体系和运转等情况的全面核查。这里关键是要知道,核查是指核查机构在整个运行周期内,机构的运行是否与管理要求和机构自身提出的目标、方针、程序相符合。

57. BCD

【解析】《公路水运工程试验检测管理办法》第三十四条。检测机构应当建立健全档案制度,保证档案齐备,原始记录和试验检测报告内容必须清晰、完整、规范。

58. ACD

【解析】《公路水运工程试验检测管理办法》第四十二条。公路水运工程试验检测监督检查,主要包括下列内容:(一)《等级证书》使用的规范性,有无转包、违规分包、超范围承揽业务和涂改、租借《等级证书》的行为;(二)检测机构能力变化与评定的能力等级的符合性;(三)原始记录、试验检测报告的真实性、规范性和完整性;(四)采用的技术标准、规范和规程是否合法有效,样品的管理是否符合要求;(五)仪器设备的运行、检定和校准情况;(六)质量保证体系运行的有效性;(七)检测机构和检测人员试验检测活动的规范性、合法性和真实性;(八)依据职责应当监督检查的其他内容。

59. BCD

【解析】《关于进一步加强公路水运工程工地试验室管理工作的意见》第八条。工地试验室出具的试验检测报告应加盖工地试验室印章,印章包含的基本信息有:母体试验检测机构名称＋建设项目标段名称＋工地试验室。这里要区别于工地试验室标志牌的信息内容,在这些信息前还要加上"××高速公路"。此类题也可以改为单项选择题。

60. BD

【解析】《关于进一步加强公路水运工程工地试验室管理工作的意见》第九条。工地试验室实行授权负责人责任制。工地试验室授权负责人对工地试验室运行管理工作和试验检测活动全面负责,授权负责人必须是母体试验检测机构委派的正式聘用人员,且须持有试验检测工程师证书。考生首先要记住"授权负责人责任制",其次要记住"授权负责人"的任职条件。选项A是现在工地上实际操作中出现的一些误区。

61. ABC

【解析】《关于进一步加强公路水运工程工地试验室管理工作的意见》第四条。授权内容包括工地试验室可开展的试验检测项目及参数、授权负责人、授权工地试验室的公章、授权期限等。

62. AC

【解析】《公路工程试验检测仪器设备服务手册》"四、内容释义"(五)检验参数。设备首次检定的参数应该是表中全部项目,后续检定的参数才是表中的非下划线项目。

63. BD

【解析】《公路水运工程试验检测人员继续教育办法(试行)》第四条。继续教育应坚持切合实际、注重实效,方便工程现场试验检测人员学习的原则。注意,选项A、C感觉是合理的,但文件不是这样规定的。

64. ABCD

【解析】《公路水运试验检测机构等级评定及换证复核工作程序》第十四条。

65. AD

【解析】要注意新旧公路水运工程试验检测管理办法的区别,见《公路水运工程试验检测管理办法》(交通运输部令2019年第38号)第九条,申请公路水运工程试验检测机构等级评定,应向所在地省级交通质监机构提交以下材料:(一)《公路水运工程试验检测机构等级评定申请书》;(二)质量保证体系文件。旧的《公路水运工程试验检测管理办法》(交通运输部令2016年第80号)第九条规定:申请公路水运工程试验检测机构等级评定,应向所在地省级交通质监机构提交以下材料:(一)《公路水运工程试验检测机构等级评定申请书》;(二)申请人法人证书原件及复印件;(三)通过计量认证的,应当提交计量认证证书副本的原件及复印件;(四)检测人员证书和聘(任)用关系证明文件原件及复印件;(五)所申报试验检测项目的典型报告(包括模拟报告)及业绩证明;(六)质量保证体系文件。

66. ABCD

【解析】《公路水运试验检测机构等级评定及换证复核工作程序》第二十二条。除题干所述四种情况外,还包括:检测机构实际状况与申请资料严重不符,检测机构有意干扰评审工作,被考核人员冒名顶替、借(租)用试验检测仪器设备。

67. ABD

【解析】《公路水运工程试验检测管理办法》第十四条。现场评审是通过对申请人完成试验检测项目的实际能力、检测机构申报材料与实际状况的符合性、质量保证体系和运转等情况的全面核查。

68. ABD

【解析】《关于印发工地试验室标准化建设要点的通知》4.6。工程建设项目的同一合同段中的施工、监理单位和检测机构不得将外委试验委托给同一家检测机构。

69. BCD

【解析】《关于印发工地试验室标准化建设要点的通知》3.4。工地试验室应依据母体检测机构的质量体系文件,结合工程特点,编制简洁、适用、针对性和操作性强的质量体系文件及各项管理制度。

70. ABCD

【解析】《关于印发工地试验室标准化建设要点的通知》4.5。工地试验室应制定样品管理制度,对样品的取样、运输、标识、存储、留样及处置等全过程实施严格的控制和管理。

第二章　试验室管理

📖 复习提示

本部分内容在 2020 年度考试大纲里,属于变化最大的部分,无疑需要考生花大力气去学习、记忆、理解和运用。

本部分主要涉及《检测和校准实验室能力的通用要求》(ISO/IEC 17025:2017)、《检测和校准实验室能力认可准则》(CNAS-CL01:2018)、《检验检测机构资质认定能力评价　检验检测机构通用要求》(RB/T 214—2017)的相关内容;同时辅以《公路水运工程试验检测等级管理要求》(JT/T 1181—2018)、《公路水运试验检测数据报告编制导则》(JT/T 828—2019)、《公路水运试验检测数据报告编制导则》及释义手册的相关内容作为重要考试知识点。因而内容较新、变化较大。

试验室管理内容覆盖面相当广,涵盖了检验检测机构、检验检测人员、检验检测机构资质认定中关于组织、人员、工作场所和工作环境、设备设施、管理体系等方面的通用要求。就具体各项通用要求而言,各知识点之间又相互关联。因此,需要考生学会利用各知识点之间的关联关系,来记忆、理解并学会充分运用此部分知识。

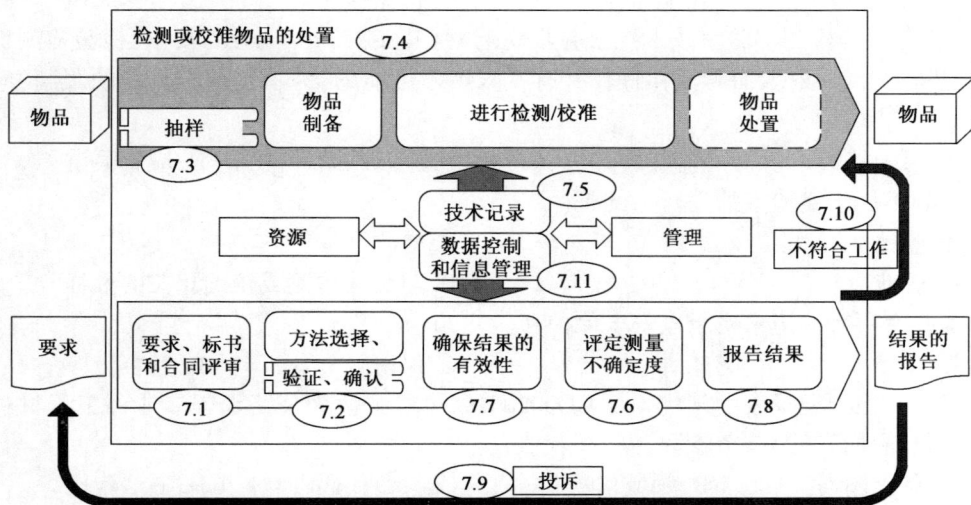

实验室运作过程关系示意图

注:图中序号表示《检测和校准实验室能力的通用要求》中的条款代码。

以《检测和校准实验室能力的通用要求》（ISO/IEC 17025:2017）和《检测和校准实验室能力认可准则》（CNAS-CL01:2018）为例，其明确了检验检测机构全面系统的通用要求、结构要求、资源要求、过程要求、管理体系要求，从而表明检验检测机构能够证明其运作能力。此处看似知识点内容涉及面广，关系繁杂，但我们仍能巧用如下关系示意图来表明检验检测机构（实验室）的运作过程，从而理解、掌握并运用这部分知识。

此外，本部分还包括另外一个重要的内容，即信用评价。其涉及《检验检测机构诚信评价规范》（GB/T 36308—2018）和《检验检测机构诚信基本要求》（GB/T 31880—2015）的相关内容。考生应该掌握信用评价的对象、基本要求、指标体系以及方法和评价结果（信用评价等级）等内容。

一、单项选择题

1. 按照《检验检测机构诚信评价规范》（GB/T 36308—2018）规定，下列（　　）属于一票否决项行为。

①未对样品来源有效识别，租样、买样或不送（抽）样直接出具检验检测报告的现象严重。

②未积极开展内部和外部诚信文化传播。

③分包给非法检验检测机构、未经资质认定的检验检测机构或未诚信达标的检验检测机构。

④仪器设备工装严重不足。

⑤计量校准报告和证书数据虚假；非诚信达标的计量检测机构出具。

⑥未参与制定诚信国家标准。

  A.①②③   B.①③⑤   C.④⑤⑥   D.②④⑥

2. 按照《检验检测实验室技术要求验收规范》（GB/T 37140—2018）要求，检验检测机构实验室宜采用天然采光，环境允许开窗通风，应优先采用（　　）。

  A.局部通风 B.自然通风 C.机械通风 D.全面通风

3. 按照《检验检测实验室技术要求验收规范》（GB/T 37140—2018）要求，检验检测机构实验室，凡进行强酸、强碱、有毒液体操作并有飞溅爆炸可能的，为了保护操作者的眼睛，应就近设置（　　）。

  A.保护挡板 B.水龙头   C.应急眼睛冲洗器 D.应急喷淋

4. 下列不属于实验室活动行为的是（　　）。

  A.监控   B.检测

  C.校准   D.与后续检测或校准相关的抽样

5. 实验室所有的记录应予以安全保护和（　　）。

  A.存档   B.维护   C.保密   D.监督

6. 某试验检测记录表中某代码是 GLQ02001a，可以解读为公路工程专业→工程材料与制品领域→集料项目→第一个参数，而"a"代表（　　）。

  A.专业代码 B.领域代码 C.参数代码   D.方法代码

7. 公路水运检测机构等级证书编号由发证机构简称、所属专业、检测行业缩写……组成，其中用（　　）表述本等级流水号。

A.1 位阿拉伯数字   B.1 位大写英文字母

C.2 位大写英文字母   D.3 位阿拉伯数字

8. 授权签字人是指由实验室提名,经过(　　　),能在实验室被认可范围内的检测报告或者校准证书上获准签字的人员。

   A. 企业上级部门批准   B. 资质认定部门考核批准

   C. 评审组考核认可   D. 上级部门考核认可

9. 用于检测的设备为了提供有效的结果,必须要求设备达到(　　　)。

   A. 测量精确度和测量准确度   B. 测量准确度和测量正确度

   C. 测量不确定度和测量精确度   D. 测量准确度和测量不确定度

10. 检验检测机构应该具备正确进行检验检测活动所需要的,并且能够独立调配使用的(　　　)检测场所。

   A. 固定的   B. 固定的和可移动的

   C. 固定的和临时的   D. 固定的、临时的和可移动的

11. 按照实验室区域划分中垂直布局的原则,(　　　)应该布局在底层。

   A. 产生粉尘物质的实验室   B. 产生有害气体的实验室

   C. 产生有毒气体的实验室   D. 重型设备

12. 根据《公路水运试验检测数据报告编制导则》,下列选项中,正确表述"土的击实"样品编号的是(　　　)。

   A. YP-2020-SYJ-001   B. YP-2020-TGJ

   C. YP-2020-TGJ-001   D. YP-2020-CJL-001

13. 设备比对应具备的条件不包括(　　　)。

   A. 相同的操作者   B. 类似的被测对象

   C. 相同的环境条件   D. 相同的测量系统

14. 检验检测机构的诚信评价方法是(　　　)。

   A. 自我评价   B. 第三方评价

   C. 定性与定量相结合   D. 社会监督与第三方评价相结合

15. 在《检测和校准实验室能力的通用要求》中使用了一些助动词,其中"应"表示的是(　　　)。

   A. 建议   B. 可能   C. 要求   D. 允许

16. 《检测和校准实验室能力的通用要求》是对实验室能力、公正性以及(　　　)的通用要求所作的规定。

   A. 实验室组织架构   B. 实验室的运作

   C. 实验室及相关机构   D. 一致运作

17. 对检验检测机构进行诚信评价,应至少每(　　　)年复评一次。

   A.3   B.4   C.5   D.6

18. 实验室设备显示缺陷或者超出规定要求时,实验室应该启动(　　　)程序。

   A. 方法偏离程序   B. 不符合工作管理程序

   C. 设备管理程序   D. 标准物质管理程序

19. 当客户在送样检测中未指定所用的检测方法时,实验室应当(　　)。

    A. 为客户采用本机构常用的方法

    B. 直接选用国家标准或者行业标准

    C. 通知客户,推荐使用国际、国家标准、团体标准以及自制标准

    D. 通知客户,告知采用的方法

20. 检测是按照规定的程序,为了确定给定的产品、材料、设备、生物体、物理现象、工艺过程或服务的一种或多种(　　)的技术操作。

    A. 特性或性能   B. 重复性和复现性

    C. 试验数据   D. 性能和评定

21. 管理评审的目的是根据质量方针和目标,对质量体系现状和适应性进行的正式评审。检验检测机构管理评审的组织者是(　　)。

    A. 技术负责人   B. 质量负责人

    C. 最高管理者   D. 质量主管

22. 检测机构等级评定现场评审时,抽取的现场试验操作考核参数要覆盖全部申请试验检测项目,除了保证不低于 15% 的必选参数总量外,还需要特别关注(　　)内标准规范发生变更的参数。

    A. 1 年   B. 2 年   C. 3 年   D. 5 年

23. 《检验检测实验室技术要求验收规范》(GB/T 37140—2018)适用于(　　)。

    A. 生物安全   B. 净化及医学实验室

    C. 动植物检验   D. 除上述选项外的其他实验室

24. 下列不属于实验室结构要求范围的是(　　)。

    A. 确定对实验室全权负责的管理层

    B. 以满足检测和校准实验室能力认可准则、实验室客户、法定管理机构和提供承认的组织要求的方式开展实验室活动

    C. 符合《检测和校准实验室能力认可准则》的实验室活动范围

    D. 持续从外部获得的实验室活动

25. 实验室空间高度在不设置空调系统情况下,要求室内净高不低于(　　)。

    A. 2.8m   B. 2.6m   C. 2.4m   D. 2.5m

26. 公路水运检测机构在提供等级评定申请材料的相关辅助材料时,要覆盖所有试验检测项目,且不低于申请等级必选参数总量的(　　)的申请试验检测参数的典型报告。

    A. 10%   B. 30%   C. 50%   D. 60%

27. 下列选项中,(　　)是记录报告更改不正确的做法。

    A. 要有更改人的姓名或等效标识进行记录报告更改

    B. 要用划改,有更改人的姓名或等效标识进行记录更改

    C. 声明"对序列号为……(或其他标识)报告的修改"或其他等效文字

    D. 另发一份新结果报告进行更改

28. 公路水运检测机构应该具有产权或者租赁期为(　　)的稳定的场所开展试验检测工作。

　　A.1 年　　　　　　　B.3 年　　　　　　　C.5 年　　　　　　　D. 不小于 5 年

29. 从发出《公路水运工程试验检测机构等级评定初审不合格通知书》之日起( )内,质监机构一般不再次受理其提出的等级评定申请。

　　A.6 个月　　　　　　B.5 个月　　　　　　C.3 个月　　　　　　D.1 个月

30. 对检验检测机构进行诚信评价的目的有( )。

　　A. 诚信建设水平的提升和完善　　　　B. 检验检测水平的提高和加强

　　C. 人员业务能力的提高和强化　　　　D. 检验检测范围的扩大和发展

31. 检验检测机构的采购服务不包括( )。

　　A. 仪器设备的采购　　　　　　　　　B. 抽排设施的检修

　　C. 仪器设备的检定　　　　　　　　　D. 选择消耗性材料的供应商

32. 检验检测机构内部审核的目的是( )。

　　A. 发现存在的问题

　　B. 检查检测活动的规范性

　　C. 验证试验室的工作持续符合管理体系的要求

　　D. 检查检测报告的准确性

33. 实验室开展内部审核每年至少一次,需增加内审次数的情况为( )。

　　A. 实验室搬迁　　　　　　　　　　　B. 增加新人员

　　C. 业务范围扩大　　　　　　　　　　D. 有客户投诉

34. 管理评审的输入不包括( )。

　　A. 近期内部审核结果　　　　　　　　B. 管理体系有效性及过程有效性的改进

　　C. 客户的投诉　　　　　　　　　　　D. 上次管理评审结果

35. ( )根据本机构的质量方针和目标实现状况,对检验检测机构自身质量体系的现状和适应性作出评价。

　　A. 管理层　　　　　　　　　　　　　B. 质量负责人

　　C. 技术负责人　　　　　　　　　　　D. 最高管理者

36. 一个检验检测机构的质量方针是经( )批准正式发布的。

　　A. 质量负责人　　　B. 管理层　　　　C. 董事长　　　　D. 质量主管

37. 检验检测机构技术负责人的主要责任是( )。

　　A. 体系保持　　　　B. 授权签字　　　C. 体系实施　　　D. 技术运作

38. 管理体系的内容是以满足( )的需要为准。

　　A. 质量目标　　　　B. 体系要求　　　C. 顾客要求　　　D. 上级要求

39. 检验检测机构为查找问题的根本原因,实施纠正措施应从( )开始。

　　A. 分析　　　　　　B. 调查　　　　　C. 评审　　　　　D. 识别

40. 仪器设备管理中以( )显示其是否存在部分缺陷,但在限定范围内可以使用。

　　A. 黄色标识　　　　B. 状态标识　　　C. 红色标识　　　D. 管理标识

41. 关于检验检测机构租用设备,下列表述正确的是( )。

①租用仪器设备的管理应纳入本检验检测机构的管理体系。

②租用仪器设备的管理不纳入本检验检测机构的管理体系。

③同一台设备不允许在同一时期被不同检验检测机构共同租赁。

④本检验检测机构可全权支配使用。

⑤在租赁合同中明确规定租用设备的使用权。

⑥同一台设备允许在同一时期被不同检验检测机构共同租赁。

    A.①②③④　　　　B.②③④⑤　　　　C.②③④⑥　　　　D.①③④⑤

42.程序是为进行某项活动或过程所规定的(　　　)。

    A.途径　　　　　　B.结果　　　　　　C.步骤　　　　　　D.资源

43.关于分包,下列描述正确的是(　　　)。

①虽获资质认定,暂时不满足检验检测条件的检验检测机构不能分包。

②已获得资质认定,但工作量大,时间要求紧的项目可以分包。

③已获得资质认定,但由于某仪器设备使用频次低,本机构该设备未检定校准,可以分包。

④已获得资质认定,分包方所得检测结果由承担分包的检验检测机构单独出具报告。

⑤未获得资质认定,分包方所得检测结果由分包方出具报告并纳入本机构报告中。

⑥未获得资质认定,分包方所得检测结果,由另一检验检测机构出具给本检验检测机构;若客户许可要注明分包方无资质认定许可,并注明方包方的名称和资质认定许可编号。

    A.①②③④　　　　B.①③④⑤　　　　C.②③⑤⑥　　　　D.②③④⑥

44.检验检测机构合格的外部供应商来自(　　　)。

    A.经过资质认定的检验检测机构　　　　B.取得 ISO 9001 认证的供货方

    C.服务周到的单位　　　　　　　　　　D.具备良好质量并可持续信任的单位

45.选择合格仪器设备的供应商时,一般应评价其(　　　)。

    A.售后服务水平　　　　　　　　　　　B.产品价格

    C.产品质量　　　　　　　　　　　　　D.单位规模

46.检验检测机构对的服务和供应商的采购程序应该满足(　　　)的要求。

    A.购买、储存　　　　　　　　　　　　B.选择、购买、验收、储存

    C.购买、检验、储存　　　　　　　　　D.选择、购买、检验

47.选择合格的仪器设备的检定/校准服务单位,一般应该评价(　　　)。

    A.通过 CMA 认可的资质检定/校准服务机构

    B.通过 CNAS 认可的资质检定/校准服务机构且有授权的

    C.通过 CNAS 认可的资质检定/校准服务机构

    D.检定/校准服务机构的参数范围

48.质量管理、技术管理和行政管理存在(　　　)关系。

    A.各自独立　　　　　　　　　　　　　B.相互制约

    C.相辅相成　　　　　　　　　　　　　D.行政管理统领

49.检验检测机构合同评审由(　　　)进行。

    A.检测室主任　　　　　　　　　　　　B.样品管理员

    C.程序文件规定的业务人员　　　　　　D.技术负责人

50.(　　　)是检验检测机构合同评审的结果。

　　A. 检测报告　　　　　B. 检定证书　　　　　C. 程序文件　　　　　D. 检测委托书

51. 在合同评审时除客户要求、合同偏离、变更外,检验检测机构需要与客户沟通并得到同意的是(　　　)。

　　A. 检测规程　　　　B. 检测设备　　　　C. 检测程序　　　　D. 判定规则

52. 为确保检验检测活动达到既定的目标,可以将合同评审活动理解为(　　　)所进行的活动。

　　A. 适宜性和合法性　　　　　　　　B. 充分性和合理性

　　C. 充分性和有效性　　　　　　　　D. 有效性和合法性

53. 设备在投入使用前,应采用检定或校准等方式,以确保检验检测结果的计量溯源性,并标识其状态。属于内部校准的设备是(　　　)。

　　A. 所有设备　　　　B. 强制设备　　　　C. 辅助设备　　　　D. 非强制设备

54. 下列(　　　)人员可以从事检测机构内部校准工作。

　　A. 任命的设备管理员　　　　　　　B. 具备一定设备管理知识

　　C. 经过培训、考核合格　　　　　　D. 经过培训、考核合格并持证

55. 检验检测机构应建立程序,以识别和消除或者最大程度减少影响(　　　)和诚信的风险。

　　A. 真实　　　　　B. 客观　　　　　C. 准确　　　　　D. 公正

56. 管理层授权发布的质量方针中,不应该包括的内容是(　　　)。

　　A. 质量管理目标

　　B. 为客户提供检验检测服务质量的承诺

　　C. 运营目标

　　D. 遵循准则要求、持续改进管理体系的承诺

57. 检验检测机构应当确保其相关测量和校准结果,能够溯源至国家标准,以保证检验检测结果的(　　　)。

　　A. 可靠性　　　　B. 正确性　　　　C. 真实性　　　　D. 准确性

58. 检验检测机构应当建立并保持控制其管理体系的内部和外部文件的(　　　)。

　　A. 方法　　　　B. 政策　　　　C. 规定　　　　D. 程序

59. 检验检测机构的人员对其在检验检测活动中知悉的国家机密、商业秘密、技术秘密负有保密义务。因此,检验检测机构应当建立并实施相应的保密(　　　)。

　　A. 规定　　　　B. 程序　　　　C. 措施　　　　D. 方针

60. 检验检测机构应当建立处理投诉和申诉的(　　　)。

　　A. 规定　　　　B. 程序　　　　C. 措施　　　　D. 作业指导书

61. 检验检测机构只应对(　　　)投诉的处理过程及结果及时记录、按规定归档。

　　A. 以口头、书面形式的　　　　　　B. 合理的

　　C. 不合理的　　　　　　　　　　　D. 以上 3 个选项

62. 检验检测机构应当建立并保持出现不符合工作的(　　　)。

　　A. 纠正措施　　　　　　　　　　　B. 偏离程序

　　C. 处理程序　　　　　　　　　　　D. 预防措施

63. 由于工期紧,客户要求检测机构缩短标准、规范规定的样品养护时间或样品静置时间完成检测项目时,应做以下( )处理。

A. 不接受客户的要求　　　　　　B. 依据采用非标准方法程序
C. 依据允许偏离的程序　　　　　　D. 依据不符合检测工作的程序

64. 检验检测机构应保持对检验检测结果、抽样结果的准确性或有效性有显著影响的设备,包括辅助测量设备(例如用于测量环境条件的设备),在投入使用前,进行设备校准的程序。这里的校准是指( )。

A. 检查是否具备检定证书
B. 检查仪器设备是否能正常开机、显示数据
C. 检查设备检定精度、偏差值是否满足检测要求
D. 检查设备与检定证书信息的一致性

65. 关于检验检测机构对检验检测方法确认,描述不正确的是( )。

A. 该方法应满足客户需求,也是检验检测机构获得资质认定许可的方法
B. 行业技术规范规定的方法可以采用
C. 方法确认还应包括数据和结果正确性的确认
D. 客户要求发生了偏离就不能采用

66. 检验检测机构应保持对用于检验检测样品的运输、接收、处置、保护、存储、保留、清理的程序,目的是( )。

A. 所有样品均采用同一种标识方法　　B. 使报告、记录与样品具备唯一对应关系
C. 保护样品的完整性、安全性　　　　D. 避免样品和记录中产生的混淆

67. 为了保证在任何时候对样品的识别不发生混淆,可以采用的样品标识方式有( )。

A. 用户标识　　　　　　　　　　B. 型号规格标识
C. 样品状态标识　　　　　　　　D. 唯一标识系统

68. 检验检测机构应建立和保持( )的方法和计划,保证检验检测结果有效性。

A. 期间核查　　　　　　　　　　B. 内部审核
C. 质量控制　　　　　　　　　　D. 检定校准

69. 检验检测机构对检验检测结果有效性的质量控制方法不包括( )。

A. 留样再测　　　　　　　　　　B. 期间核查
C. 报告的不确定度分析　　　　　　D. 参加检验检测机构间的比对

70. 如果检测过程中使用了客户提供的对检测结果有效性有影响的信息,检验检测机构报告应( )。

A. 有免责声明　　　　　　　　　　B. 有仅对来样负责语句
C. 附加情况说明　　　　　　　　　D. 以附件方式加以说明

71. 报告修改不正确的方法是( )。

A. 重新编制,并注明有别于原报告的唯一性标识
B. 若报告不能收回,需要声明原报告作废
C. 重新编制,重新发放
D. 以追加文件进行,并声明"对××××(原)报告的补充,报告编号××××"

72. 检验检测原始记录、报告、证书的保存期限是(   )。

    A. 永久   B. 不少于 3 年   C. 6 年   D. 不少于 6 年

73. 按照《公路水运试验检测数据报告编制导则》(JT/T 828—2019)要求,报告应(   )。

    A. 真实可靠   B. 形式合规   C. 多页格式   D. 信息完备

74. 记录文件内容与报告内容的区别,在于记录内容没有(   )。

    A. 附加声明区   B. 基本信息区

    C. 检验数据区   D. 检验对象属性区

75. 集料试验检测报告中的(   )信息,是属于检测对象属性区。

    A. 试验依据   B. 样品描述   C. 集料规格   D. 工程部位

76. 按照《公路水运试验检测数据报告编制导则》要求,检测记录必须具备唯一性标识编码(记录表编号),专业编码中的第一位"J"代表的是(   )。

    A. 交通工程专业   B. 公路工程专业

    C. 报告   D. 记录表

77. 检测报告日期的正确表述是(   )。

    A. YYYY 年 MM 月 DD 日   B. YYYY 年 M 月 D 日

    C. YYYY-MM-DD   D. MM 月 DD 日

78. 检测报告名称宜由(   )组成。

①高速公路名称;②标段名称;③项目名称;④参数名称;⑤试验检测报告。

    A. ①②④⑤   B. ②③④⑤   C. ③④⑤   D. ②④⑤

79. 检测类报告"检测数据部分"的相关内容来源于检测记录表,应包含检测项目、(   )、检测结果、检测结论等内容及反映检测结果与结论的必要图表信息。

    A. 原始观察数据   B. 自动设备采集的数据

    C. 技术要求/指标   D. 试验条件

80. 评审员应符合的条件是(   )。

    A. 从事检测或者相关管理 3 年,本科以上学历

    B. 从事检测或者相关管理 5 年,本科以上学历,中级职称

    C. 从事检测或者相关管理 5 年,本科以上学历,高级职称

    D. 从事检测或者相关管理 3 年,本科以上学历,中级职称

81. 评审员编号的第 1~4 位表示(   )。

    A. 发证年份   B. 发证机关   C. 流水号   D. 行业主管

82. 评审员编号的第 15 位表示的是(   )。

    A. 发证流水号   B. 级别代码

    C. 发证机关代码   D. 行业主管部门代码

83. 进行评审员监管的正确方式是(   )

    A. 行业主管部门定期考核   B. 资质认定部门定期考核

    C. 建立数据库、公布评审员信息   D. 定期考试

84. 对评审员的确认程序,描述错误的是(   )。

    A. 申请人参加资质认定部门组织的考核

B. 申请人向资质认定主管部门提出申请表,考核合格

C. 资质认定部门组织专家对申请进行核审

D. 由检验检测机构上报批准

85. 认证机构认可是指认可机构依据法律法规,基于 GB/T 27011 的要求,并分别以( )为准则,对人员认证机构进行评审,证实其是否具备开展人员认证活动的能力。

  A. GB/T 27025   B. GB/T 27024

  C. GB/T 27065   D. GB/T 15000.7

86. 实验室认可是指基于 GB/T 27011 的要求,认可机构依据法律法规,对检测或校准实验室进行评审,证实其是否具备开展检测或校准活动的能力。下列不属于实验室认可依据准则的是( )。

  A. 国家标准 GB/T 27025

  B. 国家标准 GB/T 27065

  C. 国际实验室认可合作组织(ILAC)的文件 ILACG13

  D. 国家标准 GB/T 15000.7

87. 《检验检测机构诚信评价规范》(GB/T 36308—2018)适用于( )。

  A. 分类监管   B. 建立诚信档案

  C. 第二方检验检测机构   D. 上述 3 个选项

88. 《检验检测机构诚信评价规范》(GB/T 36308—2018)的评价原则是( )

①科学性;②连续性;③系统性;④适用性;⑤可控性。

  A. ①②③ B. ①③④ C. ③④⑤ D. ②③④

89. 按照《检验检测机构诚信评价规范》(GB/T 36308—2018)规定,下列不属于检验检测机构诚信评价指标和分值分配表中规定的加分项的有( )。

  A. 支持诚信建设基金

  B. 参与制定诚信国家标准

  C. 积极参与试验检测领域诚信国家标准或行业标准的试点应用,成果突出

  D. 积极开展内部和外部诚信文化传播,效果显著

二、判断题

1. 检验检测机构应将其管理体系、组织结构、程序、过程、资源等过程要素文件化。

                    ( )

2. 检验检测机构资质认定评审人员分为评审员和评审组长两个级别。 ( )

3. 纠正措施是针对分析的原因制定纠正措施。   ( )

4. 用于检验检测并对结果有影响的设备及其软件,如可能,均应加以唯一性标识。

                     ( )

5. 所谓试验检测记录数据真实可靠,是指能让试验检测数据再现。 ( )

6. 采购服务包括对供货单位的质量保证能力进行评价,并建立合格供应方名单。( )

7. 在公路水运试验检测机构试验检测能力分类代码中"GLP04003a",可以解读为公路工

程专业工程实体与结构领域基坑、地基与基桩项目基桩承载力参数的方法、静载荷试验法。
（　　）

8. 如因客户提供的信息对检测结果有效性有影响时，实验室应该有责任解释。（　　）

9. 质量体系是为了实施质量管理所需的组织结构、程序、过程的文件体系。（　　）

10. 作为检验检测机构的主过程，技术运作（技术管理体系）是指从识别顾客需求作为过程的开始，利用资源（包括人力、物力、资金和信息）作为过程的输入，将输入转化为一系列的检定、校准和检测的输出，即测量结果，最后形成检定证书、校准证书或检测报告。这就是机构检定、校准和检测工作的全过程。（　　）

11. 实验室的公正性是指检测活动的真实性、数据的真实性。（　　）

12. 比对是在规定的条件下，对相同类型的准确度等级或指定不确定度范围的同种测量仪器复现的量值之间比较的过程。（　　）

13. 客户以口头形式表达的投诉，实验室应该记录归档。（　　）

14. 《检测和校准实验室能力的通用要求》（ISO/IEC 17025：2017）适用于所有从事实验室活动的组织，不论其人员数量多少。（　　）

15. 自校准是指在实验室或其所在组织内部实施的，使用自有的设施和测量标准，校准结果仅用于内部需要，为实现获认可的检测活动相关的测量设备的量值溯源而实施的校准。
（　　）

16. 特定检验检测方法或者客户要求的其他附加信息，应该出现在检测类报告附加声明部分。（　　）

17. 检测机构发生不符合时，实验室应该采取纠正措施。（　　）

18. 实验室管理体系文件应该具备唯一性标识。（　　）

19. 检测的判定规则可以不通知客户。（　　）

20. 实验室应该选择、验证非标准方法和自制方法。（　　）

21. 评审员进行评审活动，如果与被评审检验检测机构有利害关系或者其评审可能对公正性产生影响时，应该采用回避方式。（　　）

22. 检验检测机构的活动涉及风险评估和风险控制领域时，应建立和保持相应识别、评估、实施的程序。（　　）

23. 对于诸如水泥、砂、混凝土试块等检测项目，可以简化合同评审的过程，由收样员完成。
（　　）

24. 实验室要对客户的所有投诉进行处理。（　　）

25. 使用频率低的设备不需要进行期间核查。（　　）

26. 按照《检验检测机构资质认定管理办法》相关规定，针对委托检测检测报告不能有"仅对来样负责"的表述。（　　）

27. 检验检测机构的电液式万能试验机（WE-1000）全数字伺服控制软件，应加以唯一性标识并纳入机构设备管理体系。（　　）

28. 检验检测机构应将其管理体系、组织制度、程序、政策等过程要素文件化。（　　）

29. 投诉是指客户对检验检测机构的检验检测服务或者数据、结果的质量或服务上的不满意或者抱怨，并以书面形式表达。（　　）

30. 合同评审目的是评价检验检测机构确实有能力和资源履行合同。　　　　　（　　　）

31. 合同的偏离只要与客户充分沟通,得到客户同意即可。　　　　　　　　　（　　　）

32. 检验检测机构应该明确客户的要求,在合同签订后立刻组织合同评审。　　（　　　）

33. 检验检测机构要明确文件类型并进行有效的分类管理。　　　　　　　　　（　　　）

34. 检验检测机构的采购活动仅针对机构的仪器设备和消耗性材料。　　　　　（　　　）

35. 采购服务应该包括仪器设备的检定/校准服务。　　　　　　　　　　　　（　　　）

36. 检验检测机构要有效管理和控制采购质量,因此需要评价采购服务,并建立合格供应方名单。　　　　　　　　　　　　　　　　　　　　　　　　　　　　　　（　　　）

37. 一个组织的质量管理体系可以有 1 个以上。　　　　　　　　　　　　　　（　　　）

38. 检验检测机构技术负责人应该负责机构的技术运作和提供检验检测所需的资源。

　　　　　　　　　　　　　　　　　　　　　　　　　　　　　　　　　　（　　　）

39. 检验检测机构授权签字人应该具备高级专业技术职称或者同等能力。　　　（　　　）

40. 检验检测机构配备的设备应该包括用于抽样的设备。　　　　　　　　　　（　　　）

41. 某机构因电液式万能试验机故障不得已将钢筋拉伸检测委托另外一家检测机构检测,这属于无能力分包。　　　　　　　　　　　　　　　　　　　　　　　　　　（　　　）

42. 校准过程中产生了修正因子,检验检测机构需确保备份得到正确更新。　　（　　　）

43. 检验检测机构的人员要对其在检验检测活动中知悉的技术机密保密。　　　（　　　）

44. 检验检测机构应当建立与活动范围相适应的管理体系,用于检验检测实际操作的作业指导书不在此范围。　　　　　　　　　　　　　　　　　　　　　　　　　　（　　　）

45. 检验检测设备应由经过授权的人员操作,还应保存对检验检测具有重要影响的设备的记录,软件不属于设备范畴。　　　　　　　　　　　　　　　　　　　　　　　（　　　）

46. 检验检测机构的标准物质应溯源到 SI 测量单位或有证标准物质。　　　　（　　　）

47. 检验检测机构应当建立风险评估和风险控制识别、评估、实施的程序。　　（　　　）

48. 检验检测机构要对检验检测人员的能力保持进行规划管理。　　　　　　　（　　　）

49. 按照《公路水运试验检测数据报告编制导则》(JT/T 828—2019)要求,公路试验检测数据记录和报告采用唯一性标识编码的管理编码,编码规则都是 2 + 2 + 2 + 1 四段位的编码形式,即采用"专业编码" + "项目编码" + "参数编码" + "方法区分码"的形式表示。　（　　　）

50. 以获得新建及既有工程性质评价结果为目的,针对材料、构件、工程制品及实体的一个或多个技术指标进行检测而出具的数据结果、检测结论和评价意见属于综合类报告。其类型识别码为"H"。　　　　　　　　　　　　　　　　　　　　　　　　　　　　　（　　　）

51. 每项检验检测的记录应包含充分的信息,以便在需要时,识别不确定度的影响因素,并确保该检验检测在尽可能接近原始条件的情况下,能够重复检测活动。　　　　　（　　　）

52. 检测类报告的专用章应该压盖在报告右上部。　　　　　　　　　　　　　（　　　）

53. 检验检测过程中若检测条件发生了变化,应该以附加声明方式在检测类报告的附加声明中注明。　　　　　　　　　　　　　　　　　　　　　　　　　　　　　　　（　　　）

54. 综合评价类报告扉页内容应该是机构信息、免责声明的内容。　　　　　　（　　　）

55. 综合评价类检测报告名称可以冠以"试验检验报告"。　　　　　　　　　　（　　　）

56. 综合评价类检测报告编号不应该出现在封面。　　　　　　　　　　　　　（　　　）

57.检验检测机构要不断识别诚信要素,以满足法律、技术、管理和责任方面的基本要求。

（　　）

58.检测记录表的检测单位名称要求编写在标题部分靠左对齐。检测单位名称应与资质认定证书名称一致。（　　）

59.样品如需检测机构制备,制备方法和条件应该记入附加声明部分。（　　）

60.试验检测日期应该记录检测工作开始的日期。（　　）

61.检测对象属性的基础资料宜描述工程实体的基本技术参数,如设计参数、地质情况、成型工艺等信息。（　　）

62.检测类报告落款由检测、审核、批准、日期构成。（　　）

63.综合评价类检测报告由报告批准人、审核人和检测人员签字认可。（　　）

64.检测类报告构成要素包括报告名称、唯一性标识编码、检测单位名称、专用章、报告编号、页码。（　　）

65.综合评价类报告构成要素是项目概况、检测依据、人员和仪器设备、检测内容与方法、检测数据分析、结论与分 析评估、有关建议等内容。（　　）

66.综合评价类检测不涉及委托送样检测。（　　）

67.实验室的实验废水可以加以循环利用。（　　）

三、多项选择题

1.按照《检验检测实验室技术要求验收规范》（GB/T 37140—2018）要求,检验检测机构实验室给排水系统包括(　　)系统。

A.生活给排水　　　　　　　　　　B.实验给排水

C.污、废水处理　　　　　　　　　　D.消防水

2.综合评价类报告由正文、附件、目录和(　　)组成。

A.封面　　　　　　B.签字页　　　　　　C.声明　　　　　　D.扉页

3.试验检测机构环境条件控制要点包括(　　)。

A.长期稳定　　　　　　　　　　　　B.控制设施正确

C.布局合理　　　　　　　　　　　　D.准确识别

4.作为实验室的人员应该具有(　　)职责。

A.针对管理体系有效性、满足客户和其他要求的重要性进行沟通

B.识别与管理体系或实验室活动程序的偏离

C.向实验室管理层报告管理体系运行状况和改进需求

D.实施、保持和改进管理体系

5.实验室的安全标识包括(　　)。

A.消防标志　　　　　　　　　　　　B.化学品作业场所安全警示标志

C.气瓶标志　　　　　　　　　　　　D.通用安全标识

6.产品检验的可靠性与(　　)有关。

A.样品的规格　　　　　　　　　　　B.质量检验手段的可靠性

C.仪器设备的量程　　　　　　　　　D.抽样检验方法的科学性

7. 为保证检测结果客观准确,常用的结果质量控制方法有( )。
   A. 使用有证标准物质 　　　　　　B. 人员比对
   C. 设备比对 　　　　　　　　　　D. 留样再测

8. 对于有些仪器设备,检验检测机构有能力进行校准的,可进行内部校准,但是条件是( )。
   A. 非强制检定的仪器设备
   B. 校准周期尽量短
   C. 实施内部校准的人员经培训和授权
   D. 环境和设施满足校准方法要求

9. 实验室人员的下列( )活动都需要通过制定系列程序来加强管理。
   A. 人员培训 　　B. 人员授权 　　C. 能力确定 　　D. 人员监督

10. 下列不属于检验检测机构质量负责人的责任的是( )。
    A. 对技术方面的工作全面负责 　　　B. 对技术工作日常负责
    C. 技术负责人的代理人 　　　　　　D. 对管理体系的运行全面负责

11. 检验检测机构的记录包括质量记录和技术记录两类,( )属于质量记录。
    A. 质量监控 　　B. 设备管理 　　C. 投诉记录 　　D. 设备采购

12. 《检验检测机构信用评价规范》规定了检验检测机构诚信评价的( )。
    A. 原则 　　　B. 要求 　　　C. 方法 　　　D. 指标

13. 下列描述样品检验状态的标识,正确的是( )。
    A. 未检 　　　B. 在检 　　　C. 无污染 　　　D. 存样

14. 下列( )情况属于报告签字人不具备资格。
    A. 试验助理试验检测师对报告复核签字
    B. 取得公路专业试验检测师资格证书在水运工程材料报告中签字
    C. 隧道专业试验检测师在基桩检测报告中签字
    D. 试验检测师经母体授权负责工地试验室管理,其证书未注册登记

15. 实验室的家具包括( )。
    A. 文件柜 　　B. 排气罩 　　C. 设备台 　　D. 办公桌

16. 下列( )因素决定了实验室平面尺寸要求。
    A. 房间的平面形状 　　　　　　B. 实验台宽度
    C. 仪器设备尺寸 　　　　　　　D. 检修的要求

17. 《检测和校准实验室能力认可准则》规定了实验室的( )通用要求。
    A. 规模 　　　B. 能力 　　　C. 公正性 　　　D. 一致运作

18. 建设新的检验检测实验室的建筑设计应该考虑( )等方面的要求。
    A. 环境评价 　　B. 安全评价 　　C. 智能化 　　　D. 节能评价

19. 对检测结果有影响的设施和环境,我们必须予以( )。
    A. 监测 　　　B. 调节 　　　C. 记录 　　　D. 控制

20. 有可能危及实验室公正性的关系包括( )。
    A. 所有权 　　B. 人员 　　　C. 设备 　　　D. 市场营销

21. 实验室污、废水的处理的方法包括(　　　)。

　　A. 中和　　　　　　　B. 物理　　　　　　　C. 化学　　　　　　　D. 生物

22. 实验室的建筑设计力求做到(　　　)。

　　A. 互不干扰　　　　　B. 交通合理　　　　　C. 功能明确　　　　　D. 美观舒适

23. 下列(　　　)工作适用于《公路水运工程试验检测等级管理要求》。

　　A. 检查评价　　　　　B. 换证复核　　　　　C. 等级评定　　　　　D. 工程鉴定

24. 检验检测机构为了验证自身诚信的状况,需要开展(　　　)等活动。

　　A. 制定计划　　　　　　　　　　　　　B. 收集内、外部信息

　　C. 自我评价　　　　　　　　　　　　　D. 第三方评价

25. 检验检测机构诚信评价指标和分值分配表对技术要求该一级指标给出了 300 分。300 分的构成是(　　　)。

　　A. 人员能力 80 分,设备管理 25 分

　　B. 样品管理 70 分,标准方法 30 分

　　C. 环境条件 25 分,能力验证 20 分,报告证书 50 分

　　D. 人员能力 60 分,设备管理 45 分

26. 实验室除应该在质量手册里明确对实验室全权负责的管理层以外,还必须(　　　)。

　　A. 确定实验室的组织和管理结构、其在母体组织中的位置

　　B. 规定对实验室活动结果有影响的所有管理、操作或验证人员的职责、权力

　　C. 规定与实验室有关的外部机构的要求

　　D. 确定管理、技术运作和支持服务间的关系

27. 关于检验检测机构资质认定评审员监管,描述正确的是(　　　)。

　　A. 实施动态管理　　　　　　　　　　　B. 进行持续培训

　　C. 建立信息备案制度　　　　　　　　　D. 建立评审员数据库

28. 评审员的行为准则包括(　　　)。

　　A. 不吃卡拿要　　　　　　　　　　　　B. 遵守保密协议

　　C. 不损害主管部门声誉　　　　　　　　D. 持续符合评审员要求

29. 下列哪些文件可以作为仪器设备进行检定的依据(　　　)。

　　A. 国家计量检定规程　　　　　　　　　B. 交通运输部计量检定规程

　　C. ISO 国家标准　　　　　　　　　　　D. 地方发布的计量检定规程

30. 对于租用的检验检测设备,必须要符合以下(　　　)条件。

　　A. 租用仪器设备的管理应纳入本检验检测机构的管理体系

　　B. 本检验检测机构可全权支配使用

　　C. 在租赁合同中明确规定租用设备的使用权

　　D. 同一台设备不允许在同一时期被不同检验检测机构共用租赁

31. 《公路水运工程试验检测等级管理要求》(JT/T 1181—2018)引用的文件包括(　　　)。

　　A. 《归档文件整理规则》(DA/T 22)

　　B. 《通用计量术语及定义》(JJF 1001)

　　C. 《信息安全技术　信息系统安全等级保护基本要求》(GB/T 22239)

D.《检验检测机构资质认定管理办法》(质检总局令第 163 号)

32. 检验检测机构应该重点对( )等情况进行质量监督。

  A. 新上岗人员   B. 设备经过维修后的项目或参数

  C. 转岗人员   D. 采用新方法的人员

  E. 开展人员比对的项目

33. 检验检测机构建立的管理体系应具有( )特性。

  A. 系统性   B. 科学性   C. 公正性   D. 完整性

34. 对于检验检测机构的质量体系,下列描述正确的是( )。

  A. 管理体系应该使所有与检验检测机构质量有关的活动完全处于受控状态

  B. 管理体系一定是文件化的文件

  C. 管理体系只需让主要管理层知道

  D. 管理体系至少包括:管理体系文件、管理体系文件的控制、记录控制、应对风险和机遇的措施、改进、纠正措施、内部审核和管理评审

35. 质量方针至少包括( )内容。

  A. 质量方针与总目标一致,且是可测量的

  B. 总目标应以文件化形式写入质量方针中

  C. 对良好职业行为和为顾客提供检定、校准和检测服务质量的承诺

  D. 要求机构所有与检定、校准和检测活动有关的人员熟悉与之相关的体系文件,并在工作中执行这些政策和程序

36. 下列描述样品检验检测状态的标识,正确的是( )。

  A. 未检   B. 在检   C. 检毕   D. 强检

37. 检验检测机构的"方针目标"是由( )构成的。

  A. 服务质量的承诺   B. 持续改进管理体系的承诺

  C. 年度目标   D. 中长期目标

38. 针对检测环境描述正确的是( )。

  A. 识别环境条件

  B. 控制不利条件,保证结果有效

  C. 提出控制要求并记录

  D. 采取相应措施,保证不对检测质量、人员健康产生影响

39. 检验检测机构的检测场所应该具备( )。

  A. 完全的使用权

  B. 完全的所有权

  C. 既有使用权又有所有权

  D. 检测报告标明的地点(场所)与资质认定的场所一致

40. 作业指导书是管理体系文件之一,它包括的内容有( )。

  A. 仪器设备维护保养   B. 仪器设备档案记录

  C. 结果的不确定评定   D. 仪器设备说明书

41. 关于仪器设备期间核查,描述正确的是( )。

A. 所有大型设备都要进行期间核查

B. 伺服式万能试验机需请检定校准机构才能完成

C. 期间核查先要制定核查程序和计划及作业指导书

D. 按照指导书进行核查保留记录,出具报告,评价结果

42. 检验检测机构在无法溯源到国家标准时可以进行内部校准,但(　　)。

A. 仅限于强制设备　　　　　　　　B. 需要出具内部校准报告

C. 校准设备的标准满足计量溯源要求　D. 实施人员需培训和授权

43. 检验检测机构可以通过(　　)来持续改进其管理体系。

A. 制订和实施纠正措施　　　　　　B. 内部质量控制与数据分析

C. 能力验证和比对　　　　　　　　D. 管理评审

44. 检验检测机构可以进行检验检测项目的分包,但必须是(　　)。

A. 具备相同能力要求且通过资质认证

B. 不影响最终检测结果报告的完整性

C. 书面形式征得客户同意

D. 主要的检测项目

45. (　　)属于检验检测机构的采购服务活动。

A. 选择合格的仪器设备检定机构　　B. 分包

C. 选择合格的培训机构　　　　　　D. 办公用品的采购

46. 检验检测机构按照程序对仪器设备的(　　)加以控制。

A. 购买　　　　B. 使用　　　　C. 检验　　　　D. 接收

47. 检验检测机构涉及的采购服务和供应品至少包括的类型有(　　)。

A. 易耗品或者易变质物品　　　　　B. 设备

C. 委托仪器设备的检定/校准服务　　D. 样品传递和制备

48. 从行为性质上讲(　　)是属于被动措施。

A. 纠正措施　　B. 预防措施　　C. 改进　　　　D. 纠正

49. 检验检测机构对技术人员、关键支持人员的能力确认应包含(　　)内容。

A. 培训情况　　B. 教育程度　　C. 工作经历　　D. 具备技能

50. (　　)是作为管理层必须履行的职责。

A. 检验检测数据和结果的形成过程　B. 负责管理体系的整体运作

C. 授权发布质量方针声明　　　　　D. 对公正性作出承诺

51. 检验检测机构应当保留人员的记录至少包括(　　)。

A. 人员监督　　　　　　　　　　　B. 人员能力监控

C. 人员培训　　　　　　　　　　　D. 期内的检测业绩

52. 检验检测机构应该建立相应程序,来确定与检验检测有关的管理人员、技术人员、关键支持人员的教育、技能培训目标,明确培训需求和实施培训,并且保留所有技术人员的(　　)记录。

A. 能力授权日期　　　　　　　　　B. 能力确认日期

C. 监督　　　　　　　　　　　　　D. 培训

53.检验检测机构与应与对检验检测有关的管理人员、技术人员、关键支持人员建立
（　　）关系。

    A.劳动   B.雇用   C.聘用   D.录用

54.检验检测机构工作场所形式包括（　　）。

    A.固定设施的   B.临时设施的

    C.移动设施的   D.野外设施的

55.检验检测机构工作环境不满足要求时,可以采取（　　）方式,确保检测室的良好
状态。

    A.时间隔离   B.空间隔离   C.物理隔离   D.人员隔离

56.下列对抽样描述正确的是（　　）。

    A.具备抽样检测的标准方法   B.只有持证人员操作即可

    C.人员应经过培训   D.抽样记录或数据资料齐全

57.设备在出现下列（　　）情形时,必须停用。

    A.给出可疑结果   B.超出规定限度

    C.曾经过载   D.不能正常开机

58.设备停用后必须采取的措施是（　　）。

    A.加贴标签   B.修复

    C.修复后校准或核查   D.隔离

59.正常使用的校准设备,应该使用标签表明其校准状态。标签应该注明的内容至少包
括（　　）。

    A.设备编号   B.校准日期

    C.再校准日期或失效日期   D.校准机构名称

60.混凝土回弹仪在出/入检测室时,需完成（　　）工作。

    A.检查设备配件、外观,做好借出记录

    B.返回后在标准钢砧率定,记录率定值

    C.检查设备配件、外观,做好返回后入室记录

    D.借出前在标准钢砧率定,记录率定值

61.检验检测机构仪器设备计量溯源方式,包括（　　）。

    A.检定   B.自校   C.校准   D.核查文件

62.检验检测机构可以采取（　　）处置不符合情况的出现。

    A.通知客户并取消不符合工作   B.针对风险等级采取措施

    C.对不符合工作的可接受性作出决定   D.内部审核

63.每项检验检测的记录应包含充分的信息,以便在需要时,识别不确定度的影响因素,并
确保该次检验检测在尽可能接近原始条件情况下能够重复。下列选项中（　　）属于检测中
应该有的信息。

    A.温度、湿度、记录人员   B.抽样计划及检测部位示意图

    C.仪器设备型号、编号   D.检测方法

64.检验检测机构可以使用的检测方法是（　　）。

A. 行业标准方法　　　　　　　　　　B. 非标准方法

C. 检验检测机构制定的方法　　　　　D. 国家标准方法

65. 检验检测机构在检验检测发生偏离(与规范、标准规定的方法不一致)时,应该按照( )来完成委托方检验检测任务。

A. 机构有程序文件规定　　　　　　　B. 作出技术判断

C. 验证偏离实施的效果　　　　　　　D. 客户同意

66. 检验检测机构在使用非标准检验检测方法时,除了必须制定详细的程序外,还必须进行( )等工作。

A. 通过检查并提供客观证据,判定该方法是否满足预定用途或所用领域的需要

B. 制定作业指导书

C. 告知客户,并得到客户同意

D. 记录该方法是否适合预期用途的结论

67. 如果检验检测方法不能直接操作、不便于理解和( ),则应该编制作业指导书。

A. 不够明确

B. 运用时会因人而异

C. 缺少足够的重要信息(如环境条件的要求)

D. 方法中有可选择的步骤

68. 评审员在查阅某机构桥台混凝土强度检验检测报告时,发现报告已经具备的信息包括了标题、检验检测机构的名称和地址,检验检测的地点、客户的名称和地址、检验检测报告批准人的姓名等信息。你认为还必须补充的信息有( )。

A. 检验检测报告或证书的唯一性标识

B. 抽样过程中可能影响检验检测结果的环境条件的详细信息

C. 抽样位置,包括简图、草图或照片

D. 检验检测样品的描述、状态和明确的标识

69. 以获得( )性质评价结果为目的,针对材料、构件、工程制品及实体的一个或多个技术指标进行检测而出具的数据结果、检测结论和评价意见,称为综合类报告。

A. 新建工程　　　　B. 既有工程　　　　C. 公路工程　　　　D. 水运工程

70. 检测记录表应该( )。

A. 信息齐全　　　　B. 真实可靠　　　　C. 内容完整　　　　D. 结论准确

71. 检测记录中检测数据部分由( )构成。

A. 原始观测数据　　　　　　　　　　B. 数据处理过程

C. 试验结果　　　　　　　　　　　　D. 数据处理方法

72. 对于自动采集电子数据的,应采用( )等方式记录原始数据。

A. 手工誊抄　　　　　　　　　　　　B. 保存电子档

C. 打印签字粘贴于记录表并手工誊抄　D. 打印签字粘贴于记录表

73. 关于检测记录的页码,描述正确的是( )

①靠右对齐;②居中;③位于标题部分第一行位置;④位于标题部分第二行位置;⑤以"第×页,共×页"的形式表示。

A.① 　　B.④⑤ 　　C.③⑤ 　　D.②④⑤

74. 检测记录的落款部分应该由( )组成
A. 检测项目实际承担人员 　　B. 检测项目领域持证人员
C. 检测日期 　　D. 复核日期

75. 工程部位的填写要求是( )。
A. 当可以明确被检对象在工程中的具体位置时,宜填写工程部位名称
B. 涉及盲样可不填写
C. 当被检对象为独立结构物时,宜填写结构物及其构件名称
D. 当可以明确被检对象在工程中的具体位置时,宜填写起止桩号

76. 检测记录的样品信息包括( )。
A. 收到样品时间 　　B. 样品状态描述
C. 自行编制的样品编号 　　D. 抽样的环境条件

77. 检测记录在填写检测依据和判定依据时,只能承担判定依据的是( )。
A. 标准 　　B. 规程 　　C. 设计文件 　　D. 产品说明书

78. 设备出现故障或者异常时,检验检测机构应采取相应措施,同时还必须核查对以前检验检测结果的影响,其行为包括( )。
A. 暂停检验检测工作 　　B. 启动偏离程序
C. 追回之前的检验检测报告 　　D. 执行不符合工作的处理程序

79. ( )是检验检测机构的采购服务内容,因此检验检测机构应建立和保持选择和购买对检验检测质量有影响的服务和供应品的程序。
A. 设备安装 　　B. 新员工招聘
C. 仪器设备购置 　　D. 废物处理

80. 检验检测机构要依据制定的文件管理控制程序,对文件的编制、审核、批准、发布、标识、变更和废止等各个环节实施控制,并依据程序控制管理体系的相关文件。这里的文件是指( )。
A. 图纸图表 　　B. 标准规范
C. 作业指导书 　　D. 质量手册

81. 文件控制中涉及的工作包括( )。
A. 授权批准 　　B. 定期核查
C. 变更审查批准 　　D. 分类管理

82. 从诚信的管理要求上看,检验检测机构应该真实记录检测全过程,保证原始记录的完整、真实和可追溯性,因此检验检测机构不应该随意( )原始记录。
A. 销毁 　　B. 伪造 　　C. 编造 　　D. 更改

83. 按照《检验检测实验室技术要求验收规范》(GB/T 37140—2018)要求,检验检测机构实验室平面布局应重点考虑实验室运营工作效率的提升,按照实验室运营流程进行布局设置,实验室运营流程宜充分考虑( )和污物流等因素。
A. 样品流 　　B. 检测步骤 　　C. 人流 　　D. 物流

习题参考答案及解析

一、单项选择题

1. A

【解析】《检验检测机构诚信评价规范》(GB/T 36308—2018)表 A.1，摘录部分见下表。

检验检测机构诚信评价指标

一级指标	二级指标	三级指标
否决项	合规性	检验检测机构非依法设立；违反独立性和公正性原则；经证实有严重的违规违法现象
	人员	人员配备严重不足；诚信教育缺失，诚信意识普遍较低；编造或销毁原始记录
	设备	仪器设备工装严重不足；计量校准报告和证书数据虚假；非诚信达标的计量检测机构出具
	样品	未对样品来源有效识别，租样、买样或不送(抽)样直接出具检验检测报告的现象严重
	行政监管结果	违规违法被行政机关公布公告并纳入失信黑名单或归为 D 类检验检测机构的
	分包非法机构	分包给非法检验检测机构、未经资质认定的检验检测机构或未诚信达标的检验检测机构

注意，选项中罗列的行为其实是包括了否决项和加分项的行为。否决项的行为描述属于三级指标。

2. B

【解析】通风方式包括自然通风和机械通风两种方式。选项 A、D 都是属于机械通风。见《检验检测实验室技术要求验收规范》(GB/T 37140—2018)6.2.7。实验室采光、通风要求如下：

(1)实验区内通用实验室、研究工作室，辅助区的业务接待室、办公室、会议室、资料阅览室，宜利用天然采光。利用天然采光的房间，其窗地面积比不应小于1:6。

(2)辅助区有人员长期停留的房间宜优先利用自然通风。实验室环境允许开窗通风时，应优先利用自然通风。

3. C

【解析】《检验检测实验室技术要求验收规范》(GB/T 37140—2018)7.2.1.5。凡进行强酸、强碱、有毒液体操作并有飞溅爆炸可能的实验室，应就近设置应急喷淋及应急眼睛冲洗器。应急眼睛冲洗器的供水压力应按产品要求确定。应急喷淋处应设置排水口，并在局部做适当的防水措施。选项 D 是需要设置但是不能迅速清洗眼睛，选项 B 水龙头肯定设置有，但是水流方向向下，在紧急情况下不能迅速冲洗眼睛。

4. A

【解析】《检测和校准实验室能力的通用要求》(ISO/IEC 17025:2017)3.6。实验室是指从事下列一种或多种活动的机构：①检测；②校准；③与后续检测或校准相关的抽样(注：在本准则中，"实验室活动"指上述三种活动)。

5. C

【解析】记录需要保密，以保护客户的秘密、技术秘密、商业秘密。

6. D

【解析】《公路水运工程试验检测等级管理要求》(JT/T 1181—2018)5.5.3。试验检测参数代码由试验检测专业、领域、项目及参数4部分组合而成,代码结构如下图。

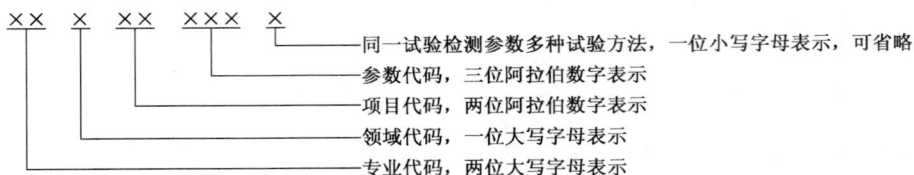

×× × ×× ××× ×

同一试验检测参数多种试验方法,一位小写字母表示,可省略
参数代码,三位阿拉伯数字表示
项目代码,两位阿拉伯数字表示
领域代码,一位大写字母表示
专业代码,两位大写字母表示

试验检测参数代码结构示意图

7. D

【解析】《公路水运工程试验检测等级管理要求》(JT/T 1181—2008)附录A.3.1。本等级流水号由3位阿拉伯数字组成,每个等级从"001"开始编写。

8. B

【解析】《检验检测机构资质认定能力评价　检验检测机构通用要求》(RB/T 214—2017)4.2.4。授权签字人是指经资质认定部门批准,可以签发带认可标识的报告或证书的人员。

9. D

【解析】《检测和校准实验室能力的通用要求》(ISO/IEC 17025:2017)6.4.5。用于测量的设备应能达到所需的测量准确度和(或)测量不确定度,以提供有效结果。

10. D

【解析】只有选项D是全面的。

11. D

【解析】《检验检测实验室技术要求验收规范》(GB/T 37140—2018)5.2.3.3。实验室功能区域划分中在垂直布局中应遵循如下原则:

——大型或重型设备宜布置在建筑物的底层。

——大型或重型测试样品对应的测试区域宜布置在建筑物的底层。

——较大振动或噪声较大的设备宜布置在建筑物的底层。

——对振动极其敏感的设备宜布置在建筑物的底层。

——需要做设备强化地基的实验室宜布置在建筑物的底层。

——产生有毒有害气体的实验室宜布置在建筑物的顶层。

——产生粉尘物质的实验室宜布置在建筑物的顶层。

12. C

【解析】《公路试验检测数据报告编制导则》5.2.3.3c)。样品编号应由检测单位自行编制,用于区分每个独立样品的唯一性编号。选项C中表明了土的击实识别信息,即"土工"+"击实"的首字母。而选项B无唯一样品序号。

13. A

【解析】设备的期间核查中设备比对的方法。开展同一机构内部同一型号设备的比对,目的是采用比对的方式,了解设备在两次检定期间内是否能保持设备准确度。选项B、C、D都是保证比对结果可信度的条件,而选项A倒不一定是必需条件。

14. C

【解析】考生要注意区别评价方法和评价模式。见《检验检测机构诚信评价规范》（GB/T 36308—2018）7 评价方法。评价采用定性与定量相结合的评价方法。检验检测机构诚信评价评分具体按该规范附录 A 执行；同时，针对具体的评分项再进行定性评价，具体按该规范附录 B 执行。否决项指标若有，应"一票否决"终止评价。评价采用自我评价、第三方评价和社会监督相结合的评价模式。

15. C

【解析】《检测和校准实验室能力的通用要求》（ISO/IEC 17025：2017）前言。在本准则中使用如下助动词："应"表示要求；"宜"表示建议；"可"表示允许；"能"表示可能或能够。

16. D

【解析】《检测和校准实验室能力的通用要求》（ISO/IEC 17025：2017）1 范围。本准则规定了实验室能力、公正性以及一致运作的通用要求。这里要注意准则的适用范围，它要求实验室按照准则条款进行组织架构并运行，只有按照条款运行才能确保实验室的行为在运行期间的一致性，才能保证实验室对外活动的公正性。

17. D

【解析】《检验检测机构诚信评价规范》（GB/T 36308—2018）5.3。诚信评价应是连续的。得出评价结果后，应按年度对检验检测机构的诚信建设能力和表现进行持续评价，包括对年度诚信报告的确认。至少每 6 年复评一次，达到保持和改进的目的。

18. B

【解析】《检测和校准实验室能力的通用要求》（ISO/IEC 17025：2017）6.4.9、7.10.1。

6.4.9 如果设备有过载或处置不当、给出可疑结果、已显示有缺陷或超出规定要求时，应停止使用。这些设备应予以隔离以防误用，或加贴标签/标记以清晰表明该设备已停用，直至经过验证表明能正常工作。实验室应检查设备缺陷或偏离规定要求的影响，并应启动不符合工作管理程序。

7.10.1 当实验室活动或结果不符合自身的程序或与客户协商一致的要求时（例如，设备或环境条件超出规定限值，监控结果不能满足规定的准则），实验室应有程序予以实施。

这里容易混淆的选项 A 与选项 B。要从定义上理解方法偏离和不符合工作。

19. C

【解析】《检测和校准实验室能力的通用要求》（ISO/IEC 17025：2017）7.2.1.4。当客户未指定所用的方法时，实验室应选择适当的方法并通知客户。推荐使用以国际标准、区域标准或国家标准发布的方法，或由知名技术组织或有关科技文献或期刊中公布的方法，或设备制造商规定的方法。实验室制定或修改的方法也可使用。选项 A、B 是多数机构采取的做法，这是不对的。

20. A

【解析】检测的定义，即用指定的方法检验测试某种物体（气体、液体、固体）指定的技术性能指标，适用于各种行业范畴的质量评定，如：土木建筑工程、水利、食品、化学、环境、机械、机器等。

21. C

【解析】管理评审的定义。见《检验检测机构资质认定能力评价　检验检测机构通用要求》(RB/T 214—2017)4.5.13。

22. B

【解析】《公路水运工程试验检测等级管理要求》(JT/T 1181—2018)7.3.4.3。现场评审抽取的实操参数应不低于必选参数总量的15%,一般可采取随机抽取参数的方式进行,且宜重点考虑最近2年内标准规范发生变更的试验检测参数。

23. D

【解析】《检验检测实验室技术要求验收规范》(GB/T 37140—2018)1 范围。本标准不适用于生物安全、动植物检验、净化及医学实验室。

24. D

【解析】《检测和校准实验室能力认可准则》(CNAS-CL01:2018)5 结构要求。

5.1　实验室应为法律实体,或法律实体中被明确界定的一部分,该实体对实验室活动承担法律责任(注:在本准则中,政府实验室基于其政府地位被视为法律实体)。

5.2　实验室应确定对实验室全权负责的管理层。

5.3　实验室应规定符合本准则的实验室活动范围,并制定成文件。实验室应仅声明符合本准则的实验室活动范围,不应包括持续从外部获得的实验室活动。

5.4　实验室应以满足本准则、实验室客户、法定管理机构和提供承认的组织要求的方式开展实验室活动,这包括实验室在固定设施、固定设施以外的地点、临时或移动设施、客户的设施中实施的实验室活动。

25. A

【解析】《检验检测实验室技术要求验收规范》(GB/T 37140—2018)6.2.1。不设置空调系统时,净高不低于2.8m;设置空调系统时,净高不低于2.6m,局部小范围可不低于2.4m。

26. A

【解析】《公路水运工程试验检测等级管理要求》(JT/T 1181—2018)7.2.1.2。检测机构等级评定申请试验检测参数的典型报告及业绩证明不应低于申请等级必选参数总量的10%。

27. D

【解析】检验检测机构应建立和保持控制其管理体系的内部和外部文件的程序,明确文件的批准、发布、标识、变更和废止,防止使用无效、作废的文件。见《检测和校准实验室能力认可准则》(ISO/IEC 17025:2017)。7.5.2　实验室应确保技术记录的修改可以追溯到前一个版本或原始观察结果。应保存原始的以及修改后的数据和文档,包括修改的日期、标识修改的内容和负责修改的人员。7.8.8　修改已发出的报告时,应仅以追加文件或数据传送的形式,并包含以下声明:"对序列号为⋯⋯(或其他标识)报告的修改",或其他等效文字。

28. D

【解析】《公路水运工程试验检测等级管理要求》(JT/T 1181—2018)6.3.1。检测机构应具有检测用房的产权或长期(不少于5年)使用权。

29. C

【解析】《公路水运工程试验检测等级管理要求》(JT/T 1181—2018)7.2.4.4。检测机构申请等级评定初审不合格的,自通知之日起 3 个月内质监机构一般不再次受理等级评定申请。

30. A

【解析】《检验检测机构诚信评价规范》(GB/T 36308—2018)规定,评价指标可采集、可量化,利于检验检测机构自身诚信建设水平的提升和完善。故选项 A 正确,其他三个选项都不是诚信评价的目标。

31. B

【解析】《检验检测机构资质认定能力评价 检验检测机构通用要求》(RB/T 214—2017)4.5.6 条文释义。应该包括服务、供应品、试剂消耗材料,但不包括检修,这是考生容易误解的地方。

32. C

【解析】《检验检测机构资质认定能力评价 检验检测机构通用要求》(RB/T 214—2017)4.5.12 条文释义。内部审核是检验检测机构自行组织的管理体系审核,通过全要素全部活动的覆盖,进行符合性的验证。选项 A、B、D 只是其中的部分内容。

33. A

【解析】搬迁会变化机构的设施设备、影响机构的运行,所以需要增加内审次数。

34. B

【解析】《检验检测机构资质认定能力评价 检验检测机构通用要求》(RB/T 214—2017)4.5.13。管理评审输入共 15 项,输出共 4 项。选项 B 是 4 个管理评审输出之一。

35. A

【解析】《检验检测机构资质认定能力评价 检验检测机构通用要求》(RB/T 214—2017)4.5.13。管理评审通常 12 个月一次,由管理层负责。

36. B

【解析】《检验检测机构资质认定能力评价 检验检测机构通用要求》(RB/T 214—2017)4.5.2 条文释义。质量方针由管理层制定、贯彻和保持。应确保制定质量方针和质量目标,还要确保管理体系融入检验检测全过程。

37. D

【解析】《检验检测机构资质认定能力评价 检验检测机构通用要求》(RB/T 214—2017)4.2.3。检验检测机构的技术负责人应具有中级及以上专业技术职称或同等能力,全面负责技术运作。

38. A

【解析】《检验检测机构资质认定能力评价 检验检测机构通用要求》(RB/T 214—2017)4.2.2 条文释义。管理体系是服务于检验检测机构的质量目标的。管理体系在一个管理周期内运行,然后进行管理评审,目的就是考察管理体系是否满足相关法律法规要求,是否提升了客户满意度,是否实现了管理体系运行的预期效果达到了质量目标。质量目标又可以分为年度目标和总目标。

39. D

【解析】《检验检测机构资质认定能力评价 检验检测机构通用要求》(RB/T 214—

2017)4.5.10。检验检测机构应建立和保持在识别出不符合时,采取纠正措施的程序。

40. B

【解析】《检验检测机构资质认定能力评价 检验检测机构通用要求》(RB/T 214—2017)4.4.3。这里首先应该知道设备的标识包括管理标识和状态标识两种,其中状态标识有红、黄、绿三种。如果设备出现缺陷但不影响使用功能,应该以状态标识的黄色标识标明其状态,所以选项 A 看似正确,但正确答案应该是选项 B。

41. D

【解析】见《检验检测机构资质认定能力评价 检验检测机构通用要求》(RB/T 214—2017)4.4.1 中机构租用设备开展检验检测时的四个条件。该条内容是对原来租用设备中存在一些不明确问题的确定。本题以序号来表述内容,是选择题的另外一种形式。辨识这类题时,应该先找四个选项的差别,再从差别中去研究题干的内容。

42. A

【解析】《质量管理体系 基础和术语》(GB/T 19000—2016/ISO 9000:2015)3.4.5。程序(procedure)的定义是"为进行某项活动或过程所规定的途径"。程序是管理方式的一种,是能够发挥出协调高效作用的工具,在我们的社会主义建设事业或者说现代化建设中,应该充分重视它的作用,应该不断地将我们的工作从无序整改到有序。

43. D

【解析】《检验检测机构资质认定能力评价 检验检测机构通用要求》(RB/T 214—2017)4.5.5。分包分为有能力的分包和没有能力的分包两类。

一、**有能力的分包**,是指实验室都获得了资质认定,但是某些项目没有能力,或者有能力但是由于工作量太大等原因而需要分包。具体可分为以下几种情况:

(1)实验室是有能力的,但是因为工作量突然增加,来不及完成任务,就把超出工作量分包给有能力(资质认定)的实验室。

(2)实验室的仪器设备有能力,但因仪器设备突发生故障,或者样品太多、仪器测试忙不过来等原因,实验室把这台仪器设备的能力分包给有能力(资质认定)的实验室。

(3)实验室的人生病或者出差等,导致实验室暂时失去能力,实验室把这部分工作分包给有能力(资质认定)的实验室。

(4)环境状况发生了变化不能满足客户检测项目的要求等。

以上分包在结果报告中声明是分包,注明分包机构的名称和许可编号,并得到分包方同意从它们实验室结果报告中摘取数据用于本实验室,可以盖 CMA 章。

二、**没有能力的分包**,是指实验室将没有经过资质认定的项目分包给获得资质认定并具有相应技术能力的另一检测机构。

(1)分包给经过实验室资质认定的机构,在结果报告中声明是分包,并得到分包方同意从它们实验室结果报告中摘取数据用于本实验室检测报告中,在其报告或证书中应明确标注分包项目,且注明自身无相应资质认定许可技术能力,并注明承担分包的另一检验检测机构的名称和资质认定许可编号,可以盖 CMA 章。

(2)分包给未经实验室资质认定的机构,不能盖 CMA 章,如盖就属于违规行为。

报告结果由分包机构出具,本机构不得将分包机构的分包结果纳入本机构报告,若客户许可方可纳入本机构检测报告,但要明确是分包项目,而且在结果报告中声明分包方不在认可范围,注明分包机构的名称和许可编号。

题干①违背有能力分包(1)情形;题干⑤应该是检测结果可用于本机构检测报告,而不是并入本机构的检测报告中。

44. D

【解析】《检验检测机构资质认定能力评价 检验检测机构通用要求》(RB/T 214—2017)4.5.6。检验检测机构应建立和保持选择和购买对检验检测质量有影响的服务和供应品的程序。明确服务、供应品、试剂、消耗材料的购买、验收、存储的要求,并保存对供应商的评价记录。条文释义中说明:要对供应商进行定期评价,保存评价记录以及获准的供应商名录。检验检测机构在选择合格供应商时,只需要选择具备良好质量并可持续信任的单位,不需要通过认证认可,所以选项 A、B 不正确;服务周到的单位不代表服务能力,故选项 C 也不正确。

45. C

【解析】产品质量才是检验检测机构作为使用者应关注的内容。

46. B

【解析】《检验检测机构资质认定能力评价 检验检测机构通用要求》(RB/T 214—2017)4.5.6。采购实物或者采购服务需要检验检测机构先制定合理的程序,程序是否合理,要看是否满足从选择到购买到存储整个过程的要求。

47. B

【解析】《检验检测机构资质认定能力评价 检验检测机构通用要求》(RB/T 214—2017)4.4.3。检验检测机构应对检验检测结果、抽样结果的准确性或有效性有显著影响的设备,包括用于测量环境条件等辅助测量设备有计划地实施检定或校准。设备在投入使用前,应采用检定或校准等方式,以确认其是否满足检验检测的要求,并标识其状态。针对校准结果产生的修正信息,检验检测机构应确保在其检测结果及相关记录中加以利用并备份和更新。检验检测设备包括硬件和软件应得到保护,以避免出现致使检验检测结果失效的调整。检验检测机构的参考标准应满足溯源要求。无法溯源到国家或国际测量标准时,检验检测机构应保留检验检测结果相关性或准确性的证据。

当需要利用期间核查以保持设备检定或校准状态的可信度时,应建立和保持相关的程序。针对校准结果包含的修正信息或标准物质包含的参考值,检验检测机构应确保在其检测数据及相关记录中加以利用并备份和更新。条文要点说明 2 提出,检验检测机构按以下顺序选择仪器设备溯源途径:(1)……;(2)应寻求满足要求、政府有关部门授权的外部校准机构提供的校准服务;(3)选择通过 CNAS 认可的校准机构进行修正。

所以选项 B 才是对的。选项 D 参数范围只是表明是否满足校准参数的要求。仪器设备的检定/校准的服务单位选择的要求必须是通过资质认定的机构,这关系到检验检测机构仪器设备的量值溯源问题。

48. C

【解析】《检验检测机构资质认定能力评价 检验检测机构通用要求》(RB/T 214—2017)4.1.2。检验检测机构应明确其组织结构及管理、技术运作和支持服务之间的关系。检验检测机构应配备检验检测活动所需的人员设施、设备、系统及支持服务。条文释义中说明了三者既需要检验检测机构明确各自的职责和相互关系,还要过程接口清晰,相互协调。只有用管理的系统方法将质量管理、技术管理和行政管理进行系统整合,形成有机整体,才能实现检验检测机构的质量方针和目标。

49. C

【解析】《检验检测机构资质认定能力评价　检验检测机构通用要求》(RB/T 214—2017)4.5.4。每个机构的样品管理员、室主任、技术负责人都可能参与合同评审,但机构都应该按照合同性质不同,明确进行合同评审应该参加的人员。所以答案是选项C。

50. D

【解析】合同评审是评价检验检测项目的可行性,与选项A、B、C无关。评审结果可行,即可与客户签订检测委托书。

51. D

【解析】《检验检测机构资质认定能力评价　检验检测机构通用要求》(RB/T 214—2017)4.5.4。检验检测机构应建立和保持评审客户要求、标书、合同的程序。对要求、标书、合同的偏离、变更应征得客户同意并通知相关人员。当客户要求出具的检验检测报告或证书中包含对标准或规范的符合性声明(如合格或不合格)时,检验检测机构应有相应的判定规则。若标准或规范不包含判定规则内容,检验检测机构选择的判定规则应与客户沟通并得到同意。

判定依据的确定一定要与客户沟通,这也是评价检验检测项目的可行性要点之一。选项A、C是表明与客户沟通客户的需求和出现的偏离。选项B是表明要评审自身的能力,但设备只是一方面,自身能力还包括技术能力和资质认定状况。

52. C

【解析】《检验检测机构资质认定能力评价　检验检测机构通用要求》(RB/T 214—2017)4.5.4条文释义。合同评审的目的是评价检测合同的可行性。要使检验检测活动可行,当然必须是检测需要的环境条件、使用的仪器设备、检测方法等是有效的;判定规则是客户同意的;样品信息、委托方提供的信息、被委托方在检验检测过程中需要的信息是充分的;与客户沟通是充分的。

53. D

【解析】《检验检测机构资质认定能力评价　检验检测机构通用要求》(RB/T 214—2017)4.4.3要点说明2提出,检验检测机构按以下顺序选择仪器设备溯源途径:……(4)对非强制检定的设备,检验检测机构有能力进行内部校准,并满足检验检测校准要求的,可进行内部校准。这里说明内部校准的仪器设备限于非强制检定的。

54. D

【解析】《内部校准要求》(CNAS-CL31:2011)4.3。实施内部校准的人员,应经过相关计量知识、校准技能等必要的培训、考核合格并持证或经授权。这里注意的是考核合格了还必须持《计量员》证书。

55. D

【解析】《检验检测机构资质认定能力评价　检验检测机构通用要求》(RB/T 214—2017)4.1.4。检验检测机构应建立和保持维护其公正和诚信的程序。检验检测机构及其人员应不受来自内外部的、不正当的商业、财务和其他方面的压力和影响,确保检验检测结果的真实、客观、准确和可追溯。检验检测机构应建立识别出现公正性风险的长效机制。如识别出公正性风险,检验检测机构应能证明消除或减少该风险。若检验检测机构所在的组织还从事检验检测以外的活动,应识别并采取措施避免潜在的利益冲突。检验检测机构不得使用同时在两个及以上检验检测机构从业的人员。

检验检测机构的检测活动是存在许多风险的。要确保检测结果的真实性、客观性、准确性和可追溯性,就是要先识别出影响公正性、诚信的风险并规避之。

56. C

【解析】《检验检测机构资质认定能力评价　检验检测机构通用要求》(RB/T 214—2017)4.5.2条文释义。质量方针声明应经管理层授权发布,至少包括下列内容:a)管理层对良好职业行为和为客户提供检验检测服务质量的承诺;b)管理层关于服务标准的声明;c)质量目标;d)要求所有与检验检测活动有关的人员熟悉质量文件,并执行相关政策和程序;e)管理层对遵循本准则及持续改进管理体系的承诺。选项C应该包含在为客户提供检验检测服务质量的承诺里。

57. D

【解析】《检验检测机构资质认定能力评价　检验检测机构通用要求》(RB/T 214—2017)4.4.3。检验检测机构应对检验检测结果、抽样结果的准确性或有效性有显著影响的设备,包括用于测量环境条件等辅助测量设备有计划地实施检定或校准。设备在投入使用前,应采用检定或校准等方式,以确认其是否满足检验检测的要求,并标识其状态。针对校准结果产生的修正信息,检验检测机构应确保在其检测结果及相关记录中加以利用并备份和更新。

检验检测设备,包括硬件和软件应得到保护,以避免出现致使检验检测结果失效的调整。检验检测机构的参考标准应满足溯源要求。无法溯源到国家或国际测量标准时,检验检测机构应保留检验检测结果相关性或准确性的证据。

当需要利用期间核查以保持设备检定或校准状态的可信度时,应建立和保持相关的程序。针对校准结果包含的修正信息或标准物质包含的参考值,检验检测机构应确保在其检测数据及相关记录中加以利用并备份和更新。

量值溯源的目的是保证检验检测机构的检测活动结果的准确性,其他选项是近似选项。

58. D

【解析】《检验检测机构资质认定能力评价　检验检测机构通用要求》(RB/T 214—2017)4.5.3。检验检测机构应建立和保持控制其管理体系的内部和外部文件的程序,明确文件的批准、发布、标识、变更和废止,防止使用无效、作废的文件。这是制订程序文件的目的。选项B针对机构而言显然不对,深入研究以下几个概念:"规定"是强调预先(即在行为发生之前)和法律效力,用于法律条文中的决定;"程序"是指事情进行的先后次序,如工作程序。所以选项D是合理的。

59. C

【解析】《检验检测机构资质认定能力评价　检验检测机构通用要求》(RB/T 214—2017)4.1.5。检验检测机构应建立和保持保护客户秘密和所有权的程序,该程序应包括保护电子存储和传输结果信息的要求。检验检测机构及其人员应对其在检验检测活动中所知悉的国家秘密、商业秘密和技术秘密负有保密义务,并制定和实施相应的保密措施。这里主要需要区分规定、程序、措施的概念。"规定"是强调预先(即在行为发生之前)和法律效力,用于法律条文中的决定。"程序"是指事情进行的先后次序,如工作程序。"措施"是指方法、方式、方案、解决问题的途径。所以答案为选项C。

60. B

【解析】《检验检测机构资质认定能力评价　检验检测机构通用要求》(RB/T 214—2017)4.5.8。检验检测机构应建立和保持处理投诉的程序。明确对投诉的接收、确认、调查和处理职责,跟踪和记录投诉,确保采取适宜的措施,并注重人员的回避。这里主要需要区分规定、程序、措施和作业指导书的概念。选项D显然概念不对。处理投诉和申诉就是一个过程,所以答案为选项B。

61. D

【解析】这里强调是的是所有投诉的处理过程及结果归档,无论是什么方式表述的,无论是合理的和不合理。

62. C

【解析】《检验检测机构资质认定能力评价　检验检测机构通用要求》(RB/T 214—2017)4.5.9。检验检测机构应建立和保持出现不符合的处理程序,当检验检测机构活动或结果不符合其自身程序或与客户达成一致的要求时,检验检测机构应实施该程序。这里与纠正、发生偏离和预防工作都无关,只是涉及不符合工作的处理过程,所以答案为选项C。

63. C

【解析】偏离程序的概念。

64. C

【解析】注意校准的概念。ISO 10012-1《计量检测设备的质量保证要求》将"校准"定义为"在规定条件下,为确定计量仪器或测量系统的示值或实物量具或标准物质所代表的值与相对应的被测量的已知值之间关系的一组操作"。要重视设备使用前的校准工作,并且要知道这项工作该怎么做。选项A、B、D是现在检验检测机构常常出现的认识偏差和做法。

65. D

【解析】《检验检测机构资质认定能力评价　检验检测机构通用要求》(RB/T 214—2017)4.5.14。检验检测机构应建立和保持检验检测方法控制程序。检验检测方法包括标准方法、非标准方法(含自制方法)。应优先使用标准方法,并确保使用标准的有效版本。在使用标准方法前,应进行验证。在使用非标准方法(含自制方法)前,应进行确认。检验检测机构应跟踪方法的变化,并重新进行验证或确认。必要时检验检测机构应制定作业指导书。如确需方法偏离,应有文件规定,经技术判断和批准,并征得客户同意。当客户建议的方法不适合或已过期时,应通知客户。

行业标准也可作为资质认定的方法经验证后可以使用。按照163号令的规定,检验检测活动可以采取的检验检测方法包括标准方法、非标准方法和检验检测机构制定的方法。

66. C

【解析】《检验检测机构资质认定能力评价　检验检测机构通用要求》(RB/T 214—2017)4.5.18。检验检测机构应建立和保持样品管理程序,以保护样品的完整性并为客户保密。检验检测机构应有样品的标识系统,并在检验检测整个期间保留该标识。在接收样品时,应记录样品的异常情况或记录对检验检测方法的偏离。样品在运输、接收、制备、处置、存储过程中应予以控制和记录。当样品需要存放或养护时,应保持、监控和记录环境条件。

对于"完整性",在条文要点说明中提出,"完整性"包括法律上的完整性(如保护客户机密和所有权)、实物(尤其是其检验检测特征的)完整性以及过程完整性,检验检测机构应根据客户(包括法定管理部门)的规定,不能随意偏离。

67. D

【解析】《检验检测机构资质认定能力评价　检验检测机构通用要求》(RB/T 214—2017)4.5.18,见上题。这是样品管理的基本要求。

68. C

【解析】《检验检测机构资质认定能力评价　检验检测机构通用要求》(RB/T 214—2017)4.5.19。检验检测机构应建立和保持监控结果有效性的程序。检验检测机构可采用定期使用标准物质、定期使用经过检定或校准的具有溯源性的替代仪器、对设备的功能进行检查、运用工作标准与控制图、使用相同或不同方法进行重复检验检测、保存样品的再次检验检测、分析样品不同结果的相关性、对报告数据进行审核、参加能力验证或机构之间比对、机构内部比对、盲样检验检测等进行监控。检验检测机构所有数据的记录方式应便于发现其发展趋势,当发现偏离预先判据时,应采取有计划的措施来纠正出现的问题,防止出现错误的结果。质量控制应有适当的方法和计划并加以评价。

选项 A、B、D 都是质量控制的一些方法。结果的有效性需要检验检测机构采取多种方法进行质量控制。

69. C

【解析】《检验检测机构资质认定能力评价　检验检测机构通用要求》(RB/T 214—2017)4.5.19,见上题。

70. A

【解析】《检验检测机构资质认定能力评价　检验检测机构通用要求》(RB/T 214—2017)4.5.21。当需对检验检测结果进行说明时,检验检测报告或证书中还应包括下列内容:a)对检验检测方法的偏离、增加或删减,以及特定检验检测条件的信息,如环境条件;b)适用时,给出符合(或不符合)要求或规范的声明;c)适用时,评定测量不确定度的声明。当不确定度与检测结果的有效性或应用有关,或客户的指令中有要求,或当对测量结果依据规范的限制进行符合性判定时,需要提供有关不确定度的信息;d)适用且需要时,提出意见和解释;e)特定检验检测方法或客户所要求的附加信息。报告或证书涉及使用客户提供的数据时,应有明确的标识。当客户提供的信息可能影响结果的有效性时,报告或证书中应有免责声明。该免责声明并不是需要什么在报告中附加"××的免责说明",只是需要在报告中注明如系数、曲线、图纸、修正数据等由客户提供即可。

71. C

【解析】《检验检测机构资质认定能力评价　检验检测机构通用要求》(RB/T 214—2017)4.5.26。修改检验检测报告或证书签发后,若有更正或增补应予以记录。修订的检验检测报告或证书应标明所代替的报告或证书,并注以唯一性标识。

72. D

【解析】《检验检测机构资质认定能力评价　检验检测机构通用要求》(RB/T 214—2017)4.5.26。检验检测机构应当对检验检测原始记录、报告或证书归档留存,保证其具有可追溯性。检验检测原始记录、报告或证书的保存期限不少于6年。这是明确检验检测记录、报告的保存期限,改变了原来参照档案管理相关规定的办法。

73. B

【解析】《公路水运试验检测数据报告编制导则》(JT/T 828—2019)4.1。公路水运试验检测数据报告应格式统一、形式合规,宜采用信息化方式编制。

74. D

【解析】《公路水运试验检测数据报告编制导则》(JT/T 828—2019)4.4、4.5。记录表应由标题、基本信息、检测数据、附加声明、落款五部分组成。每一试验检测参数(或试验方法)可单独编制记录表。同一试验过程同时获得多个试验检测参数时,可将多个参数集成编制于一个记录表中。检测类报告应由标题、基本信息、检测对象属性、检测数据、附加声明、落款六部分组成。考生应注意,记录文件与报告的内容组成不一样。

75. C

【解析】同上题解析。"报告中集料的规格"是属于检测对象属性。

76. D

【解析】《公路水运试验检测数据报告编制导则》(JT/T 828—2019)5.1.3.2。记录表的唯一性标识编码用于管理记录表格式的编码具有唯一性,与记录表名称同处一行,靠右对齐。记录表唯一性标识编码由9位或10位字母和数字组成,其结构如下图所示。当同一记录表中包含两个及以上参数时,其唯一性标识编码由各参数对应的唯一性标识编码顺序组成。记录表唯一性标识编码要求:专业编码由3位大写英文字母组成,第1位字母为J,代表记录表,第2、3位字母用于区分专业类别,GL代表公路工程专业,SY代表水运工程专业。

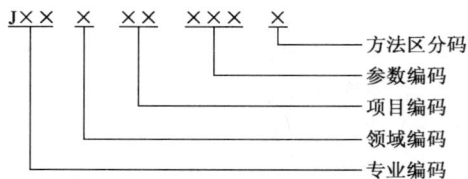

77. A

【解析】《公路水运试验检测数据报告编制导则》(JT/T 828—2019)5.2.3。样品信息编制要求如下:a)来样时间应填写检测收到样品的日期,以"YYYY年MM月DD日"的形式表示;如:2019年05月24日。当日完成的试验检测工作可填写当日日期;一日以上的试验检测工作应表征试验的起止期。日期以"YYYY年MM月DD日"的形式表示。

78. C

【解析】《公路水运试验检测数据报告编制导则》(JT/T 828—2019)6.1.3.1。报告名称位于标题部分第二行居中位置,采用以下表述方式:a)由单一记录表导出的报告,其报告名称宜采用"项目名称""参数名称""试验检测报告"的形式命名,并按照上述记录的规定处理。

79. C

【解析】这里容易出错的是选项 A、B,感觉有关,其实这两者均是题干中提到的检测结果,这都是原始记录应该包括的数据部分内容。根据《公路水运试验检测数据报告编制导则》6.4.2,检测类报告检测数据部分的相关内容来源于检测记录表,应包含检测项目、技术要求/指标、检测结果、检测结论等内容及反映检测结果与结论的必要图表信息。

80. B

【解析】《检验检测机构资质认定能力评价　评审员管理要求》(RB/T 213—2017)4.2.2 评审员的条件 a)、b)。

81. A

【解析】《检验检测机构资质认定能力评价　评审员管理要求》(RB/T 213—2017)5.1。检验检测机构资质认定评审员编号由 15 位数字和字母组成:(1)第 1~4 位:发证年份代码;(2)第 5、6 位:发证机关代码;(3)第 7、8 位:评审员领域代码;(4)第 9、10 位:行业主管部门代码;(5)第 11~14 位:发证流水号代码;(6)第 15 位:评审员级别代码。

82. B

【解析】同上题。

83. C

【解析】《检验检测机构资质认定能力评价　评审员管理要求》(RB/T 213—2017)4.6.1。检验检测机构资质认定部门应建立和维护评审员数据库,公布评审员信息,接受社会监督。

84. D

【解析】《检验检测机构资质认定能力评价　评审员管理要求》(RB/T 213—2017)。

4.3.1　申请检验检测机构资质认定评审员应符合以下条件:a)申请人参加检验检测资质认定部门组织的考核;b)申请人向检验检测机构资质认定主管部门提交检验检测机构资质认定评审员申请表、考核合格证明。

4.3.2　检验检测机构资质认定部门组织专家对申请人提交资料进行审核。

4.3.3　检验检测机构资质认定部门对审核结果予以确认,符合要求的,录入检验检测机构资质认定评审员数据库。

85. B

【解析】这里要区别认证机构认可、实验室及相关机构认可和检验机构认可等 3 种类别认可的不同依据。以国家标准《合格评定　人员认证机构通用要求》(GB/T 27024)(等同采用国际标准 ISO/IEC 17024)为准则,对人员认证机构进行评审,证实其是否具备开展人员认证活动的能力。

86. B

【解析】国家标准《合格评定　产品、过程和服务认证机构要求》(GB/T 27065)是认证机构认可的准则。

87. D

【解析】《检验检测机构诚信评价规范》(GB/T 36308—2018)。引言:本标准参考GB/T 22116的有关规定,将检验检测机构的诚信度和诚信建设水平分为 A、B、C、D 四个等级,供政府监管部门建立诚信档案并实施分类监管参考使用。1 范围:本标准规定了检验检测机构诚信评价的评价原则、评价要求、评价指标、评价方法和评价结果。本标准适用于第二方和第三方对检验检测机构诚信评价,也适用于各类检验检测机构自我诚信评价。

88. B

【解析】《检验检测机构诚信评价规范》(GB/T 36308—2018)4 评价原则。4.1 科学性。评价时应包括能反映检验检测机构诚信状况的关键信息。4.2 系统性。各评价指标应构成一个完整的体系,以系统反映检验检测机构的诚信水平和状况。4.3 适用性。评价指标可采集,可量化,利于检验检测机构自身诚信建设水平的提升和完善。

89. A

【解析】《检验检测机构诚信评价规范》(GB/T 36308—2018)表 A.1。(1)标准制定修订:参与检验检测领域诚信国家标准、行业标准和联盟标准制定修订:每参与 1 项加 5 分,最多不超过 25 分(符合 B 选项);(2)贯标:积极开展检验检测领域诚信国家标准或行业标准全员宣贯,效果显著:每项加 5 分,最多不超过 25 分;(3)试点应用:积极参与检验检测领域诚信国家标准或行业标准试点应用,成果突出:每项 5 分,最多不超过 25 分(符合 C 选项);(4)文化传播:积极开展内部和外部诚信文化传播,参与诚信联盟活动,效果显著;每项 5 分,最多不超过 25 分(符合 D 选项)。所以答案为选项 A。

二、判断题

1. √

【解析】《检验检测机构资质认定能力评价 检验检测机构通用要求》(RB/T 214—2017)4.5.1。检验检测机构应建立、实施和保持与其活动范围相适应的管理体系,应将其政策、制度、计划、程序和指导书制订成文件,即机构的质量手册、程序文件、作业指导书、质量和技术记录表格。

2. ×

【解析】《检验检测机构资质认定能力评价 评审员管理要求》(RB/T 213—2017)4.2.1。检验检测机构资质认定评审人员分为评审员和主任评审员两个级别。评审员能够独立承担相关领域的评审工作,主任评审员可以担任评审组长。

3. ×

【解析】《检测和校准实验室能力认可准则》(CNAS-CL01:2018)8.7。纠正措施是指为消除已发现的不符合或其他不期望发生的情况所采取的措施。检验检测机构应针对分析的原因制定纠正措施,纠正措施应编制成文件并加以实施,对纠正措施实施的结果应进行跟踪验证,确保纠正措施的有效性。

4. √

【解析】软件属于检验检测机构设备,应该纳入设备管理之中,这是新管理办法明确的内容。《检测和校准实验室能力认可准则》(CNAS-CL01:2018)6.4.1。实验室应获得正确开展实验室活动所需的并影响结果的设备,包括但不限于:测量仪器、软件、测量标准、标准物质、参考数据、试剂、消耗品或辅助装置。

5. ×

【解析】《〈公路水运工程试验检测数据报告编制导则〉释义手册》4.3。数据的真实可靠,是指如实地记录当时当地的试验检测的实际情况,包括试验检测过程中的数据、现象、仪器设备、环境条件等信息,确保试验检测所得原始数据、计算、修约的正确性,以及环境条件、设备状态等信息的准确性。

6. √

【解析】管理文件要求建立合格供应商名单。

7. √

【解析】《公路水运工程试验检测等级管理要求》(JT/T 1181—2018)5试验检测分类及代码,表1、表2、表3,附录C表C.1。

8. ×

【解析】应该是免责声明。《检测和校准实验室能力的通用要求》(ISO/IEC 17025:2017)7.8.2.2。实验室对报告中的所有信息负责,客户提供的信息除外。客户提供的数据应予明确标识。此外,当客户提供的信息可能影响结果的有效性时,报告中应有免责声明。当实验室不负责抽样(如样品由客户提供),应在报告中声明结果仅适用于收到的样品。

9. ×

【解析】质量体系是为了实施质量管理所需的组织结构、程序、过程的资源。

10. √

【解析】检验检测机构应明确其组织结构及质量管理、技术管理和行政管理之间的关系。技术管理是指检验检测机构从识别客户需求开始,将客户的需求转化为过程输入,利用技术人员、设施、设备等资源开展检验检测活动,通过检验检测活动得出数据和结果,形成检验检测机构报告或证书的全流程管理。对检验检测的技术支持活动,如仪器设备、试剂和消费性材料的采购,设备的检定和校准服务等,也属于技术管理的一部分。

11. ×

【解析】《检测和校准实验室能力的通用要求》(ISO/IEC 17025:2017)术语和定义3.1。公正性(impartiality)指客观性的存在。

注1:客观性意味着利益冲突不存在或已解决,不会对后续的实验室活动产生不利影响。

注2:其他可用于表示公正性要素的术语有无利益冲突、没有成见、没有偏见、中立、公平、思想开明、不偏不倚、不受他人影响、平衡。

怎么理解呢?公平、正义这是字面上的解释,公平、中立这是比较容易理解。怎么理解客观性呢?应该是与检测活动有关的双方没有利益关系,或者曾经有利益关系,现在没有了,这样在没有利益关系的条件下进行的检测活动,才是客观的,才具有公正性。

12. √

【解析】比对是指在规定条件下,对相同准确度等级或指不确定度范围的同种测量仪器复现的量值之间比较的过程。实验室间比对是按照预先规定的条件,由两个或多个实验室对相同或类似的测试样品进行检测的组织、实施和评价,从而确定实验室能力、识别实验室存在的问题与实验室间的差异,是判断和监控实验室能力的有效手段之一。

13. √

【解析】无论什么形式的投诉,都需要记录归档。

14. √

【解析】《检测和校准实验室能力的通用要求》(ISO/IEC 17025:2017)1 范围。本准则适用于所有从事实验室活动的组织,不论其人员数量多少。

15. ×

【解析】题干是内部校准的定义。《内部校准要求》(CNAS-CL31:2011)3.1。内部校准是指在实验室或其所在组织内部实施的,使用自有的设施和测量标准,校准结果仅用于内部需要,为实现获认可的检测活动相关的测量设备的量值溯源而实施的校准。

"内部校准"与"自校准"是不同的术语。"自校准"一般是利用测量设备自带的校准程序或功能(比如智能仪器的开机自校准程序)或设备厂商提供的没有溯源证书的标准样品进行的校准活动,通常情况下,其不是有效的量值溯源活动,但特殊领域另有规定除外。

16. √

【解析】《〈公路水运工程试验检测数据报告编制导则〉释义手册》6.5.3 编制要求:e)特定检验检测方法或者客户所要求的其他附加信息。报告或证书涉及使用客户提供的数据时,应有明确的标识。当客户提供的信息可能影响结果的有效性时,报告或证书中应有免责声明。

这一条具有很强的实用价值,比如样品的加工的特殊要求、制备的特殊要求、检测方法的特殊要求、样品养护的特殊要求等信息,都应该在检测报告中注明,以免去检测人员不应该承担的数据偏差责任。

17. √

【解析】无论什么原因造成检测活动的不符合,实验室都需要采取纠正行为消除不符合,同时还需要采取措施避免再次发生。这就是纠正与纠正措施的区别。

《检测和校准实验室能力认可准则》(CNAS-CL01:2018)规定:

8.7.1 当发生不符合时,实验室应:

a)对不符合作出应对,并且适用时:①采取措施以控制和纠正不符合;②处置后果。

b)通过下列活动评价是否需要采取措施,以消除产生不符合的原因,避免其再次发生或者在其他场合发生:①评审和分析不符合;②确定不符合的原因;③确定是否存在或可能发生类似的不符合。

c)实施所需的措施。

d)评审所采取的纠正措施的有效性。

e)必要时,更新在策划期间确定的风险和机遇。

f)必要时,变更管理体系。

8.7.2 纠正措施应与不符合产生的影响相适应。

8.7.3 实验室应保存记录,作为下列事项的证据:①不符合的性质、产生原因和后续所采取的措施;②纠正措施的结果。

18. √

【解析】此题为大部分实验室容易忽略的问题。见《检测和校准实验室能力认可准则》(CNAS-CL01:2018)8.3 管理体系文件的控制(方式 A)。

8.3.1 实验室应控制与满足本准则要求有关的内部和外部文件(注:本准则中,"文件"

可以是政策声明、程序、规范、制造商的说明书、校准表格、图表、教科书、张贴品、通知、备忘录、图纸、计划等。这些文件可能承载在各种载体上,例如硬拷贝或数字形式)。

8.3.2　实验室应确保:a)文件发布前由授权人员审查其充分性并批准;b)定期审查文件,必要时更新;c)识别文件更改和当前修订状态;d)在使用地点应可获得适用文件的相关版本,必要时,应控制其发放;e)文件有唯一性标识;f)防止误用作废文件,无论出于任何目的而保留的作废文件,应有适当标识。

19. ×

【解析】《检测和校准实验室能力的通用要求》(ISO/IEC 17025:2017)7.1.3。当客户要求针对检测或校准作出与规范或标准符合性的声明(如通过/未通过,在允许限内/超出允许限)时,应明确规定规范或标准以及判定规则。选择的判定规则应通知客户并得到同意,除非规范或标准本身已包含判定规则。

我们检测时,既要有检测依据,检测完毕又需要对检测结果作出判定,这也涉及使用的判定标准需要通知客户并得到客户同意的问题。

20. ×

【解析】《检测和校准实验室能力的通用要求》(ISO/IEC 17025:2017)7.2.2。要区分的是实验室对各类标准需要事先进行选择,并确保使用最新的有效版本,使用前要证明本机构能够运用该标准。而对非标方法、自制方法、超出预定范围使用的方法、修改的方法,要用各种技术方法,比如方法比对、实验室间的比、对标准物质校准或者评估偏倚度和精密度等进行确认。

21. √

【解析】《检验检测机构资质认定能力评价　评审员管理要求》(RB/T 213—2017)4.5。检验检测机构资质认定评审员的义务包括:a)依照规定的程序或者时限实施评审活动;b)不对同一检验检测机构既实施咨询又实施评审;c)与所评审检验检测机构有利害关系或者其评审可能对公正性产生影响,应进行回避;d)不透露工作中所知悉的国家秘密、商业秘密和技术秘密;e)不收受和谋取当事人的钱财等其他形式的不当利益;f)不出具虚假或者不实的评审结论。

22. √

【解析】风险评估是控制风险的前提条件。

23. √

【解析】对检测能力范围日常检测项目,可采用简化的方式,由收样员进行合同评审,并填写《委托协议书》,双方签字确认。

24. ×

【解析】《检测和校准实验室能力的通用要求》(ISO/IEC 17025:2017)7.9.2。利益相关方有要求时,应可获得对投诉处理过程的说明。在接到投诉后,实验室应确认投诉是否与其负责的实验室活动相关,如相关,则应处理。实验室应对投诉处理过程中的所有决定负责。因此,在处理前应先要对有关性进行判断。

25. ×

【解析】期间核查的重点测量设备主要包括:1)仪器设备性能不稳定,漂移率大的;

2)使用非常频繁的;3)经常携带到现场检测的;4)在恶劣环境下使用的仪器设备;5)曾经过载或怀疑有质量问题的;6)因设备使用频率较低,校准周期长于校准规范规定时间的。

26. ×

【解析】《检验检测机构资质认定管理办法》第二十九条。检验检测机构应当按照相关标准、技术规范以及资质认定评审准则规定的要求,对其检验检测的样品进行管理。检验检测机构接受委托送检的,其检验检测数据、结果仅证明样品所检验检测项目的符合性情况。

27. √

【解析】《检验检测机构资质认定能力评价　检验检测机构通用要求》(RB/T 214—2017)4.4.4。检验检测机构应保存对检验检测具有影响的设备及其软件的记录。用于检验检测并对结果有影响的设备及其软件,如可能,应加以唯一性标识。检验检测设备应由经过授权的人员操作并对其进行正常维护。若设备脱离了检验检测机构的直接控制,应确保该设备返回后,在使用前对其功能和检定、校准状态进行核查,并得到满意结果。

28. √

【解析】《检验检测机构资质认定能力评价　检验检测机构通用要求》(RB/T 214—2017)4.5.1。检验检测机构应建立、实施和保持与其活动范围相适应的管理体系,应将其政策、制度、计划、程序和指导书制订成文件,管理体系文件应传达至有关人员,并被其获取、理解、执行。检验检测机构管理体系至少应包括:管理体系文件、管理体系文件的控制、记录控制、应对风险和机遇的措施、改进、纠正措施、内部审核和管理评审。

29. ×

【解析】《检验检测机构资质认定能力评价　检验检测机构通用要求》(RB/T 214—2017)4.5.8。检验检测机构应建立和保持处理投诉的程序。明确对投诉的接收、确认、调查和处理职责,跟踪和记录投诉,确保采取适宜的措施,并注重人员的回避。条文要点说明3提出,客户的投诉不管是书面的、口头的,还是直接的、间接的,都有利于检验检测机构改进管理体系、服务和检验检测工作,所有投诉和所采取的措施均予以记录并保存。不能只有以书面形式表达的投诉。

30. ×

【解析】《检验检测机构资质认定能力评价　检验检测机构通用要求》(RB/T 214—2017)4.5.4。检验检测机构应建立和保持评审客户要求、标书、合同的程序。对要求、标书、合同的偏离、变更应征得客户同意并通知相关人员。当客户要求出具的检验检测报告或证书中包含对标准或规范的符合性声明(如合格或不合格)时,检验检测机构应有相应的判定规则。若标准或规范不包含判定规则内容,检验检测机构选择的判定规则应与客户沟通并得到同意。条文要点说明2提出,合同评审的目的是充分理解客户的要求,满足客户的要求,并争取超过客户的期望。通过评审,保证客户提出的质量要求或其他要求合理、明确并文件齐全,且检验检测机构确实有能力和资源履行合同。

31. ×

【解析】《检验检测机构资质认定能力评价　检验检测机构通用要求》(RB/T 214—2017)4.5.4条文释义3。对于出现的偏离,检验检测机构应与客户沟通并取得客户同意,将变更事项通知相关的检验检测人员。

32. ×

【解析】《检验检测机构资质认定能力评价　检验检测机构通用要求》(RB/T 214—2017)4.5.4。合同评审的评审时间,应该是在合同签订前进行。

33. √

【解析】《检验检测机构资质认定能力评价　检验检测机构通用要求》(RB/T 214—2017)4.5.3。检验检测机构应建立和保持控制其管理体系的内部和外部文件的程序,明确文件的批准、发布、标识、变更和废止,防止使用无效、作废的文件。条文要点说明把法律、法规、规章、标准、设备操作方法、软件或系统操作手册、教科书、参考数据库(手册)、设计图纸、图表及客户提供的方法或资料归类为外部文件;将质量手册、方针声明、行政文件、作业指导书和记录表格、会议备忘录、通知、计划(规划、策划)、方案等归纳为内部文件。无论承载在何种载体上的,都应该分类管理与控制。

34. ×

【解析】还应该包括服务。《检验检测机构资质认定能力评价　检验检测机构通用要求》(RB/T 214—2017)4.5.6。检验检测机构应建立和保持选择和购买对检验检测质量有影响的服务和供应品的程序。明确服务、供应品、试剂、消耗材料的购买、验收、存储的要求,并保存对供应商的评价记录。比如检定校准服务、培训服务、仪器设备购置、环境设计和施工、设备设施的运输、安装和保养、废物处理等,都是采购的服务。

35. √

【解析】《检验检测机构资质认定能力评价　检验检测机构通用要求》(RB/T 214—2017)4.5.6。检定/校准服务是每个机构需要的重要服务项目。

36. √

【解析】《检验检测机构资质认定能力评价　检验检测机构通用要求》(RB/T 214—2017)4.5.6要点说明。要求要定期对服务和供应商进行评价,保存评价的记录以及获准的供应商名录。

37. ×

【解析】只能是1个。分支机构、工地试验室都应该使用母体机构的管理体系。

38. √

【解析】《检验检测机构资质认定能力评价　检验检测机构通用要求》(RB/T 214—2017)4.2.3。检验检测机构的技术负责人应具有中级及以上相关专业技术职称或同等能力,全面负责技术运作;质量负责人应确保质量管理体系得到实施和保持;应指定关键管理人员的代理人。条文要点说明提出,技术负责人的主要职责是技术管理,即对检验检测机构的主过程(数据和结果的形成过程)全面负责,包括策划、实施、检查到处置(PDCA)的全过程控制。而资源调配是管理层的职责。

39. ×

【解析】《检验检测机构资质认定能力评价　检验检测机构通用要求》(RB/T 214—2017)4.2.4。检验检测机构的授权签字人应具有中级及专业技术职称或同等能力,并经资质认定部门批准。非授权签字人不得签发检验检测报告或证书。注意的是新旧准则的变化,新准则放宽了授权签字人的条件。

40. √

【解析】《检验检测机构资质认定能力评价　检验检测机构通用要求》(RB/T 214—2017)4.4.1。检验检测机构应配备满足检验检测(包括抽样、物品制备、数据处理与分析)要求的设备和设施。用于检验检测的设施,应有利于检验检测工作的正常开展。设备包括检验检测活动所必需并影响结果的仪器、软件、测量标准、标准物质、参考数据、试剂、消耗品、辅助设备或相应组合装置。检验检测机构使用非本机构的设施和设备时,应确保满足本标准要求。

41. ×

【解析】属于"有能力分包"。《检验检测机构资质认定能力评价　检验检测机构通用要求》(RB/T 214—2017)4.5.5。检验检测机构需分包检验检测项目时,应分包给依法取得资质认定并有能力完成分包项目的检验检测机构。释义里说明"有能力的分包"指一个检验检测机构拟分包的项目是其已获得检验检测机构资质认定的技术能力,但因工作量急增、关键人员暂缺、设备设施故障、环境状况变化等原因,暂时不满足检验检测条件而进行的分包。

42. √

【解析】《检验检测机构资质认定能力评价　检验检测机构通用要求》(RB/T 214—2017)4.4.3。针对校准结果产生的修正信息,检验检测机构应确保在其检测结果及相关记录中加以利用并备份和更新。检验检测设备,包括硬件和软件应得到保护,以避免出现致使检验检测结果失效的调整。检验检测机构的参考标准应满足溯源要求。无法溯源到国家或国际测量标准时,检验检测机构应保留检验检测结果相关性或准确性的证据。修正信息需要有效管理并在检验检测工作中得到使用。

43. ×

【解析】《检验检测机构资质认定能力评价　检验检测机构通用要求》(RB/T 214—2017)4.1.5。检验检测机构应建立和保持保护客户秘密和所有权的程序,该程序应包括保护电子存储和传输结果信息的要求。检验检测机构及其人员应对其在检验检测活动中所知悉的国家秘密、商业秘密和技术秘密负有保密义务,并制定和实施相应的保密措施。

44. ×

【解析】《检验检测机构资质认定能力评价　检验检测机构通用要求》(RB/T 214—2017)4.5.1条文释义。检验检测机构应将其管理体系、组织结构、程序、过程、资源等过程要素文件化。文件可分为四类:质量手册、程序文件、作业指导书、质量和技术记录表格。因此,管理体系文件应该包括作业指导书。

45. ×

【解析】《检验检测机构资质认定能力评价　检验检测机构通用要求》(RB/T 214—2017)4.4.4。软件在新准则里纳入了设备管理范畴。注意题干还让我们知道操作重要的、关键的仪器设备以及技术复杂的大型仪器设备都必须授权。未授权的人员不能使用相关设备。

46. √

【解析】《检验检测机构资质认定能力评价　检验检测机构通用要求》(RB/T 214—2017)4.4.6及要点说明。检验检测机构应建立和保持标准物质管理程序。可能时,标准物质应溯源到 SI 单位或有证标准物质。检验检测机构应根据程序对标准物质进行期间核查。

标准物质(或参考物质)是具有一种或多种足够均匀和很好的确定了特性,用以校准测量装置、评价测量方法或材料赋值的一种材料或物质。标准物质作为分析测量行业中的"量具",在校准测量仪器和装置、评价测量分析方法、测量物质或材料特性值和考核分析人员的操作技术水平,以及在生产过程中产品的质量控制等领域起着不可或缺的作用。量值溯源的结果就是要求检验检测机构能够溯源至国家标准。

这里还要注意题干实际提到两个层次的问题,一是检验检测机构的设备都应该能进行量值溯源,量值溯源的标准是参考标准和标准物质;二是检验检测机构的标准物质再向上应该溯源到 SI 测量单位或有证标准物质。

47. √

【解析】《检验检测机构资质认定能力评价　检验检测机构通用要求》(RB/T 214—2017)4.1.4。风险控制包括检验检测活动过程风险控制点、风险的识别、风险的控制措施、风险评估、风险防范措施的批准和实施、风险控制的验证。

48. √

【解析】《检验检测机构资质认定能力评价　检验检测机构通用要求》(RB/T 214—2017)4.2.1。检验检测机构应建立和保持人员管理程序,对人员资格确认、任用、授权和能力保持等进行规范管理。检验检测机构应与其人员建立劳动、聘用或录用关系,明确技术人员和管理人员的岗位职责、任职要求和工作关系,检验检测机构应建立识别出现公正性风险的长效机制。如识别出公正性风险,检验检测机构应能证明消除或减少该风险。若检验检测机构所在的组织还从事检验检测以外的活动,应识别并采取措施避免潜在的利益冲突。检验检测机构不得使用同时在两个及以上检验检测机构从业的人员。

条文要点说明解释了什么是能力。能力是完成一项目标或者任务所体现出来的综合素质,是生命物体对自然探索、认知、改造水平的度量,如人解决问题的能力等。能力是由知识、技能和经验构成的,确保人员的能力是一个过程,检验检测机构应对人员的初始工作能力和持续工作能力作出安排。确保人员的能力不仅是管理问题,还是各级管理者最重要的工作。

49. ×

【解析】《公路水运试验检测数据报告编制导则》(JT/T 828—2019)。考生需要注意新旧导则编号规则的不一致。JT/T 828—2019 中 6.1.3.3 规定,唯一性标识编码要求是用于管理记录表格式的编码,具有唯一性,与记录表名称同处一行,靠右对齐。记录表唯一性标识编码由 9 位或 10 位字母和数字组成,其结构如下图所示。当同一记录表中包含两个及以上参数时,其唯一性标识编码由各参数对应的唯一性标识编码顺序组成。

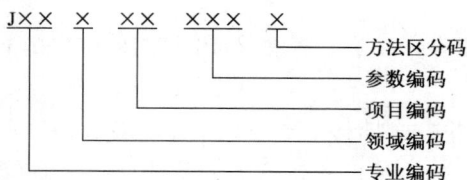

J×× × ×× ××× ×
　方法区分码
　参数编码
　项目编码
　领域编码
　专业编码

记录表唯一性标识编码各段位的编制要求如下:a) 专业编码。由 3 位大写英文字母组成,第 1 位字母为 J,代表记录表,第 2、3 位字母用于区分专业类别,GL 代表公路工程专业,SY 代表水运工程专业;b) 领域编码。由 1 位大写英文字母组成,应符合 JT/T 1181 的规定;c) 项目编码。由 2 位数字组成,应符合 JT/T 1181 的规定;d) 参数编码。由 3 位数字组成,应符合

JT/T 1181 的规定；e)方法区分码。由 1 位小写英文字母组成,应符合 JT/T 1181 的规定,可省略。

50. √

【解析】《公路水运试验检测数据报告编制导则》(JT/T 828—2019)。综合评价类报告是指以获得新建及既有工程性质评价结果为目的,针对材料、构件、工程制品及实体的一个或多个技术指标进行检测而出具的数据结果、检测结论和评价意见。唯一性标识编码位于封面部分上部右上角,靠右对齐。编码规则的编制要求应符合 6.1.3.3 的规定,其类型识别码为"H"。

51. √

【解析】《公路水运试验检测数据报告编制导则》(JT/T 828—2019)4.3。记录表应信息齐全、数据真实可靠,具有可追溯性;报告结论准确、内容完整。

52. ×

【解析】应盖压在检测单位名称上。《公路水运试验检测数据报告编制导则》(JT/T 828—2019)6.1.3.2。专用章包括检测专用印章、等级专用标识章、资质认定标志等,具体要求如下:a)检测专用印章应端正地盖压在检测单位名称上;b)等级专用标识章应按照 JT/T 1181 的规定使用;c)资质认定标志等应按照相关规定使用。

53. √

【解析】《公路水运试验检测数据报告编制导则》(JT/T 828—2019)6.5.2。附加声明部分可用于:a)对试验检测的依据、方法、条件等偏离情况的声明;b)其他见证方签认;c)其他需要补充说明的事项。

54. ×

【解析】《公路水运试验检测数据报告编制导则》(JT/T 828—2019)7.2。扉页部分宜包含报告有效性规定、效力范围申明、使用要求、异议处理方式,以及检测机构联系信息。

55. ×

【解析】《公路水运试验检测数据报告编制导则》(JT/T 828—2019)7.1.2.3。报告名称位于封面部分"报告编号"之后的居中位置,统一为"检测报告"。

56. ×

【解析】《公路水运试验检测数据报告编制导则》(JT/T 828—2019)7.1.2.2。报告编号位于封面部分上部右上角第二行,靠右对齐。

57. √

【解析】《检验检测机构诚信基本要求》(GB/T 31880—2015)4.1 总则。

58. ×

【解析】应与等级证书中的机构名称一致。《公路水运试验检测数据报告编制导则》(JT/T 828—2019)5.1.3.3。检测单位名称位于标题部分第三行位置,靠左对齐,编制要求如下:a)当检测单位为检测机构时,应填写等级证书中的机构名称,可附加等级证书的编号;b)当检测单位为工地试验室时,应填写其授权文件上的工地试验室名称。

59. ×

【解析】应记入样品信息部分。《公路水运试验检测数据报告编制导则》(JT/T 828—

2019)5.2.3.3。样品信息应包含来样时间、样品名称、样品编号、样品数量、样品状态、制样情况和抽样情况,其中制样情况和抽样情况可根据实际情况删减。编制要求如下:a)来样时间应填写检测收到样品的日期,以"YYYY 年 MM 月 DD 日"的形式表示;如:2019 年 05 月 24 日;b)样品名称应按标准规范的要求填写;c)样品编号应由检测单位自行编制,用于区分每个独立样品的唯一性编号;d)样品数量宜按照检测依据规定的计量单位,如实填写;e)样品状态应描述样品的性状,如样品的物理状态、是否有污染、腐蚀等;f)制样情况应描述制样方法及条件、养护条件、养护时间及依据等;g)抽样情况应描述抽样日期、抽取地点(包括简图、草图或照片)、抽样程序、抽样依据及抽样过程中可能影响检测结果解释的环境条件等。

60. ×

【解析】《公路水运试验检测数据报告编制导则》(JT/T 828—2019)5.2.3.4。当日完成的试验检测工作可填写当日日期;一日以上的试验检测工作应表征试验的起止日期。日期以"YYYY 年 MM 月 DD 日"的形式表示。如果是一日以上的,应该用起止日期填写。

61. √

【解析】《公路水运试验检测数据报告编制导则》(JT/T 828—2019)6.3.3。检测对象属性应能如实反映检测对象的基本情况,视报告具体内容需要确定,并具有可追溯性,具体要求如下:a)基础资料宜描述工程实体的基本技术参数,如设计参数、地质情况、成型工艺等;b)测试说明宜包括测试点位、测试路线、图片资料等。若对试验结果有影响时,还应说明试验后 样品状态;c)制样情况、抽样情况的编制要求与记录的要求与样品信息要求一致。

62. √

【解析】《公路水运试验检测数据报告编制导则》(JT/T 828—2019)。要区分记录和报告落款部分的差异。报告落款部分应由检测、审核、批准、日期组成。记录落款部分应由检测、记录、复核、日期组成。

63. ×

【解析】《公路水运试验检测数据报告编制导则》(JT/T 828—2019)7.4。签字页部分应包含工程名称、项目负责人、项目参加人员、报告编写人、报告审核人和报告批准人。宜打印姓名并手签。对于采用信息化手段编制的报告,可使用数字签名。

考生要区分检测类报告签认与综合评价报告签认的差异。综合评价类报告是新出现的类型,其相关的规定需要充分重视。综合评价类的签认是以签字页的形式出现。

64. √

【解析】《公路水运试验检测数据报告编制导则》(JT/T 828—2019)6.1.2。检测类报告标题部分应包含报告名称、唯一性标识编码、检测单位名称、专用章、报告编号、页码组成。

65. √

【解析】要区分两类不同报告的构成内容完全不一样。见《公路水运试验检测数据报告编制导则》(JT/T 828—2019)7.5.1。综合评价类报告应包含项目概况、检测依据、人员和仪器设备、检测内容与方法、检测数据分析、结论与分析评估、有关建议等内容。

66. ×

【解析】《公路水运试验检测数据报告编制导则》(JT/T 828—2019)7.1.2.7。检测类别按照不同检测工作方式和目的,可分为委托送样检测、见证取样检测、委托抽样检测、质量监督检测、仲裁检测及其他。此处归纳了检验检测机构进行检验检测的各种类别。

67. ×

【解析】《检验检测实验室技术要求验收规范》(GB/T 37140—2018)。7.1.5 排水系统的设置,应根据污、废水的性质、浓度、水质、水温等特点,并结合室外排水条件,经技术经济比较后确定。实验废水不得作为回用水原水使用。7.2.1.10 实验室排水宜设置独立的排水管道系统。

三、多项选择题

1. ABCD

【解析】《检验检测实验室技术要求验收规范》(GB/T 37140—2018)7.1.1。给排水系统应包括生活给排水系统,实验给排水系统,污、废水处理系统及消防水系统等。

2. ABD

【解析】《公路水运试验检测数据报告编制导则》(JT/T 828—2019)4.6。综合评价类报告应由封面、扉页、目录、签字页、正文、附件六部分组成,其中目录部分、附件部分可根据实际情况删减。导则了提出新的综合评价类报告形式,要充分重视。

3. ABCD

【解析】《公路水运工程试验检测等级管理要求》(JT/T 1181—2018)7.3.6.2。试验检测环境应提出以下条件:具有长期稳定的工作场所;具有满足相应规范、标准、规程要求的环境条件;具有满足要求的检测用房面积;布局合理、干净整洁。

4. BCD

【解析】选项 A 是管理层的职责。见《检测和校准实验室能力的通用要求》(ISO/IEC 17025:2017)5.6、5.7。

5.6 实验室应有人员(不论其他职责)具有履行职责所需的权力和资源,这些职责包括:a) 实施、保持和改进管理体系;b) 识别与管理体系或实验室活动程序的偏离;c) 采取措施以预防或最大程度减少这类偏离;d) 向实验室管理层报告管理体系运行状况和改进需求;e) 确保实验室活动的有效性。

5.7 实验室管理层应确保:a) 针对管理体系有效性、满足客户和其他要求的重要性进行沟通;b) 当策划和实施管理体系变更时,保持管理体系的完整性。

5. ABCD

【解析】《检验检测实验室技术要求验收规范》(GB/T 37140—2018)13.2.2.1。实验室应根据活动类型设置明确、明显、醒目的相应安全标志,包括通用安全标志、消防标志、化学品作业场所安全警示标志、工业管道标志、气瓶标志、设备标志等。对限制人员进入的实验室应在其明显部位或上设置警告装置或标志。

6. BCD

【解析】这里需要理解的是,检验检测结果有效性与样品的真实性、检测方法的科学性、仪器设备的准确性有关。至于样品的规格(品牌、等级、含量、尺寸、重量)如何,则与其没有关系。

7. ABCD

【解析】《检测和校准实验室能力认可准则》（CNAS-CL01:2018）7.7.1。实验室应有监控结果有效性的程序。记录结果数据的方式应便于发现其发展趋势,如可行,应采用统计技术审查结果。实验室应对监控进行策划和审查,适当时,监控应包括但不限于以下方式:a)使用标准物质或质量控制物质;b)使用其他已校准能够提供可溯源结果的仪器;c)测量和检测设备的功能核查;d)适用时,使用核查或工作标准,并制作控制图;e)测量设备的期间核查;f)使用相同或不同方法重复检测或校准;g)留存样品的重复检测或重复校准;h)物品不同特性结果之间的相关性;i)审查报告的结果;j)实验室内比对;k)盲样测试。

8. ACD

【解析】《检测和校准实验室能力认可准则》（CNAS-CL01:2018）6.5.1。实验室应通过形成文件的不间断的校准链,将测量结果与适当的参考对象相关联,建立并保持测量结果的计量溯源性,每次校准均会引入测量不确定度。《内部校准要求》（CNAS-CL31:2011）4 内部校准活动的要求:4.1　检测实验室对使用的与认可能力相关的测量设备实施的内部校准,应满足CNAS-CL01《检测和校准实验室能力认可准则》和 CNAS-CL01-A025《检测和校准实验室能力认可准则在校准领域的应用说明》的相关要求。4.2　实验室的管理体系应覆盖开展的内部校准活动,并对内部校准活动的范围建立文件清单。4.3　实施内部校准的人员,应经过相关计量知识、校准技能等必要的培训、考核合格并持证或经授权。4.4　实验室实施内部校准的校准环境、设施应满足校准方法的要求。

9. ABCD

【解析】《检测和校准实验室能力的通用要求》（ISO/IEC 17025:2017）6.2.5。实验室应有以下活动的程序,并保存相关记录:a)确定能力要求;b)人员选择;c)人员培训;d)人员监督;e)人员授权;f)人员能力监控。

10. ABC

【解析】《检验检测机构资质认定能力评价　检验检测机构通用要求》（RB/T 214—2017）4.2.3。质量负责人应确保管理体系得到实施和保持。选项 A、B、C 是对技术负责人的要求。

11. CD

【解析】选项 A、B 属于技术记录。《检验检测机构资质认定能力评价　检验检测机构通用要求》（RB/T 214—2017）4.5.11。检验检测机构应建立和保持记录管理程序,确保记录的标识、贮存、保护、检索、保留和处置符合要求。条文释义中说明:(1)质量记录指检验检测机构管理体系活动中的过程和结果的记录,包括合同评审、分包控制、采购、内部审核、管理评审、纠正措施、预防措施和投诉等记录。(2)技术记录指进行检验检测活动的信息记录,应包括原始观察、导出数据和建立审核路径有关信息的记录,检验检测、环境条件控制、员工、方法确认、设备管理、样品和质量监控等记录,也包括发出的每份检验检测报告或证书的副本。

12. ABCD

【解析】《检验检测机构信用评价规范》（GB/T 36308—2018）1 范围。本标准规定了检验检测机构诚信评价的评价原则、评价要求、评价指标、评价方法和评价结果。

13. AB

【解析】样品进入检验检测机构后,应该经历未检、在检、检毕三个过程。选项 C、D 不是样品检验状态。

14. ABCD

【解析】题干呈现的是当前检测机构在报告签认过程中出现的种种错误做法,主要体现在跨专业、跨等级签认报告。正确的做法是,按照《公路水运工程试验检测管理办法》第三十七条的规定,试验检测报告应当由试验检测师审核、签发。具体根据《公路水运工程试验检测等级管理要求》(JT/T 1181—2018)6.2.3,等级标准中有关持证专业配置要求,是按照公路水运工程试验检测专业技术人员职业资格的专业规定,其与原试验检测工程师及试验检测员证书专业的对应关系表中规定的内容进行。

15. BC

【解析】《检验检测实验室技术要求验收规范》(GB/T 37140—2018)3.5。实验室家具是指实验用的成套实验台、设备台、天平台、通风柜、排气罩、试剂柜(架)等的总称。

16. BCD

【解析】《检验检测实验室技术要求验收规范》(GB/T 37140—2018)6.2.2。实验室平面尺寸要求如下:(1)实验室标准单元开间由实验台宽度、布置方式及间距决定。实验台平行布置的标准单元,开间尺寸一般不宜小于6.6m。(2)实验室标准单元进深由实验台宽度、通风柜及实验仪器设备布置决定,进深尺寸一般不宜6.6m,无通风柜时不宜小于5.7m。(3)实验室的开间和进深尺寸,应按照实验室仪器设备尺寸、安装操作及检修的要求确定。选项A虽然也是决定实验室仪器设备布置的需要考虑的因素,但是不符合题意。

17. BCD

【解析】《检测和校准实验室能力认可准则》(CNAS-CL01:2018)1 范围。本准则规定了实验室能力、公正性以及一致运作的通用要求。

18. ABD

【解析】《检验检测实验室技术要求验收规范》(GB/T 37140—2018)4 总则。

4.1 新建检验检测实验室的设计应满足主体建筑的安全评价、环境评价、职业卫生评价及节能评价等方面的要求。原有建筑改为实验功能的变更、实验建筑内各单体的实验功能变更都应征得相关主管部同意,变更不得对生命和财产构成危害。

4.2 在满足检验检测实验室功能需求的同时,还应体现标准化、智能化、人性化的特点,并考虑未来发展的需要,合理确定实验室建设规模。

19. ACD

【解析】《检测和校准实验室能力的通用要求》(ISO/IEC 17025:2017)6.3.3。当相关规范、方法或程序对环境条件有要求时,或环境条件影响结果的有效性时,实验室应监测、控制和记录环境条件。

20. ABD

【解析】《检测和校准实验室能力的通用要求》(ISO/IEC 17025:2017)4.1.4。实验室应持续识别影响公正性的风险。这些风险应包括其活动、实验室的各种关系,或者实验室人员的关系而引发的风险。然而,这些关系并非一定会对实验室的公正性产生风险[注:危及实验室公正性的关系可能基于所有权、控制权、管理、人员、共享资源、财务、合同、市场营销(包括品牌)、支付销售佣金或其他引荐新客户的奖酬等]。

21. ABCD

【解析】《检验检测实验室技术要求验收规范》（GB/T 37140—2018）7.2.3.2。实验室污、废水按污、废水性质、成分及污染程度应进行物理、化学、生物等不同方式处理。产生的酸、碱污水应进行中和处理，中和后达到中性时，应采用反应池加药处理。

22. ABC

【解析】《检验检测实验室技术要求验收规范》（GB/T 37140—2018）6.1.1。实验室建筑由实验区、辅助区、公用设施区等组成。建筑设计应合理安排各类分区用房，做到功能分区明确、交通合理、联系方便、互不干扰。

23. ABC

【解析】《公路水运工程试验检测等级管理要求》（JT/T 1181—2018）1 范围。本标准适用于公路水运工程试验检测机构建设与管理、等级评定、换证复核、检查评价等工作。

24. BCD

【解析】《检验检测机构诚信基本要求》（GB/T 31880—2015）4.1 总则。检验检测机构应收集内部和外部诚信信息，开展诚信自我评价或第三方评价，以验证自身诚信的状况。

25. ABC

【解析】《检验检测机构信用评价规范》（GB/T 36308—2018）表 A.1。一级指标：人员能力 80 分，设备管理 25 分，样品管理 70 分，标准方法 30 分，环境条件 25 分，能力验证 20 分，报告证书 50 分。

26. ABD

【解析】《检测和校准实验室能力的通用要求》（ISO/IEC 17025:2017）5.5。实验室应：a）确定实验室的组织和管理结构、其在母体组织中的位置，以及管理、技术运作和支持服务间的关系；b）规定对实验室活动结果有影响的所有管理、操作或验证人员的职责、权力和相互关系；c）将程序形成文件的程度，以确保实验室活动实施的一致性和结果有效性为原则。

27. ABD

【解析】《检验检测机构资质认定能力评价　评审员管理要求》（RB/T 213—2017）4.6 评审员的监管。4.6.1　检验检测机构资质认定部门应建立和维护评审员数据库，公布评审员信息，接受社会监督。4.6.2　检验检测机构资质认定部门应对评审员进行持续培训，培训形式包括集中授课、现场观摩、会议研讨或者在线培训等。4.6.3　检验检测机构资质认定部门应采取现场评审观察、评审案卷审查、被评审方的意见、专项检查及其他相关方面的信息反馈等方式，对评审员的评审行为进行监督。4.6.4　检验检测机构资质认定部门应根据评审员技术能力、工作态度、职业道德等方面的表现，对评审员实施动态管理。4.6.5　检验检测机构资质认定部门应建立评审员信息变更上报制度，及时跟踪评审员的基础信息，定期审核评审员的信息。4.6.6　必要时，检验检测机构资质认定部门可聘用技术专家参与评审工作。

28. BCD

【解析】《检验检测机构资质认定能力评价　评审员管理要求》（RB/T 213—2017）4.4。评审员的行为包括：a）坚持原则、公正可靠、忠于职守；b）不损害检验检测机构资质认定主管部门的声誉；c）不介入与检验检测机构资质认定评审有关的冲突和违规利益；d）严格遵守保密协议;e)具有团体协同精神;f)持续符合检验检测机构资质认定评审员要求。

29. ABD

【解析】依据标准是指对仪器设备进行检定/校准时应依据的技术文件,主要包括以下公开发布的技术文件:①国家计量检定规程及校准规范;②交通运输部部门计量检定规程;③其他行业部门计量检定规程或有关技术文件;④地方发布的计量检定规程。

30. ABCD

【解析】《检验检测机构资质认定能力评价　检验检测机构通用要求》(RB/T 214—2017)4.4.1。检验检测机构租用仪器设备开展检验检测时,应确保:

①租用仪器设备的管理应纳入本检验检测机构的管理体系;

②本检验检测机构可全权支配使用,即:租用的仪器设备由本检验检测机构的人员操作、维护、检定或校准,并对使用环境和贮存条件进行控制;

③在租赁合同中明确规定租用设备的使用权;

④同一台设备不允许在同一时期被不同检验检测机构共用租赁。

31. AC

【解析】《公路水运工程试验检测等级管理要求》(JT/T 1181—2018)2 规范引用文件。

32. ACD

【解析】《检验检测机构资质认定能力评价　检验检测机构通用要求》(RB/T 214—2017)4.2.5。检验检测机构应对抽样、操作设备、检验检测、签发检验检测报告或证书以及提出意见和解释的人员,依据相应的教育、培训、技能和经验进行能力确认。应由熟悉检验检测目的、程序、方法和结果评价的人员,对检验检测人员包括实习员工进行监督。条文要点说明要求通常每年由技术负责人组织监督员识别本专业领域需要监督的人员,如实习人员、转岗人员、操作新设备或采用新方法的人员等。

33. AD

【解析】《检验检测机构资质认定能力评价　检验检测机构通用要求》(RB/T 214—2017)4.5.1 评审要点 1。管理体系是一个完整、系统、协调的管理体系,应该服务于质量方针和质量目标,要让与质量相关的活动均处于受控状态。选项 B、C 的科学性、公正性是对检测活动行为的要求,对于管理体系应该是选项 A、D。

34. ABD

【解析】《检验检测机构资质认定能力评价　检验检测机构通用要求》(RB/T 214—2017)4.5.1。这是对体系运行要求。选项 C 错在管理体系应该便于有关人员获取,而不是只是管理层知晓,要使检验检测机构的所有相关人员能够"获取、理解、执行"。

35. ABCD

【解析】《法定计量检定机构考核规范》(JJF 1069—2012)5.3.2。机构管理体系中与质量有关的政策,包括质量方针声明,应在质量手册中阐明。应制定总体目标并在管理评审时加以评审。总体目标应是可测量的,并与质量方针保持一致。质量方针声明由机构负责人授权发布,至少包括下列内容:a)机构管理层对良好职业行为和为顾客提供检定、校准和检测服务质量的承诺;b)管理层关于机构服务标准的声明;c)与质量有关的管理体系的目的;d)要求机构所有与检定、校准和检测活动有关的人员熟悉与之相关的体系文件,并在工作中执行这些政策和程序;e)机构管理层对遵守本规范及持续改进管理体系有效性的承诺。

36. ABC

【解析】涉及样品管理的盲样管理要求。

37. ABCD

【解析】《检验检测机构资质认定能力评价　检验检测机构通用要求》(RB/T 214—2017)4.5.2。检验检测机构应阐明质量方针,应制定质量目标,并在管理评审时予以评审。条文释义3:质量方针一般应在质量手册中予以阐明,也可单独发布至少包括下列内容:(1)管理层对良好职业行为和为客户提供检验检测服务质量的承诺;(2)管理层关于服务标准的声明;(3)质量目标;(4)要求所有与检验检测活动有关的人员熟悉质量文件,并执行相关政策和程序;(5)管理层对遵循本标准及持续改进管理体系的承诺。条文释义4:质量目标包括年度目标和中长期目标。

38. ABCD

【解析】《检验检测机构资质认定能力评价　检验检测机构通用要求》(RB/T 214—2017)4.3.2。检验检测机构应确保其工作环境满足检验检测的要求。检验检测机构在固定场所以外进行检验检测或抽样时,应提出相应的控制要求,以确保环境条件满足检验检测标准或者技术规范的要求。条文释义解释得很清楚:对检测环境要首先识别出哪些工作环境条件不满足检测工作要求,其次如果对检测结果和检测人员身体健康有影响,就需要编制相应的文件加以控制,并对提出的控制要求加以记录。

39. AD

【解析】《检验检测机构资质认定能力评价　检验检测机构通用要求》(RB/T 214—2017) 4.3.1。检验检测机构应具有满足相关法律法规、标准或者技术规范要求的场所,包括固定的、临时的、可移动的或多个地点的场所。检验检测机构应将其从事检验检测活动所必需的场所、环境要求制定成文件。条文要点说明:(1)检测报告中应标明进行检验检测的地点(场所),且应与资质认定的地点(场所)一致。(2)不管工作场所是否为自有产权,检验检测机构应有证据证明工作场所合法且对其具有完全的使用权。

40. AC

【解析】作业指导书是质量管理体系文件的组成部分,它既是质量手册、程序文件的支持性文件,也是对质量手册和程序文件的进一步细化与补充。作业指导书主要用于阐明过程或活动的具体要求和方法,可以说作业指导书也是一种程序,但是它比程序文件规定的程序更详细、更具体、更单一,而且更便于操作。简言之,作业指导书是用来指导员工为某一具体过程或某项具体活动如何进行作业的文件,是用于检测人员在检验检测活动中具体实施操作而制定的手册。关于格式,GB/T 19001—2000 和 GJB 9001A—2001 没有具体要求和规定。但是,作业指导书作为质量管理体系文件的组成部分,应符合(满足)标准对文件控制的要求。检测工作一般涉及样品管理、数据处理、设备使用(设备操作、设备维护保养、设备内部校准、期间核查)、检测方法(方法补充、方法说明)四个方面。日常工作中,一些机构经常将选项 B、D 的内容纳入作业指导书,这是不需要的。

41. CD

【解析】《检验检测机构资质认定能力评价　检验检测机构通用要求》(RB/T 214—

2017)4.4.3。当需要利用期间核查以保持设备检定或校准状态的可信度时,应建立和保持相关的程序。针对校准结果包含的修正信息或标准物质包含的参考值,检验检测机构应确保在其检测数据及相关记录中加以利用并备份和更新。

条文要点说明提出了期间核查的流程一般:(1)制定设备期间核查程序;(2)判断设备是否需要进行期间核查并制定计划;(3)制定具体设备的期间核查作业指导书;(4)依据期间核查计划和作业指导书实施核查,保留记录;(5)出具核查报告;(6)利用核查报告;(7)对全过程进行实施效果评价。

至于期间核查的对象,其只是重点针对:新购设备,利用频次高的和利用情况恶劣的检测设备;重要或重要检测设备;不稳固、易漂移、易老化且使用频高的检测设备;常常携带到现场查验、校验的设备;运行历程中有可疑征象产生的查验、校验设备;对重要参数的检测质量影响较大的检测设备等。

42. CD

【解析】《检验检测机构资质认定能力评价　检验检测机构通用要求》(RB/T 214—2017)4.4.3。检验检测机构应对检验检测结果、抽样结果的准确性或有效性有显著影响的设备,包括用于测量环境条件等辅助测量设备有计划地实施检定或校准。设备在投入使用前,应采用检定或校准等方式,以确认其是否满足检验检测的要求,并标识其状态。针对校准结果产生的修正信息,检验检测机构应确保在其检测结果及相关记录中加以利用并备份和更新。检验检测设备包括硬件和软件应得到保护,以避免出现致使检验检测结果失效的调整。检验检测机构的参考标准应满足溯源要求。无法溯源到国家或国际测量标准时,检验检测机构应保留检验检测结果相关性或准确性的证据。

条文释义告诉我们可以进行内部校准,但应确保:(1)校准设备的标准满足计量溯源要求;(2)仅限于非强制设备;(3)实施人员需培训和授权;(4)环境和设施满足校准要求;(5)优先采用标准方法,非标准方法使用前应经确认;(6)进行测量不确定度评定;(7)可不出具内部校准证书,但应对校准结果予以汇总;(8)质量控制和监督应覆盖内部校准工作。

43. ABCD

【解析】《检验检测机构资质认定能力评价　检验检测机构通用要求》(RB/T 214—2017)4.5.10。检验检测机构应建立和保持在识别出不符合时,采取纠正措施的程序;当发现潜在不符合时,应采取预防措施。检验检测机构应通过实施质量方针、质量目标,应用审核结果、数据分析、纠正措施、预防措施、管理评审来持续改进管理体系的适宜性、充分性和有效性。

条文释义第5点:检验检测机构应通过实施质量方针、质量目标、应用审核结果、数据分析、纠正措施、管理评审、人员建议、风险评估、能力验证和客户反馈等信息来持续改进管理体系的适宜性、充分性和有效性。这里需要知道检测机构对管理体系持续改进的方法,除选项里的内容外,其他还包括制订和实施预防措施,内审与外部审核,不符合的确认和纠正等。

44. AB

【解析】《检验检测机构资质认定能力评价　检验检测机构通用要求》(RB/T 214—2017)4.5.5。检验检测机构需分包检验检测项目时,应分包给依法取得资质认定并有能力完成分包项目的检验检测机构,具体分包的检验检测项目应当事先取得委托人同意,出具检验检测报告或证书时,应将分包项目予以区分。

首先注意选项 C,RB/T 214—2017 在这里不要求一定需要书面同意。注意只是不得分包法律法规、技术标准等文件禁止分包的项目,所以选项 D 是不对的。

45. ABC

【解析】《检验检测机构资质认定能力评价 检验检测机构通用要求》(RB/T 214—2017)4.5.6。检验检测机构应建立和保持选择和购买对检验检测质量有影响的服务和供应品的程序。明确服务、供应品、试剂、消耗材料的购买、验收、存储的要求,并保存对供应商的评价记录。选项 D 是采购行为本身,可以与服务供应商有关系,也可能无关系。需要注意的是选项 B。按照 ISO/IEC 17025:2017 中"外部提供的产品和服务"的定义,检验检测机构对外分包检验检测项目是业务、技术、质量管理工作的重要环节,可属于"采购服务"。4.5.6 条文释义将检定校准服务、培训服务、仪器设备购置、环境设施的设计和施工,设备设施的运输、安装和保养、废物处理等归纳为服务范畴。

46. AD

【解析】《检验检测机构资质认定能力评价 检验检测机构通用要求》(RB/T 214—2017)4.5.6。购买、验收、安装、检定校准、使用是一般仪器设备需要经过的流程。

47. ABCD

【解析】《检验检测机构资质认定能力评价 检验检测机构通用要求》(RB/T 214—2017)4.5.6 要点说明中,将检验检测机构需要的供应品和服务归纳了 3 种类型,即设备、选择校准服务、易耗品或者易变质物品。选项 D 实际是采购服务的内容。

48. AD

【解析】《检验检测机构资质认定能力评价 检验检测机构通用要求》(RB/T 214—2017)4.5.10 条文释义明确了这几个概念。纠正、纠正措施是被动的措施,预防措施是主动的措施,改进是各种措施的目的。纠正是为消除已发现的不合格所采取的措施。纠正措施是为消除已发现的不合格或其他不期望情况的原因所采取的措施。预防措施是事先主动识别改进机会,为消除潜在不合格或其他潜在不期望情况的原因所采取的措施。改进是提高绩效的活动。纠正措施和预防措施是改进的方法、手段和途径,改进是纠正措施和预防措施的目的和归宿。

49. ABCD

【解析】《检验检测机构资质认定能力评价 检验检测机构通用要求》(RB/T 214—2017)4.2.5。检验检测机构应对抽样、操作设备、检验检测、签发检验检测报告或证书以及提出意见和解释的人员,依据相应的教育、培训、技能和经验进行能力确认。应由熟悉检验检测目的、程序、方法和结果评价的人员,对检验检测人员包括实习员工进行监督。

50. BCD

【解析】《检验检测机构资质认定能力评价 检验检测机构通用要求》(RB/T 214—2017)4.2.2。选项 A 是技术负责人的职责。注意选项 D 是 RB/T 214—2017 的新要求。

51. ABC

【解析】《检验检测机构资质认定能力评价 检验检测机构通用要求》(RB/T 214—2017)4.2.7。检验检测机构应保留人员的相关资格、能力确认、授权、教育、培训和监督的记录,记录包含能力要求的确定、人员选择、人员培训、人员监督、人员授权和人员能力监控。

52. ABCD

【解析】《检验检测机构资质认定能力评价　检验检测机构通用要求》(RB/T 214—2017)4.2.7。该条款的要点说明提出了能力确认日期和能力授权日期。这是163号令明确提出对检验检测机构的人员实施动态管理新要求。

53. ACD

【解析】《检验检测机构资质认定能力评价　检验检测机构通用要求》(RB/T 214—2017)4.2.1。检验检测机构应建立和保持人员管理程序,对人员资格确认、任用、授权和能力保持等进行规范管理。检验检测机构应与其人员建立劳动、聘用或录用关系。明确技术人员和管理人员的岗位职责、任职要求和工作关系。使其满足岗位要求并具有所需的权力和资源。履行建立、实施、保持和持续改进管理体系的职责。检验检测机构中所有可能影响检验检测活动的人员。无论是内部还是外部人员,均应行为公正,受到监督,胜任工作,并按照管理体系要求履行职责。

54. ABC

【解析】《检验检测机构资质认定能力评价　检验检测机构通用要求》(RB/T 214—2017)4.3.1。检验检测机构应有固定的、临时的、可移动的或多个地点的场所,上述场所达到满足相关法律法规、标准或技术规范的要求。检验检测机构应将其从事检验检测活动所必需的场所、环境要求制定成文件。

55. ABC

【解析】《检验检测机构资质认定能力评价　检验检测机构通用要求》(RB/T 214—2017)4.3.4。检验检测机构应建立和保持检验检测场所的内务管理程序,该程序应考虑安全和环境的因素。检验检测机构应将不相容活动的相邻区域进行有效隔离,应采取措施以防止干扰或者交叉污染,对影响检验检测质量的区域的使用和进入加以控制,并根据特定情况确定控制的范围。选项A、B、C都可以达到相邻区域有效隔离的效果。

56. ACD

【解析】《检验检测机构资质认定能力评价　检验检测机构通用要求》(RB/T 214—2017) 4.5.17。检验检测机构为后续的检验检测,需要对物质、材料或产品进行抽样时,应建立和保持抽样控制程序,抽样计划应根据适当的统计方法制定。抽样应确保检验检测结果的有效性。当客户对抽样程序有偏离的要求时,应予以详细记录。同时告知相关人员,如果客户要求的偏离影响到检验检测结果,应在报告、证书中作出声明。需要注意选项B是常见的不正确做法。抽样一定要按照计划和程序进行,要有别于一般室内检测活动。

57. ABC

【解析】《检验检测机构资质认定能力评价　检验检测机构通用要求》(RB/T 214—2017) 4.4.5。故障处理设备出现故障或者异常时,检验检测机构应采取相应措施,如停止使用、隔离或加贴停用标签、标记,直至修复并通过检定、校准或核查表明能正常工作为止。应核查这些缺陷或偏离对以前检验检测结果的影响。曾经过载或者处置不当、给出可疑结果,或已显示有缺陷、超出限度的设备都应停止使用。选项D是可以通过检查、修复解决,不会影响结果。

58. ACD

【解析】《检验检测机构资质认定能力评价　检验检测机构通用要求》(RB/T 214—2017)4.4.5,条文内容同上题。

59. ABC

【解析】《检验检测机构资质认定能力评价　检验检测机构通用要求》(RB/T 214—2017)4.4.3。检验检测机构应对检验检测结果、抽样结果的准确性有效性有影响或计量溯源性有要求的设备,包括用于测量环境条件等辅助测量设备有计划地实施检定或校准。设备在投入使用前,应采用核查、检定或校准等方式,以确认其是否满足检验检测的要求。所有需要检定、校准或有有效期的设备应使用标签、编码或以其他方式标识。以便使用人员易于检定、校准的状态或有效期。注意:这里让我们知道的是校准设备标签的标识内容。

60. ABCD

【解析】《检验检测机构资质认定能力评价　检验检测机构通用要求》(RB/T 214—2017)4.4.4。无论什么原因,若设备脱离了检验检测机构的直接控制,应确保该设备返回后,在使用前对其功能和校准状态进行核查,并得到满意结果。

61. AC

【解析】《检验检测机构资质认定能力评价　检验检测机构通用要求》(RB/T 214—2017)4.4.3。方式有检定和校准(内部和外部)。

62. ABC

【解析】《检验检测机构资质认定能力评价　检验检测机构通用要求》(RB/T 214—2017)4.5.9。检验检测机构应建立和保持出现不符合工作的处理程序,当检验检测机构活动或结果不符合其自身程序或与客户达成一致的要求时,检验检测机构应实施该程序,该程序应确保:a)明确对不符合工作进行管理的责任和权力;b)针对风险等级采取措施;c)对不符合项的严重性进行评价,包括对以前结果的影响分析;d)对不符合工作的可接受性作出决定;e)必要时,通知客户并取消工作;f)规定批准恢复工作的职责;g)记录所描述的不符合工作和措施。

检验检测机构应当建立和保持在识别出不符合工作时、管理体系或技术运作中出现对政策和程序偏离时的处理程序,这是对出现不符合工作时对检验检测机构提出的处理办法。

63. ABCD

【解析】《检验检测机构资质认定能力评价　检验检测机构通用要求》(RB/T 214—2017)4.5.11。检验检测机构应建立和保持记录管理程序,确保每一项检验检测活动技术记录的信息充分,确保记录的标识、贮存、保护、检索、保留和处置符合要求。其实使检测结果再现需要的信息有很多,这里只是举例说明什么是充分的信息。记录还应包括抽样的人员、每项检验检测人员和结果校核人员的标识。观察结果、数据和计算应在产生时予以记录,对记录的所有改动应有改动人的签名或签名缩写。记录可存于任何媒体上。

64. ABCD

【解析】《检验检测机构资质认定能力评价　检验检测机构通用要求》(RB/T 214—2017)4.5.14。检验检测机构应建立和保持检验检测方法控制程序。检验检测方法包括标准方法、非标准方法(含自制方法)。应优先使用标准方法,并确保使用标准的有效版本。要注意的是,新准则将"非标准方法和检验检测机构制定的方法"纳入了可以使用的范畴。

65. ABCD

【解析】《检验检测机构资质认定能力评价　检验检测机构通用要求》(RB/T 214—2017)4.5.14。如确需方法偏离,应有文件规定,经技术判断和批准,并征得客户同意。由于检验检测对象、检验检测环境的特定要求,检验检测过程中会发生与标准方法要求不一致的情况,该条告诉我们应该如何处置。

66. BC

【解析】《检验检测机构资质认定能力评价　检验检测机构通用要求》(RB/T 214—2017)4.5.14。在使用非标准方法(含自制方法)前,应进行确认。检验检测机构应跟踪方法的变化,并重新进行验证或确认。必要时检验检测机构应制定作业指导书。选项 A、D 是对非标准方法验证的工作。

67. ABCD

【解析】《检验检测机构资质认定能力评价　检验检测机构通用要求》(RB/T 214—2017)4.5.14。必要时检验检测机构应制定作业指导书。题干明确了哪些情况需要以作业指导书形式来完善规范标准中一些不明确的方法、步骤,目的是保证检验检测过程的完备性和检测数据的正确性。

68. ABCD

【解析】《检验检测机构资质认定能力评价　检验检测机构通用要求》(RB/T 214—2017)4.5.20。检验检测机构应准确、清晰、明确、客观地出具检验检测结果,符合检验检测方法的规定,并确保检验检测结果的有效性。结果通常应以检验检测报告或证书的形式发出。检验检测报告或证书应至少包括下列信息:a)标题;b)标注资质认定标志,加盖检验检测专用章(适用时);c)检验检测机构的名称和地址,检验检测的地点(如果与检验检测机构的地址不同);d)检验检测报告或证书的唯一性标识(如系列号)和每一页上的标识,以确保能够识别该页是属于检验检测报告或证书的一部分,以及表明检验检测报告或证书结束的清晰标识;e)客户的名称和联系信息;f)所用检验检测方法的识别;g)检验检测样品的描述、状态和标识;h)检验检测的日期,对检验检测结果的有效性和应用有重大影响时,注明样品的接收日期或抽样日期;i)对检验检测结果的有效性或应用有影响时,提供检验检测机构或其他机构所用的抽样计划和程序的说明;j)检验检测报告或证书签发人的姓名、签字或等效的标识和签发日期;k)检验检测结果的测量单位(适用时);l)检验检测机构不负责抽样(如果样品是由客户提供)时,应在报告或证书中声明结果仅适用于客户提供的样品;m)检验检测结果来自于外部提供者时的清晰标注;n)检验检测机构应作出未经本机构批准,不得复制(全文复制除外)报告或证书的声明。

69. AB

【解析】《公路水运试验检测数据报告编制导则》(JT/T 828—2019)3.5。综合类评价报告是指以获得新建及既有工程性质评价结果为目的,针对材料、构件、工程制品及实体的一个或多个技术指标进行检测而出具的数据结果、检测结论和评价意见。

70. AB

【解析】《公路水运试验检测数据报告编制导则》(JT/T 828—2019)4.3。记录表应信息齐全、数据真实可靠,具有可追溯性;报告应结论准确、内容完整。

71. ABCD

【解析】《公路水运试验检测数据报告编制导则》(JT/T 828—2019)5.3.2。检测数据部分应包括原始观测数据、数据处理过程与方法,以及试验结果等内容。

72. BD

【解析】《公路水运试验检测数据报告编制导则》(JT/T 828—2019)5.3.3.1。原始观测数据应包含获取试验结果所需的充分信息,以便该试验在尽可能接近原条件的情况下能够复现,具体要求如下:a)手工填写的原始观测数据应在现场如实、完整记录,如需修改,应杠改并在修改处签字;b)由仪器设备自动采集的检测数据、试验照片等电子数据,可打印签字后粘贴于记录表中或保存电子档。

73. AC

【解析】《公路水运试验检测数据报告编制导则》(JT/T 828—2019)5.1.3.5。页码位于标题部分第一行位置,靠右对齐,应以"第×页,共×页"的形式表示。

74. AD

【解析】《公路水运试验检测数据报告编制导则》(JT/T 828—2019)5.5.3。检测、记录及复核应签署实际承担相应工作的人员姓名,日期为记录表的复核日期,以"YYYY 年 MM 月 DD 日"的形式表示。对于采用信息化手段编制的记录表,可使用数字签名。

75. ABCD

【解析】《公路水运试验检测数据报告编制导则》(JT/T 828—2019)5.2.3.2。工程部位/用途为二选一填写项,当涉及盲样时可不填写,编制要求如下:a)当可以明确被检对象在工程中的具体位置时,宜填写工程部位名称及起止桩号;b)当被检对象为独立结构物时,宜填写结构物及其构件名称、编号等信息;c)当指明数据报告结果的具体用途时,宜填写相关信息。

76. ABC

【解析】《公路水运试验检测数据报告编制导则》(JT/T 828—2019)5.2.3.3。样品信息应包含来样时间、样品名称、样品编号、样品数量、样品状态、制样情况和抽样情况,其中制样情况和抽样情况可根据实际情况删减。

77. CD

【解析】《公路水运试验检测数据报告编制导则》(JT/T 828—2019)5.2.3.6、5.2.3.7。检测依据应为当次试验所依据的标准、规范、规程、作业指导书等技术文件,应填写完整的技术文件名称和代号。当技术文件为公开发布的,可只填写其代号。必要时,还应填写技术文件的方法编号、章节号或条款号等。判定依据应为出具检测结论所依据的标准、规范、规程、设计文件、产品说明书等,编制要求同检测依据。

78. ACD

【解析】《检验检测机构资质认定能力评价　检验检测机构通用要求》(RB/T 214—2017)4.4.5。设备出现故障或者异常时,检验检测机构应采取相应措施,如停止使用、隔离或加贴停用标签、标记,直至修复并通过检定、校准或核查表明设备能正常工作为止。应核查这些缺陷或超出规定限度对以前检验检测结果的影响。如果设备出现故障或者异常,检验检测机构还应对这些因缺陷或超出规定极限而对过去进行的检验检测活动造成的影响进行追溯,发现不符合应执行不符合工作的处理程序,暂停检验检测工作、不发送相关检验检测报告或证书,或者追回之前的检验检测报告或证书。

考生要注意区分什么是"偏离",什么是"不符合工作"。不符合工作是指检验检测活动不满足标准或者技术规范的要求、与客户约定的要求或者不满足体系文件的要求。偏离是指一定的允许范围、一定的数量和一定的时间段等条件下的书面许可。

79. ACD

【解析】《检验检测机构资质认定能力评价 检验检测机构通用要求》(RB/T 214—2017)4.5.6条文释义。采购服务包括检定和校准服务,仪器设备购置,环境设施的设计和施工,设备设施的运输、安装和保养,废物处理等。

80. ABCD

【解析】《检验检测机构资质认定能力评价 检验检测机构通用要求》(RB/T 214—2017)4.5.3。检验检测机构应建立和保持控制其管理体系的内部和外部文件的程序,明确文件的批准、发布、标识、变更和废止,防止使用无效、作废的文件。

条文释义里说明,检验检测机构依据制定的文件管理控制程序,对文件的编制、审核、批准、发布、标识、变更和废止等各个环节实施控制,并依据程序控制管理体系的相关文件。文件包括法律法规、标准、规范性文件、质量手册、程序文件、作业指导书和记录表格,以及通知、计划、图纸、图表、软件等。

81. ABCD

【解析】《检验检测机构资质认定能力评价 检验检测机构通用要求》(RB/T 214—2017)4.5.3的7条要点说明:(1)文件是信息及其载体;(2)文件按其来源可分为内部文件和外部文件;(3)建立和保持文件控制程序;(4)文件的批准与发布应经授权人批准;(5)文件控制要求;(6)文件的定期审查;(7)文件的变更要求。

82. ACD

【解析】《检验检测机构诚信基本要求》(GB/T 31880—2015)4.4.5记录控制。

83. BCD

【解析】《检验检测实验室技术要求验收规范》(GB/T 37140—2018)5.2.2。检验检测实验室平面布局应点考虑实验室运营工作效率的提升,按照实验室运营流程进行布局设置,实验室运营流程宜充分考虑检测步骤、人流、物流和污物流(如有)等因素。选项A看似合理,因为检验检测机构必须面对样品。其实物流应该包括样品,而且涵盖了除样品以外的如药品、加工、配套装置等。

第三章　试验检测基础知识

本部分内容属于传统要求的内容,知识点主要包括:统计技术和抽样技术及误差的基本概念、试验检测技术术语、国际单位制(SI)和我国法定计量单位的基本内容、数值修约规则运用、测量误差计算、测量不确定度的分类及应用、抽样技术及应用、测量不确定度的概念、设备检定校准以及计量确认相关知识及运用、能力验证的基本概念及结果的评价等。2020 年度考试大纲还增加了《公路工程标准体系》(JTG 1001—2017)、《公路工程质量检验评定标准　第一册　土建工程》(JTG F80/1—2017)的基本规定、《水运工程质量检验评定标准》(JTS 257—2008)中的统一规定等内容;以及公路水运工程试验检测安全管理、环境保护及职业卫生等方面的相关知识。

本部分内容对考生的记忆要求相对弱一些,而对实际操作能力要求相对强一些。考生除对其中国际单位制(SI)和我国法定计量单位、试验检测技术术语等要准确记忆外,还要正确运用这些技术术语内容。

例一,对于我国法定计量单位,考生应该知道其是由 SI 基本单位、SI 辅助单位和 SI 导出单位组成,且对于每一类单位需要准确记忆"量的名称""单位名称"和"符号"。同时要求考生能够书写正确的单位(大小写形式、顺序正确),以及读的顺序正确。

例二,对于"测量不确定度",要求考生记忆和理解"测量不确定度"的定义,即:测量不确定度是表征合理地赋予被测量之值的分散性,与测量结果相联系的参数。如何理解呢? 定义中的"合理",意指应考虑到各种因素对测量的影响所做的修正,特别是测量应处于统计控制的状态下,即处于随机控制过程中。也要求考生对在重复性条件或复现性条件下进行的对同一被测量多次测量所得测量结果的分散性,按照公式计算出测量不确定度,并用重复性标准(偏)差或复现性标准(偏)差予以表示。

例三,对于"量值溯源",考生不仅需要记忆什么是量值溯源,还要弄清楚为什么要进行量值溯源,量值溯源的方式有哪些,在设备管理环节如何采用检定校准方式和自校准方式进行设备量值的溯源等。

一、单项选择题

1. 李明采用"布袋法"抽取随机数号牌,从分别标有 1,2,3,4,5,…,27,28 标号的小球中,任取一球,"取的 1 号球""取的 7 号球"则称"取的 1 号球"与"取的 7 号球"是(　　)事件。

　　　A. 相互　　　　　　　B. 孤立　　　　　　　C. 对立　　　　　　　D. 互斥

2. 使用 1mg/L 的标准溶液进行测定时,甲得到的结果分别是 0.95mg/L、0.99mg/L 和 1.03mg/L,乙测得的结果分别为 1.73mg/L、1.74mg/L 和 1.75mg/L。通过分析可以得出(　　)结论。

　　　A. 甲的结果的精密度高　　　　　　　　　B. 甲的结果的精密度比乙的精密度高

　　　C. 乙的结果准确度高　　　　　　　　　　D. 乙的精密度比甲的精密度高

3. 修约 97.34,修约间隔为 1,正确的是(　　)。

　　　A. 97　　　　　　　B. 97.3　　　　　　　C. 97.4　　　　　　　D. 98

4. 确认校准后仪器设备是否满足要求的依据是(　　)。

　　　A. 校准规范　　　B. 校准规程　　　C. 作业指导书　　　D. 设备说明书

5. 下列关于选择试验检测仪器设备期间核查标准的说法,错误的是(　　)。

　　　A. 若存在合适的比较稳定的实物量具,就可以作为核查标准

　　　B. 若存在合适的比较稳定的被测物品,也可选用一个被测物品作为核查标准

　　　C. 机构应对所有在用仪器设备开展期间核查,尤其是那些性能稳定,使用频率不高,不易损坏的仪器设备更需要进行期间核查

　　　D. 若对于某个仪器设备,不存在可作为核查标准的实物量具或稳定的被测物品,则可不进行期间核查

6. (　　)是指在复现性条件下的测量的复现性。

　　　A. 精密度　　　　　B. 精确度　　　　　C. 准确度　　　　　D. 正确度

7. 计量溯源性需要通过(　　)建立。

　　　A. 不确定度　　　　　　　　　　　　B. 测量参考标准

　　　C. 间断的校准链　　　　　　　　　　D. 不间断的校准链

8. 标准差 s 用于表征测量结果的(　　)。

　　　A. 平均水平　　　B. 均匀性　　　C. 分散性　　　D. 准确性

9. 0.04090 的有效位数为(　　)。

　　　A. 1 位　　　　　B. 3 位　　　　　C. 4 位　　　　　D. 5 位

10. 正态分布曲线的特点是(　　)。

　　　A. 双峰性　　　　　　　　　　　　B. 无水平渐近线

　　　C. 对称性　　　　　　　　　　　　D. 无拐点

11. 判断能力验证样品稳定性的依据是(　　)。

　　　A. $|\bar{x} - \bar{y}| \leq 0.3\sigma$　　　　　　　　B. $|\bar{x} - \bar{y}| \geq 0.3\sigma$

　　　C. $|\bar{x} - \bar{y}| > 0.3\sigma$　　　　　　　　D. $|\bar{x} - \bar{y}| < 0.3\sigma$

12. 1 平方米面积上均匀垂直作用于 1 牛顿力所形成的压强,称之为(　　)。

　　　A. 1 千克力　　　B. 1 兆帕　　　C. 1 牛　　　　D. 1 帕

13. 下列选项中,(　　)的符号全部为国际单位的基本单位。

　　　A. mol,cd,N,K　　　　　　　　　　B. m,s,A,℃

　　　C. A,K,m,kg　　　　　　　　　　D. s,N,MPa,m

14. 测量结果要求保留到小数点后 1 位,将实测或者算出的数据第二位按修约规则舍去,

则测量结果都存在舍入误差 0.05。该测量值的概率分布属于(　　　)。

    A. 正态分布   B. 指数分布   C. 均匀分布   D. t 分布

15. 我们在关注仪器设备的外观状态、功能特性的同时,还必须关注量值准确性。下列选项中,(　　　)是与设备量值准确性相关的。

    A. 设备型号   B. 设备精度   C. 检验参数   D. 最大量程

16. 在相同的条件下,进行了 n 次试验,在这 n 次试验中,事件 A 发生的次数 m,比值 m/n 称为事件 A 发生的(　　　)。

    A. 频率   B. 概率   C. 均方差   D. 频数

17. 分布函数 $F(x)$ 是指随机变量 X 取值落在(　　　)的概率。

    A. $(-\infty, x]$ B. $[x, \infty)$ C. (x, ∞) D. $(-\infty, x)$

18. 将 12.1498 修约到一位小数为(　　　)。

    A. 12.1   B. 12.2   C. 12.0   D. 12.5

19. 某沥青软化点试验测试值为:48.24℃、48.7℃、50.5℃,结果准确至 0.5℃,则该沥青软化点试验结果为(　　　)℃。

    A. 48.45   B. 50.00   C. 48.50   D. 49.00

20. 导热系数的组合单位瓦/米·度[$W/(m \cdot K)$],正确的读法是(　　　)。

    A. 每米度瓦   B. 每米每度瓦   C. 瓦每米度   D. 瓦每米每度

21. A 组六位同学的考试成绩分别是 95、85、75、65、55、45;B 组的六位同学的考试成绩分别是 73、72、71、69、68、67。运用标准差知识可以得出(　　　)结论。

    A. A 组同学之间的成绩差距比 B 组同学之间的成绩小

    B. A 组同学之间的成绩差距比 B 组同学之间的成绩大

    C. A 组同学之间的成绩与 B 组同学之间的成绩一样

    D. 无法比较

22. 在采用直方图进行数据加工处理时,需要计算组数和组距。组距应该按照下列(　　　)公式计算(注:组距就是把 x_i、x_n 的区间 $[a,b]$ 分成 m 个小区间,每个区间的下限和上限的距离。)

    A. $\dfrac{m}{b-a}$ B. $\dfrac{b-a}{m}$ C. $t_i + \dfrac{m}{b-a}$ D. $t_i + \dfrac{b-a}{m}$

23. 用于期间核查标准的仪器设备,要求(　　　)就可以。

    A. 计量参考物质   B. 价值更高的同一类仪器

    C. 量值稳定   D. 高一等级精度的仪器

24. 用于校准的设备,其自身的误差小于或等于被测设备最大允许误差绝对值的(　　　)。

    A. 1/5   B. 1/3   C. 1/6   D. 1/2

25. 我国的法定计量单位是以(　　　)单位为基本的。

    A. 米制   B. 公制   C. 国际单位制   D. 其他单位制

26. (　　　)是表示"质量"的正确的国际单位制。

    A. g   B. mg   C. kg   D. T

27. 下列容积计量单位符号中,属于我国法定计量单位的是(　　　)。

A. c·c B. mL C. ft^3 D. cm^3

28. 时间单位"小时"的法定计量单位符号是(　　)。
A. hr B. h C. H D. 60min

29. 速度单位"米每秒"用计量单位符号表示,下列中错误的是(　　)。
A. m·s^{-1} B. 秒米 C. ms^{-1} D. m/s

30. 以法定计量单位来表述人体身高,表述正确的是(　　)。
A. 1m76cm B. 1m76 C. 1.76m D. 176cm

31. 以法定计量单位来表述人的奔跑速度,表述正确的是(　　)。
A. 10s65 B. 10.65s C. 10″65 D. 0.1065″

32. 国际单位制的面积单位名称是(　　)。
A. 平 B. 平方米 C. 米平方 D. 平米

33. 加速度的法定计量单位是(　　)。
A. 每秒每秒米 B. 米平方秒
C. 米每平方秒 D. 米每二次方秒

34. 5cm^{2}的正确读法是(　　)。
A. 5 平方厘米 B. 5 厘米平方
C. 平方 5 厘米 D. 5 平方公分

35. J/(kg·K)是比热容的单位符号,正确的读法应该是(　　)。
A. 焦耳每千克开尔文 B. 每千克开尔文焦耳
C. 每焦耳每千克每开尔文 D. 焦耳每千克每开尔文

36. 法定计量单位的单位压力的计量单位是(　　)。
A. 工程大气压 B. 牛顿 C. 帕斯卡 D. 毫米汞柱

37. 力的法定计量单位名称是(　　)。
A. kg 力 B. 牛[顿] C. 吨力 D. 公斤力

38. 国际单位制中,属于专门名称的导出单位的是(　　)。
A. 安[培] B. 摩[尔] C. 开[尔文] D. 焦[耳]

39. 体积的法定计量单位是(　　)。
A. 三次方米 B. 立方米 C. 立方厘米 D. 立米

40. 速度的法定计量单位是(　　)。
A. 米秒 B. 秒米 C. 米每秒 D. 每秒米

41. 国家法定计量单位的名称由(　　)公布。
A. 全国人大常委会 B. 国务院计量行政部门
C. 中国计量测试学会 D. 国务院

42. 组合单位"米每秒"符号书写正确的是(　　)。
A. ms^{-1} B. 秒米 C. 米秒$^{-1}$ D. m·s^{-1}

43. 组合单位"牛顿米"符号书写正确的是(　　)。
A. N·m B. 牛－米 C. Mn D. N－m

44. 组合单位"每米"符号书写正确的是(　　)。

A.1/m　　　　　　　B.m^{-1}　　　　　　C.1/米　　　　　　D.1/每米

45.组合单位"瓦每开尔文米"符号书写正确的是(　　　　)。

A.W/K/m　　　　　B.W/K·m　　　　　C.W/(K·m)　　　　D.W/(开·米)

46.按照国际单位制要求的记录形式,用万分之一的分析天平准确称重0.8g试样,正确原始记录的表述是(　　　　)。

A.0.8g　　　　　　B.0.80g　　　　　　C.0.800g　　　　　D.0.8000g

47.不是我国现行法定计量单位的是(　　　　)。

A.海里　　　　　　B.摩尔　　　　　　C.小时　　　　　　D.两

48.我国法定计量单位的主体是(　　　　)。

A.CGS 单位制　　　　　　　　　　　　B.工程单位制

C.SI 单位制　　　　　　　　　　　　　D.MKS 单位制

49.(　　　　)为国家选定的非国际单位制单位。

A.海里　　　　　　B.克当量　　　　　C.亩　　　　　　　D.公斤力

50.修约下列数值至小数后一位:2.71828,57.65,修约后的正确答案是(　　　　)。

A.3.0,58.0　　　　B.2.8,57.7　　　　C.2.7,57.6　　　　D.3.0,57.6

51.0.21 + 0.31 + 0.4 = (　　　　)。

A.0.9　　　　　　　B.0.92　　　　　　C.1.0　　　　　　　D.1.00

52.0.23 和 23.0 两个数的有效数字分别为(　　　　)个。

A.2,2　　　　　　　B.3,3　　　　　　　C.3,2　　　　　　　D.2,3

53.根据数字修约规则,当23.5 和 24.5 修约至"个"数位时,分别为(　　　　)。

A.24,24　　　　　　B.23,24　　　　　　C.23,25　　　　　　D.24,25

54.如果已知变异系数为10%,平均值为540.0,则标准偏差为(　　　　)。

A.54.0　　　　　　　B.5400.0　　　　　　C.539.9　　　　　　D.540.1

55.将15.45 修约成三位有效数字,其修约值为(　　　　)。

A.16.0　　　　　　　B.15.4　　　　　　C.15.0　　　　　　D.15.5

56.将0.275 修约成两位有效数字后,其修约值为(　　　　)。

A.0.28　　　　　　　B.0.280　　　　　　C.0.29　　　　　　D.0.290

57.0.0120 的有效位数为(　　　　)位。

A.2　　　　　　　　　B.3　　　　　　　　C.4　　　　　　　　D.5

58.按照数字修约规则,5.68859 修约到小数点后第三位正确的是(　　　　)。

A.5.689　　　　　　B.5.688　　　　　　C.5.6886　　　　　D.5.6888

59.60.4 + 2.02 + 0.222 + 0.0467 = (　　　　)。

A.62.68　　　　　　B.62.685　　　　　C.62.686　　　　D.62.69

60.在试验检测中,两个测量数据分别记录为:甲 17.50$^+$,乙 17.50$^-$,该记录表示(　　　　)。

A.甲实测值比 17.50 大,经修约舍弃为 17.50;乙实测值比 17.50 小,经修约进 1 为 17.50

B.甲实测值比 17.50 小,经修约进 1 为 17.50;乙实测值比 17.50 大,经修约舍弃后为 17.50

C. 甲实测值比 17.50 大, 经修约进 1 为 17.50; 乙实测值比 17.50 大, 经修约舍弃后为 17.50

D. 甲实测值比 17.50 小, 经修约进 1 为 17.50; 乙实测值比 17.50 小, 经修约进 1 后为 17.50

61. $5.29 \times 0.9259 = ($　　$)$。

　　A. 4.89　　　　　　B. 4.90　　　　　　C. 4.898　　　　　　D. 4.8980

62. 数字 65^{+2}_{-3} 代表 (　　)。

　　A. 小于 67 的值均符合要求

　　B. 大于 67 的值均符合要求

　　C. 介于 62~67 的值均符合要求

　　D. 介于 62~67 且包含 62 和 67 的值均符合要求

63. 3.26501 修约至三位有效数字的正确答案是 (　　)。

　　A. 3.266　　　　　　B. 3.26　　　　　　C. 3.27　　　　　　D. 3.265

64. 将 2.255002 修约为三位有效数字的正确写法是 (　　)。

　　A. 2.255　　　　　　B. 2.25　　　　　　C. 2.26　　　　　　D. 2.20

65. 修约 -12.65, 修约间隔为 1, 正确的是 (　　)。

　　A. -13　　　　　　B. -14　　　　　　C. -12.6　　　　　　D. -12

66. 关于 t 分布, 下面哪一种说法是正确的 (　　)。

　　A. t 分布与梯形分布特征相似　　　　B. t 分布与标准正态分布图特征相同

　　C. 标准正态分布是 t 分布的特殊形式　　D. t 分布与均匀分布图形相同

67. 正态分布概率曲线离对称轴等距处 (　　)。

　　A. 有一个拐点　　　　　　　　　　B. 各有一个拐点

　　C. 没有拐点　　　　　　　　　　　D. 有多个拐点

68. 数理统计工作中, (　　) 是一种逐步深入研究和讨论质量问题的图示方法。

　　A. 调查表　　　　B. 分层法　　　　C. 因果图　　　　D. 排列图

69. 一批产品, 共 100 箱, 每箱 20 件, 从中选择 200 件产品, 以下哪种方法属于系统抽样方法 (　　)。

　　A. 从整批中, 任意抽取 200 件

　　B. 从整批中, 先分成 10 组, 每组 10 箱, 然后分别从各组中任意抽取 20 件

　　C. 从整批中, 分别从每箱中任意抽取 2 件

　　D. 从整批中, 任意抽取 10 箱, 对这 10 箱进行全数检验

70. 偏差系数越小, 测得的试验结果精度就 (　　)。

　　A. 越高　　　　B. 越低　　　　C. 不确定　　　　D. 没变化

71. 一批 2000 件样本中, 任意抽取 200 件, 为 (　　)。

　　A. 单纯随机抽样　　　　　　　　B. 系统抽样

　　C. 分层抽样　　　　　　　　　　D. 密集群抽样

72. 大量经验表明, 许多连续型随机变量的分布服从 (　　)。

　　A. 正态分布　　　　B. 均匀分布　　　　C. 二项分布　　　　D. 泊松分布

73. 数理统计工作中,(　　)可以看出质量数据的分布和估算工序不合格品率。

　　A. 因果图　　　　　　B. 排列图　　　　　　C. 直方图　　　　　　D. 控制图

74. (　　)是属于数据离散程度的统计特征量。

　　A. 标准偏差　　　　　　　　　　　　B. 变异系数

　　C. 中位数　　　　　　　　　　　　　D. 极差

75. 凡用测量客观条件不能解释为合理的那些突出的误差就是(　　)。

　　A. 系统误差　　　　　　　　　　　　B. 人员误差

　　C. 粗大误差　　　　　　　　　　　　D. 随机误差

76. 若两个事件 A、B 是独立事件,则(　　)。

　　A. $P(A+B) = P(A) + P(B)$　　　　　B. $P(AB) = P(A)P(B)$

　　C. $P(A-B) = P(A) - P(B)$　　　　　D. $P(A) + P(B) = 1$

77. 一批验收 10 组混凝土试块的抗压强度试验结果分别为 26.0、25.4、25.1、23.9、25.7、23.9、24.7、25.1、24.5、26.3(单位:MPa),则样本均值、极差、标准差、变异系数分别为(　　)。

　　A. 25.1、1.2、0.8222、3.3%　　　　　B. 25.1、2.4、0.8222、3.3%

　　C. 25.1、1.2、0.8222、3.1%　　　　　D. 25.1、2.4、0.8222、3.1%

78. (　　)是指只要满足具体计量的技术要求,无论利用任何方法和器具、在任何地点、时间及使用条件下,任何计量者对同一量的计算结果之间的符合程度。

　　A. 计算的再现性　　　　　　　　　　B. 计算结果

　　C. 计算系统　　　　　　　　　　　　D. 计算的重复性

79. 对某一量进行 n 次重复测量,若某一测量值 Y_i 的剩余误差 ε_i 的绝对值大于标准误差 σ 时,则 Y_i 含有粗大误差,予以剔除。这种方法称为(　　)。

　　A. 肖维勒准则　　　　　　　　　　　B. 格拉布斯准则

　　C. 莱因达准则　　　　　　　　　　　D. 狄克松准则

80. 若在同一条件下,对某物理量做独立的多次测量,其结果为 $X_1, X_2, \cdots, X_n$,计算式 X 平均值 $= \mathrm{SQRT}(\sum X_i)/n$ 为(　　)。

　　A. 算术平均值　　　　　　　　　　　B. 均方根平均值

　　C. 加权平均值　　　　　　　　　　　D. 标准差

81. (　　)是标准差与算术平均值的比值,用来表示试验结果的精度。

　　A. 极差　　　　　　　　　　　　　　B. 偏差系数

　　C. 算术平均值的标准差　　　　　　　D. 加权平均值的标准差

82. 对一个物理量测量以后,测量结果与该物理量真实值大小之间的差异,叫作(　　)。

　　A. 实际相对误差　　　　　　　　　　B. 误差

　　C. 标称相对误差　　　　　　　　　　D. 额定相对误差

83. (　　)是数据中最大值和最小值之差。

　　A. 标准差　　　　　B. 系统误差　　　　　C. 极差　　　　　D. 变异系数

84. 极差控制图中不需要下控制界限,这(　　)。

　　A. 对供货方有利　　　　　　　　　　B. 对使用方有利

　　C. 对双方均有利　　　　　　　　　　D. 对双方均无利

85. 通常认为小概率事件在一次试验中(　　)。

    A. 经常发生　　　　　　　　　　　B. 基本会发生

    C. 几乎不会发生　　　　　　　　　D. 不可能发生

86. 一元线性回归数字模型为(　　)。

    A. $y = a + bx + \varepsilon$　　B. $y = ax + b$　　C. $y = a + bx - \varepsilon$　　D. $y = ax - b$

87. (　　)不是具体的误差,它是众多随机误差的统计平均值,表征了随机误差的平均大小。

    A. 系统误差　　　B. 随机误差　　　C. 标准差　　　　D. 方法误差

88. 在处理特异数据的准则中,只有(　　)是采用极差比的方法。

    A. 3a 准则　　　　　　　　　　　B. 肖维勒准则

    C. 狄克松准则　　　　　　　　　D. 格拉布斯准则

89. 设有 10 件同类产品,其中不合格品 3 件,从这 10 件产品中连抽两次,每次抽 1 件,抽后放回,两次中其中有一次合格的概率为(　　)。

    A. 0.42　　　　　B. 0.21　　　　　C. 0.58　　　　　D. 0.49

90. 若相关系数$|\gamma|$很小或接近于 0,这说明(　　)。

    A. x 与 y 的关系不密切　　　　　　　B. x 与 y 的线性关系不密切

    C. x 与 y 的非线性关系密切　　　　　D. x 与 y 的非线性关系不密切

91. 抽样检验的过程为(　　)。

    A. 批→抽样→对样品进行试验→判定样品的合格与否

    B. 组→抽样→对样品进行试验→判定样品的合格与否

    C. 组→抽样→对样品进行试验→与组的判定标准比较→判定组的合格与否

    D. 批→抽样→对样品进行试验→与批的判定标准比较→判定批的合格与否

92. 若控制图中的点子呈现周期性变化,则表明生产(　　)。

    A. 正常　　　　　　　　　　　　　B. 异常

    C. 可能正常,也可能异常　　　　　D. 无法判定是否正常

93. 下列不属于表示数据离散程度的统计特征量是(　　)。

    A. 标准偏差　　　B. 变异系数　　　C. 中位数　　　　D. 极差

94. 正态分布函数的标准偏差越大,表示随机变量在(　　)附近出现的密度越小。

    A. 总体平均值　　　　　　　　　　B. 样本平均值

    C. 总体中位数　　　　　　　　　　D. 样本中位数

95. 用 n 表示检测次数,s 表示标准偏差、$\bar{x}$ 表示平均值,则变异系数 C_V 为(　　)。

    A. $\dfrac{s}{n}$　　　　　B. $\dfrac{n}{s}$　　　　　C. $\dfrac{s}{\bar{x}}$　　　　　D. $\dfrac{\bar{x}}{s}$

96. 下列描述正确的是:(　　)。

    A. 变异系数是标准偏差与算术平均值的差值

    B. 变异系数是标准偏差与算术平均值的比值

    C. 变异系数是算术平均值与标准偏差的差值

    D. 变异系数是算术平均值与标准偏差的比值

97. 随机事件的概率总是介于(　　)之间。

　　A.0～1　　　　　　　　B.0～10　　　　　　　　C.0～100　　　　　　　　D.0～1000

98. 一批道路厚度检查结果分别为 29、32、31、30、31、28、29(单位:cm),这批厚度检查结果的极差为(　　)cm。

　　A.30　　　　　　　　B.4　　　　　　　　C.32　　　　　　　　D.3

99. 一次随机投掷 2 枚均匀的硬币,其结果共有(　　)种。

　　A.1　　　　　　　　B.2　　　　　　　　C.3　　　　　　　　D.4

100. 对仪器设备进行符合性确认评定时,如果评定值误差的不确定度与被评定仪器设备的最大允许误差的绝对值之比(　　)1:3,则可以不考虑测量不确定度影响。

　　A.大于　　　　　　B.小于　　　　　　C.大于或等于　　　　D.小于或等于

101. 由于设备校准证书、测试报告的测量结果因为系统误差造成不合格的情况时,在设备使用时需要按照(　　)进行修正。

　　A.示值偏差值　　　B.示值误差值　　　C.平均值　　　　　　D.理论值

102. 设备测试报告显示示值误差的测量不确定度不符合要求,但当设备的示值误差的绝对值(　　)其最大允许误差的绝对值(MPEV)与示值误差的扩展不确定度之差时,可以评定为合格。

　　A.大于　　　　　　B.小于　　　　　　C.大于或等于　　　　D.小于或等于

103. 设备测试报告显示示值误差的测量不确定度不符合要求时,但当设备的示值误差的绝对值(　　)其最大允许误差的绝对值(MPEV)与示值误差的扩展不确定度之和时,可以评定为不合格。

　　A.大于　　　　　　B.小于　　　　　　C.大于或等于　　　　D.小于或等于

104. 应该按照(　　)确认校准后仪器设备是否满足要求。

　　A.标准规范　　　　B.校准规程　　　　C.作业指导书　　　　D.设备说明书

105. 标准不确定度的置信概率是(　　)。

　　A.95.45%　　　　　B.99.73%　　　　　C.68.27%　　　　　D.85%

106. 测量不确定度表述的是测量值之间的(　　)。

　　A.差异性　　　　　B.分散性　　　　　C.波动性　　　　　　D.随机性

107. 测量不确定度表征检验检测结果的(　　)。

　　A.差异性　　　　　B.准确性　　　　　C.稳定性　　　　　　D.分散性

108. 两个不确定度分量相互独立,则相互关系是(　　)。

　　A.0　　　　　　　　B.1　　　　　　　　C.-1　　　　　　　　D.其他

109. 经测定某检测系统的测量装置的 A 类不确定度分别是 0.1、0.1、0.2 个单位,B 类不确定度分别是 0.1、0.3 个单位,且互不相关,那么计算的合成不确定度值是(　　)。

　　A.0.16 个单位　　　　　　　　　　　B.0.8 个单位

　　C.0.4 个单位　　　　　　　　　　　D.0.2 个单位

110. 关于测量不确定度的几种定义,国际通用的定义是(　　)。

　　A.表示由于计量误差的存在而对计量值不能肯定的程度

　　B.用误差极限规定的各计算结果的分散性

C. 表征合理地赋予被测量之值的分散性,与测量结果相联系的参数

D. 用来衡量测定结果的精密度高低

111. 在能力验证中,常常将对于给定目的的具有适当不确定度赋予特定量的值叫作(　　)。

    A. 固定值　　　　　B. 近似值　　　　　C. 标准值　　　　　D. 指定值

112. 对于水泥、沥青等材料作为实验室间能力验证的物品时,在设计能力验证类型时,比较合适的类型是(　　)。

    A. 定性比对　　　　　　　　　　　　B. 已知值比对

    C. 部分过程比对　　　　　　　　　　D. 实验室间检测比对

113. 在量值的测量比对计划中,常采用 E_n 值作为验证比对活动判定的统计量,其实是用 E_n 值的大小表述实验室的测量结果(　　)。

    A. 变动的大小

    B. 分散的程度

    C. 相对于参考值的偏离,是否集中的程度

    D. 相对于参考值的偏离,是否是在特定的允许范围内

114. 在量值的测量比对计划中,常采用 Z 值作为验证比对活动判定的统计量,其实是用 Z 值的大小表述实验室的测量结果(　　)。

    A. 正确的程度

    B. 相对于公议值的偏离与满足验证计划要求的变动性的特定值的比值是否在允许的范围内

    C. 相对于指定值的偏离

    D. 相对于参考值的偏离,是否是在特定的允许范围内

115. 校准实验室能力验证可以采用 E_n 值作为验证判定的统计量,当(　　)时验证结果为可以接受。

    A. $|E_n| > 1$　　　B. $|E_n| \geqslant 1$　　　C. $|E_n| \leqslant 1$　　　D. $0 < |E_n| < 1$

116. 校准实验室能力验证可以采用 Z 值作为验证判定的统计量,验证结果满意的是(　　)。

    A. $|Z| \leqslant 2$　　　B. $2 < |Z| < 3$　　　C. $|Z| \geqslant 3$　　　D. $|Z| < 2$

117. 一仪表量程 $0 \sim 10$,于示值 5 处计量检得值是 4.995,那么,此时示值引用误差和示值相对误差分别是(　　)。

    A. 0.5%,0.1%　　　　　　　　　B. 0.05%,0.1%

    C. 5%,0.1%　　　　　　　　　　D. 0.25%,0.1%

118. 精度为 0.5 级,量程为 $0 \sim 10$ 和 $0 \sim 50$ 的计量仪表,其允许最大示值误差分别是(　　)。

    A. 0.5,0.25　　　　　　　　　　　B. 0.5,0.025

    C. 0.05,0.25　　　　　　　　　　D. 0.05,0.025

119. 采用修约比较法判定中碳钢中硅的含量(极限标准数值 $\leqslant 0.5$),当检测结果是 0.452,修约值是(　　)时,符合要求。

A. 0. 5　　　　　　B. 0. 6　　　　　　C. 0. 45　　　　　　D. 1. 0

120. 下列交通运输行业标准,其中(　　)属于行业推荐性标准。

A. JTG B01—2003　　　　　　　　B. JTG 3450—2019

C. JTJ 052—2000　　　　　　　　D. JTG/T E61—2014

121. 依据《公路工程质量检验评定标准　第一册　土建工程》(JTG F80/1—2017)定义,评定是对分项工程、分部工程、单位工程和合同段的质量进行(　　),并确定其质量等级的活动。

A. 检查　　　　　　B. 量测　　　　　　C. 核查　　　　　　D. 检验

122. 依据《公路工程质量检验评定标准　第一册　土建工程》(JTG F80/1—2017)定义,关键项目是(　　)对结构安全、耐久性和主要使用功能起决定性作用的检查项目。

A. 分部工程　　　　B. 单位工程　　　　C. 分项工程　　　　D. 建设项目

123. 单位工程、分部工程和分项工程应在(　　)按《公路工程质量检验评定标准　第一册　土建工程》(JTG F80/1—2017)附录 A 进行划分必须申请检验检测机构资质认定。

A. 生产准备阶段　　　　　　　　B. 初步设计阶段

C. 可行性设计阶段　　　　　　　D. 施工准备阶段

124. 关键项目的合格率应不低于(　　),否则该检查项目为不合格。

A. 90%　　　　　　B. 95%　　　　　　C. 100%　　　　　　D. 80%

125. 实测项目检验是对检测项目按规定的检测方法和频率进行(　　)并计算合格率。

A. 现场抽样检查　　　　　　　　B. 系统抽样

C. 随机抽样检验　　　　　　　　D. 现场随机抽样

126. 工程质量评定的等级分为(　　)。

①优秀;②良好;③合格;④不合格。

A. ①④　　　　　　B. ①②　　　　　　C. ②③　　　　　　D. ③④

127. 对评定为不合格的分项工程的处置方法,描述正确的是(　　)。

A. 评定为不合格的分项、分部工程,经返工、加固满足设计要求后,可以重新进行质量检验和评定

B. 评定为不合格的分项、分部工程,经补强或调测满足设计要求后,可以重新进行质量检验和评定

C. 评定为不合格的分项、分部工程,经返工、加固、补强或调测满足设计要求后,可以重新进行质量检验和评定

D. 评定为不合格的分项、分部工程,经返工、加固、补强或调测满足设计要求后,可以重新进行质量检验和评定;但计算分部工程评分值时按其复评分值的 90% 计算

128. 按照《公路工程质量检验评定标准　第一册　土建工程》(JTG F80/1—2017)要求,喷射混凝土抗压强度采用标准试验方法测得的极限抗压强度,应乘以(　　)的系数。

A. 1. 00　　　　　　B. 1. 20　　　　　　C. 0. 85　　　　　　D. 0. 95

129. 按照《公路工程质量检验评定标准　第一册　土建工程》(JTG F80/1—2017)要求,路面结构厚度应按照代表值和(　　)进行评定。

A. 单个值　　　　　　　　　　　B. 平均值

C. 单个合格值的允许偏差　　　　　　　　D. 代表值的允许偏差

130. 按照《公路工程质量检验评定标准　第一册　土建工程》（JTG F80/1—2017）要求，水泥砂浆强度的评定每组试件是（　　）个。

A. 12　　　　　　　B. 9　　　　　　　C. 3　　　　　　　D. 2

131. 按照《公路工程质量检验评定标准　第一册　土建工程》（JTG F80/1—2017）要求，水泥基浆体抗压强度评定采用的是每组 3 个（　　）试件。

A. 圆柱体　　　　　B. 立方体　　　　　C. 棱柱体　　　　　D. 长方体

132. 按照《公路工程质量检验评定标准　第一册　土建工程》（JTG F80/1—2017）要求，（　　）按照标准进行工程质量检验评定。

A. 建设单位　　　　B. 施工单位　　　　C. 监理单位　　　　D. 质监部门

133. 按照《公路工程质量检验评定标准　第一册　土建工程》（JTG F80/1—2017）规定，在实测项目检验中，如果不是采用标准规定的标准方法，就需要对其他方法进行（　　）。

A. 系统评审影响结果的因素　　　　　　　B. 使用标准物质校准偏倚和精密度

C. 比对确认　　　　　　　　　　　　　　D. 稳健性分析

134. 现行《危险化学品安全管理条例》于（　　）经国务院第 32 次常务会议修订通过。

A. 2013 年 12 月 1 日　　　　　　　　　B. 2013 年 9 月 30 日

C. 2013 年 10 月 25 日　　　　　　　　　D. 2013 年 12 月 4 日

135. 依据《危险化学品安全管理条例》，交通运输行业检测机构常用的化学试剂中（　　）是属危险化学品范畴。

A. 亚甲蓝试剂　　　　　　　　　　　　　B. 酚酞试剂

C. 三氯乙烯　　　　　　　　　　　　　　D. 甲基橙试剂

136. 检验检测机构应该教育和督促从业人员严格执行安全生产规章制度和安全操作规程，并向从业人员（　　）作业场所和工作岗位存在的危险因素、防范措施以及事故应急措施。

A. 认真讲解　　　　B. 仔细说明　　　　C. 耐心解释　　　　D. 如实告知

137. 《公路水运工程安全生产监督管理办法》已于（　　）实施。

A. 2017 年 06 月 07 日　　　　　　　　　B. 2017 年 08 月 01 日

C. 2007 年 01 月 25 日　　　　　　　　　D. 2017 年 06 月 12 日

138. 公路水运工程安全生产监督管理实行统一监管、（　　）原则。

A. 分级负责　　　　B. 条块负责　　　　C. 部门负责　　　　D. 行业负责

139. 检验检测机构从业人员需要掌握本职工作所需的安全生产知识，提高安全生产技能，增强事故（　　）和应急处理能力。

A. 处置　　　　　　B. 解决　　　　　　C. 预防　　　　　　D. 规避

140. 按照《公路水运工程安全生产监督管理办法》要求，交通运输主管部门要对从业单位及其直接负责的主管人员和其他直接责任人员给予违法违规行为失信记录对外公开，公开期限一般自公布之日起（　　）个月。

A. 24　　　　　　　B. 12　　　　　　　C. 6　　　　　　　D. 3

141. 按照《公路水运工程安全生产监督管理办法》要求，应当开展安全事故隐患排查治理，建立职工参与的工作机制，对隐患排查、登记、治理等全过程闭合管理情况予以记录。事故隐患排查治理情况应当向( )通报。

    A.上级领导   B.主管部门   C.从业人员   D.当地政府

二、判断题

1.测量正确度是指无穷多次重复测量所得量值的平均值与一个参与量值之间的一致程度。   ( )

2.均匀分布的概率密度函数为 $\dfrac{1}{b-a}$。   ( )

3.在一个教学班里按不同性别、不同省份分别选取一定数量的职工组成样本,该抽样方法属于系统抽样。   ( )

4.亿(10^8)、万(10^4)是国家选定的法定计量单位的词头。   ( )

5.按照有效数字规则,1015^2 的计算结果应该是 1.030×10^6。   ( )

6.通常认为,在一次试验中,"小概率事件"几乎是不会发生的。   ( )

7.修正值等于负的随机误差估计值。   ( )

8.有一类极限数值为绝对极限,书写≥0.2 和书写≥0.20 或者≥0.200 具有同样极限上的意义,对此类界限数值,用判定值或者计算值判定是否符合要求时,需要用修约比较法。   ( )

9.在规定条件下,为确定计量仪器或测量系统的示值或实物量具或标准物质所代表的值与相对应的被测量的已知值之间关系的一组操作,即是校准。   ( )

10.校准的对象是指我国计量法明确规定强制检定的测量装置。   ( )

11.校准属于强制性的执法行为,属法制计量管理的范畴。   ( )

12.校准必须由有资格的计量部门或法定授权的单位进行。   ( )

13.校准的结果需要给出测量装置合格与不合格的判定。   ( )

14.校准的结论只是评定测量装置的量值误差,确保量值准确,并为测量装置在使用前进行确认提供依据。   ( )

15.期间核查的目的是保证两次校准/检定的间隔期间测量装置或者标准物质的校准状态在有效期内是否得到保持。   ( )

16.国际单位制的基本单位,长度是厘米。   ( )

17.国际单位制的基本单位,质量是克。   ( )

18.国际单位制的基本单位,千克的符号为 kg。   ( )

19.密度单位 kg/m^3 的名称是每立方米千克。   ( )

20.密度单位是由两个单位相除所构成的组合单位,其符号可用以下形式表示:kg/m^3、$kg \cdot m^{-3}$、kgm^{-3}。   ( )

21.25℃可以读作"摄氏 25 度"。   ( )

22.用于构成十进制倍数和分数单位的词头符号的字母一律要大写。   ( )

23.国际单位计量制,就是我国的法定计量单位。   ( )

24.国际单位制由 SI 基本单位、SI 导出单位、SI 词头和 SI 单位的倍数和分数单位构成。   ( )

25．国际单位制十进制倍数分数单位，也是 SI 单位。　　　　　　　　　（　　）

26．某长度测量结果表述为 $l = 12345\mathrm{m}$。　　　　　　　　　　　　　（　　）

27．测量值计算前把输入量的单位都转化为 SI 单位，这样输出量必定是 SI 单位。（　　）

28．物理量务必用斜体符号，单位必须用规定的拉丁或希腊正体字符。　　　（　　）

29．当量值为组合单位时，书写时可以将两者间靠排，如牛顿米为 Nm 或 N·m。（　　）

30．时间 6 分 23 秒可以记为 $6'23''$。　　　　　　　　　　　　　　　（　　）

31．我国的法定计量单位都是国际单位制的单位。　　　　　　　　　　　（　　）

32．一组测量值的运算结果 $13.5 + 2.73 + 67.3 = 83.53$。　　　　　　　（　　）

33．将 830 修约，修约间隔为 20，修约值是 840。　　　　　　　　　　（　　）

34．$6.1179 - 6.0079$ 正确的运算结果应该表述为 0.11。　　　　　　　（　　）

35．$0.25 \times 10 \times 0.3061$ 正确的运算结果应该表述为 7.7×10^{-1}。　　（　　）

36．按照有效数字规则 $4.6687 - 4.9 + 7.34$ 的计算结果应该是 7.1。　（　　）

37．按照有效数字规则 $(7.39)^{1/2}$ 的计算结果应该是 2.72。　　　　　（　　）

38．样本均值方差不等于总体的方差。　　　　　　　　　　　　　　　　（　　）

39．直方图是一种进一步深入研究和讨论质量问题的图示方法。　　　　　（　　）

40．所有的测量结果都有测量误差。　　　　　　　　　　　　　　　　　（　　）

41．测量的重复性越高，则结果的准确度越高。　　　　　　　　　　　　（　　）

42．依据计量检定规程对测量仪器的合格性进行评定，当各检定点的示值误差不超过该被检仪器的最大允许误差时，就可以认为其符合准确度级别的要求。　（　　）

43．将分辨力除以仪表的满度量程，就是仪表的分辨率。　　　　　　　　（　　）

44．通常认为，在一次试验中，"小概率事件"几乎是不会发生的。　　　（　　）

45．任何观测结果都带有误差，具有离散性。　　　　　　　　　　　　　（　　）

46．累计系统误差是指在计量过程中周期性变化的误差。　　　　　　　　（　　）

47．随机误差与系统误差是两类不同性质的误差，但它们都是误差，都有确定的界限，都存在于一切试验中，虽可削弱、减少，但无法彻底消除。　　　　　　　　（　　）

48．相关系数显著只说明在 X 与 Y 之间，可以用直线方程来表示它们的相关关系，且说明相关程度的优劣。　　　　　　　　　　　　　　　　　　　　（　　）

49．如果两个变量之间的内在关系是非线性关系，我们可以把一个非线性关系转化为线性回归关系。　　　　　　　　　　　　　　　　　　　　　　　（　　）

50．对一批产品 $(P_0 > 0)$ 进行抽样检验，抽检合格后即提交该批，可以保证提交批中每件都合格。　　　　　　　　　　　　　　　　　　　　　　　（　　）

51．样本定得大一些可以减少抽样的偶然误差。　　　　　　　　　　　　（　　）

52．已知 $P(A) = 0.7, P(AB) = 0.3$，则 $P(A\bar{B}) = 0.4$。　　　　　　（　　）

53．已知 $P(A \cup B) = 0.8, P(A) = 0.5, P(B) = 0.6$，则 $P(AB) = 0.3$。　（　　）

54．一枚硬币连丢 3 次，观察出现正面的次数，样本空间是：$S = \{0,1,2,3\}$。（　　）

55．设 A、B、C 为 3 个事件，用 A、B、C 的运算关系表示下列各事件，A 与 B 都不发生，而 C 发生表示应该为：$\overline{AB}C$。　　　　　　　　　　　　　（　　）

56．设备确认是对设备检定/校准结果的符合性评定。　　　　　　　　　（　　）

57. 如果被评定仪器设备的示值误差在其最大允许范围误差限内,则可以评定该设备符合性合格。　　　　　　　　　　　　　　　　　　　　　　　　　　　　(　　)

58. 设备测试报告显示示值误差的测量不确定度不符合要求时,设备可以评定为符合性不合格。　　　　　　　　　　　　　　　　　　　　　　　　　　　　　　(　　)

59. 仪器设备的自校验是表示运用自有人员、设备及环境条件,以确保仪器设备量值准确、可靠而开展的校准活动。其可以在内部或者外部实施。　　　　　　　　　(　　)

60. 测量不确定度与具体测量得到的数值大小有关。　　　　　　　　　　　(　　)

61. 由于误差值是表征测量结果与真值之间的差异,所以误差也可以用不确定度表征。　　　　　　　　　　　　　　　　　　　　　　　　　　　　　　　　(　　)

62. 检验检测结果的不确定度和检验检测过程产生的误差,都可以用来说明检测结果真值和测量结果的一致程度。　　　　　　　　　　　　　　　　　　　　(　　)

63. 采用实验室之间的比对是验证检验检测机构能力的主要方式。　　　　　(　　)

64. 检验检测机构能力验证就是采取机构间的比对。　　　　　　　　　　　(　　)

65. 已经获证的实验室参加相关领域能力验证的频次是每两年一次。　　　　(　　)

66. 能力验证的样品均匀性检验应该在尽可能短的时间内,由同一实验室、同一人员、采用同一方法、同一设备,完成样品的检验。　　　　　　　　　　　　　　(　　)

67. 为保证能力验证计划结果的准确性,计划所提供测试样品的均匀、稳定是利用实验室间比对进行能力验证的关键。　　　　　　　　　　　　　　　　　　　　(　　)

68. 只有保证测试样品的均匀性、稳定性合乎要求,才能估算参加实验室在测试过程中产生的测量不确定度,才能客观反映出实验室的真实测量能力。　　　　　　　　(　　)

69. 能力验证的样品制备不能采用外包形式。　　　　　　　　　　　　　　(　　)

70. 有一类极限数值为绝对极限,书写≥0.2和书写≥0.20或者≥0.200具有同样极限上的意义,对此类界限数值,用判定值或者计算值判定是否符合要求时,需要用修约比较法。　　　　　　　　　　　　　　　　　　　　　　　　　　　　　　　　(　　)

71. 对附有极限偏差的数值,涉及安全性能指标和计量仪器中有误差传递的指标或者其他重要指标,应该优先选用全数值比较法。　　　　　　　　　　　　　　　　(　　)

72. 公路工程标准体系包括了从建设到养护全过程的技术、管理与服务标准的技术要求。　　　　　　　　　　　　　　　　　　　　　　　　　　　　　　　(　　)

73. JTG D54—2001 可以解读为交通运输部公路工程标准 D 类第 5 种的第 4 项标准,破折号后是发布年。　　　　　　　　　　　　　　　　　　　　　　　　　　(　　)

74.《公路工程标准体系》的建设板块中试验模块是指用于指导公路设计、施工、运营等环节的室内试验,由土工试验、土工合成材料试验、岩石试验、集料试验、结合料试验、沥青及沥青混合料试验、水泥及水泥混凝土试验等标准构成。　　　　　　　　　　　(　　)

75. 公路养护板块是公路既有基础设施维护所遵循的技术和管理要求。　　　(　　)

76.《公路工程质量检验评定标准　第一册　土建工程》(JTG F80/1—2017)是公路工程施工质量的最低限值标准,公路工程施工质量检验评定应以本标准为准。　　　(　　)

77. 按照评定标准规定,分项工程应对所列基本要求逐项检查,经检查不符合规定时,不得进行工程质量的检验评定。　　　　　　　　　　　　　　　　　　　　(　　)

78. 评定过程中进行实测项目检验时,可采用本检验检测机构通过资质认定的检测方法进行检测。　（　）

79. 评定标准里涉及的结构混凝土都不允许出现附录 P 中列示的限制缺陷。　（　）

80. 对于参与公路水运工程施工的从业人员,施工单位不仅要在劳动合同中载明有关保障从业人员劳动安全等事项,还应该明确告知安全生产的相关程序。　（　）

81. 试验检测和监测数据出现异常时,应该及时向施工方报告。　（　）

82. 建立健全安全生产责任制加强监督考核是做好安全生产的责任。　（　）

83. 未经安全生产教育、培训的从业人员不得上岗。　（　）

三、多项选择题

1. 测量误差就其性质而言,可分为（　）。
　A. 系统误差　　　B. 随机误差　　　C. 综合误差　　　D. 过失误差

2. 实验室通过对比来确认实验室检测/校准能力,这也是一种对实验室进行（　）的能力验证。
　A. 考核　　　B. 认证　　　C. 监督　　　D. 确认

3. 载重为 8 吨的汽车用重力表述,不正确的是（　）。
　A. 8t　　　B. 78.4kN　　　C. 8kN　　　D. 800kN

4. 试验室所用的烘箱在示值为 105℃ 处的实测值为 108℃,烘箱在此处的相对误差错误的是（　）。
　A. 2.86%　　　B. −3℃　　　C. −2.86%　　　D. 3℃

5. 下列选项中,属于系统抽样的有（　）。
　A. 定位系统抽样　　　　　　B. 等距抽样
　C. 散料抽样　　　　　　　　D. 分层抽样

6. 一盒中装有各色球 12 只,其中 5 红、4 黑、2 白、1 绿,从中取 1 球,利用互斥事件求概率。取出球的颜色是红或黑的概率是（　）,取出球的颜色是红或黑或白的概率是（　）。
　A. $\frac{5}{12}$　　　B. $\frac{3}{4}$　　　C. $\frac{4}{12}$　　　D. $\frac{11}{12}$

7. 以下物质中,属于参考标准的有（　）。
　A. 力学室的钢直尺　　　　　B. 标准物质室的角度规
　C. 土工室的秒表　　　　　　D. 标准物质室的秒表

8. 上、下四分位数的分位数分别是（　）。
　A. 0.25　　　B. 0.5　　　C. 0.1　　　D. 0.75

9. 检验检测机构测量装置校准可以采用（　）方式进行。
　A. 内部校准　　　　　　　　B. 送检
　C. 外校　　　　　　　　　　D. 内部校准与外部校准相结合

10. 检验检测机构需在（　）时,提交测量不确定度报告。
　A. 客户要求　　　　　　　　B. 出现临界值
　C. 内部质量控制　　　　　　D. 检测值出现较大偏差

11. 参与能力验证进行实验室之间比对的样品,一般应具备( )特征。

    A. 从材料源中指定   B. 从材料源中随机得到

    C. 检测样品的稳定性   D. 样品的均匀性

12. ( )是具有专门名称的 SI 导出单位。

    A. rad   B. A   C. Pa   D. N·m

13. 判断能力验证样品均匀性的依据是( )。

    A. $S_s \leq 0.3\sigma$

    B. 若 $F <$ 自由度,为 (f_1,f_2) 及给定显著性水平 σ 的临界值 F_σ

    C. $S_s \leq 0.3$

    D. 若 $F >$ 自由度,为 (f_1,f_2) 及给定显著性水平 σ 的临界值 F_σ

14. 能力验证计划的基本步骤包括( )。

    A. 指定值的确定

    B. 能力统计量的计算

    C. 能力评定

    D. 能力验证物品均匀性和稳定性的评定

15. 测量数据的表达方法通常有( )等。

    A. 表格法   B. 图示法   C. 经验公式法   D. 坐标法

16. 下列属于测量装置检定内容和项目的是( )。

    A. 计量器具的技术条件   B. 测量装置的示值误差

    C. 检定周期   D. 检定结果

17. 能力验证结果通常需要转化为能力统计量,以下选项中,代表定量结果能力统计量的是( )。

    A. 差值 D B. 标准四分位间距

    C. $D\%$ D. 中位值

18. 实验室进行非标准方法的确认的技术方法有( )。

    A. 实验室间的比对

    B. 请市场监管局进行资质评审确认方法的可行性

    C. 与其他已确认的方法进行结果比对

    D. 对影响结果的因素进行系统性评审

19. 实验室进行的抽样方法内容包括( )。

    A. 抽样计划   B. 样品的选择

    C. 制备和处理样品   D. 任务来源

20. 水运工程试验检测仪器设备检定/校准的依据是( )。

    A.《水运工程试验检测仪器设备计量管理目录》(交办科技〔2016〕56 号)

    B.《国家计量检定规程及校准规范》

    C.《交通运输部部门计量检定规程及校准规范》

    D.《测绘资质分级标准》(国测管发〔2014〕31 号)

21. 离散型随机变量的分布律具备( )性质。

A. $P_i \geq 1$ ($i=1,2,3,\cdots,n$) B. $P_i \geq 0$ ($i=1,2,3,\cdots,n$)

C. $\sum_{i=1}^{\infty} P_i = 1$ D. $\sum_{i=1}^{\infty} P_i = 0$

22. 将反映两变量间线性相关关系的统计指标称为相关系数,这里 $\rho_{xy}=r(x,y)$,ρ_{xy}是一个可以表征 x 和 y 之间线性关系紧密程度的量,它具有( )性质。

A. $|\rho_{xy}| \leq 1$ B. $|\rho_{xy}|=0$ 对应相关程度最低
C. $|\rho_{xy}| \geq 1$ D. $|\rho_{xy}|=0$ 对应相关程度最高

23. 对于检验检测机构的设备而言,不需要进行检定的设备对象是( )。

A. 非强制的测量装置 B. 进货检验过程使用的计量器具
C. 过程检验中使用的计量器具 D. 强制检定的测量装置

24. 校准周期由检验检测机构根据使用计量器具的需要自行确定,可以采取( )。

A. 定期校准 B. 在使用前校准
C. 不定期校准 D. 在使用后校准

25. 下列属于测量装置检定内容和项目的是( )。

A. 计量器具的技术条件 B. 测量装置的示值误差
C. 检定周期 D. 检定结果

26. 进行校准活动应满足的基本要求是( )。

A. 环境条件应满足实验室要求的温度、湿度等规定
B. 校准的人员也应经有效的考核,持证上岗
C. 校准用的标准仪器其误差限应是被校表误差限的 1/10～1/3
D. 依据由国家授权的计量部门统一制定的检定规程

27. 对于仪器设备期间检查,下列描述不正确的有( )。

A. 期间检查就是确认仪器设备的基本功能是否正常
B. 期间核查必须严格按照计量检定规程开展
C. 对于期间核查发现技术状态偏离的,应当重新确定仪器设备的使用状态,并甄别该偏离对以往所出具数据报告的影响
D. 一次严密的期间核查可以代替量值溯源

28. 期间核查可以采用的方式是( )。

A. 仪器间的比对 B. 标准物质验证
C. 方法比对 D. 加标回收

29. 属于国家选定的非国际单位制单位的是( )。

A. min B. nmile C. kn D. kg

30. 属于国家选定的非国际单位制单位的"平面角"的单位名称是( )。

A. [平面]角 B. [角]秒 C. [角]分 D. 度

31. 属于国家选定的非国际单位制单位的"时间"的单位名称是( )。

A. 分 B. 秒 C. [小]时 D. 天

32. 我国法定计量单位由( )构成。

A. 国际单位制单位 B. 国家选定的非国际制单位

C.确定保留的与 SI 单位并用的单位　　　　D.工程单位制

33.下列单位符号(　　)是正确的法定计量单位。

    A. m　　　　　　　B. MPa　　　　　　C. kM　　　　　　D. s

34.下列单位符号(　　)是正确的、具有专门名称的 SI 导出法定计量单位。

    A. kg　　　　　　B. N　　　　　　C. Pa　　　　　　D. V

35.由两个以上单位相除构成的组合单位,其符号可用下列形式表示,(　　)是正确的表示。

    A. kg/m^3　　　　B. kg·m^3　　　　C. kg·m^{-3}　　　　D. kgm^{-3}

36.抽样检验对样本的基本要求是指抽取的样品应当具有(　　)。

    A.经济性　　　　B.代表性　　　　C.特定性　　　　D.随机性

37.抽样方案至少应当包括(　　)。

    A.样本量　　　　　　　　　　B.质量判定规则

    C.抽样时间　　　　　　　　　D.抽样方法

38.下列关于因果图的叙述,错误的是(　　)。

    A.一种逐步深入研究和讨论质量问题的图示方法

    B.优于直方图

    C.又称特性要因图

    D.因果图可称为巴氏图

39.测量数据的表达方法通常有(　　)等。

    A.表格法　　　　B.图示法　　　　C.经验公式法　　　　D.坐标法

40.以标准正态分布为例,统计分布中常见的术语有(　　)。

    A.置信概率　　　　B.置信度　　　　C.置信区间　　　　D.置信因子

41.服从正态分布的随机误差具有如下特点(　　)。

    A.单峰性　　　　B.对称性　　　　C.周期性　　　　D.抵偿性

42.关于随机误差与系统误差的异同,下列说法正确的是(　　)。

    A.都有确定的界限　　　　B.都可采取一定的方式消除

    C.有些随机误差可以归为系统误差　　D.是两类不同性质的误差

    E.都不可忽略时,用两类误差合成的方法处理

43.重复性试验中所指的重复性条件包括(　　)。

    A.程序　　　　B.样品　　　　C.人员　　　　D.仪器

    E.环境

44.下面关于相关系数的描述,正确的是(　　)。

    A.是一个反映变量之间相关关系密切程度

    B. r 可以大于1

    C.相关系数显著,说明相关程度好

    D.当变量之间关系为线性时,r 的绝对值为1

45.下列叙述正确的有(　　)。

    A.研究两个或两个以上变量间相互关系称为多元回归分析

B. 如果变量间的关系不是函数关系,则变量无相关关系

C. 当两变量之间无相关关系时,r 的绝对值为 0

D. 当变量之间关系为线性时,r 的绝对值为 1

46. 计数抽样检查包括如下( )几种抽样。

 A. 计件抽样　　　　B. 计点抽样　　　　C. 计时抽样　　　　D. 计量抽样

 E. 计划抽样

47. 服从正态分布的测量结果,其取值在 $(\mu-\sigma\leq x\leq\mu+\sigma)$ 范围内的概率等于( ),其取值在 $(\mu-2\sigma\leq x\leq\mu+2\sigma)$ 范围内的概率等于( ),其取值在 $(\mu-3\sigma\leq x\leq\mu+3\sigma)$ 范围内的概率等于( )。其中 μ 是测量结果总体的平均值,σ 是其标准偏差。

 A. $0.9973\approx0.997$　　　　　　　　B. $1.4329\approx1.43$

 C. $0.6827\approx0.68$　　　　　　　　D. $0.9545\approx0.95$

48. 设备确认是对设备检定/校准结果的符合性评定。评定结果就是确认( )。

 A. 仪器设备的关键量和示值误差是否满足使用要求

 B. 仪器设备的关键量和示值误差是否满足检测标准使用要求

 C. 仪器设备的关键量和示值误差是否满足客户使用要求

 D. 仪器设备的关键量和示值误差是否可以用于检测活动

49. 仪器设备的自校验是表示运用自有人员、设备及环境条件,以确保仪器设备量值( )而开展实施的内部校准活动。

 A. 可靠　　　　B. 准确　　　　C. 传递　　　　D. 误差小

50. 测量结果可信的程度可以用测量结果的精确度来表征,精确度是指( )。

 A. 相对于被测量真值的偏离程度　　　B. 测量结果的分散性

 C. 测量的误差　　　　　　　　　　D. 测量的偏差

51. 在检验检测过程中,导致测量不确定度的因素很多,至少包括( )。

 A. 样本代表性不够　　　　　　　B. 仪器的计量性能

 C. 环境参数　　　　　　　　　　D. 确定的方法

52. 测量不确定度分为( )。

 A. A 类标准不确定度　　　　　　B. B 类标准不确定度

 C. 标准不确定度　　　　　　　　D. 合成标准不确定度

53. 可以采用检验检测机构之间的比对方式对检验检测机构进行能力验证,其主要活动包括( )。

 A. 能力验证计划　　　　　　　　B. 测量审核

 C. 实验室间比对　　　　　　　　D. 能力评价

54. 利用检验检测机构之间比对来确定检验检测机构检测/校准能力,实际是为确保检验检测机构维持较高的校准和检测能力水平,而对其能力进行( )的一种验证活动。

 A. 认证　　　　B. 检查　　　　C. 考核　　　　D. 确认

55. 可以采用实验室间比对方式的检验检测机构能力验证,计划一般包括( )等类型。

 A. 定性比对计划　　　　　　　　B. 实验室间检测计划

 C. 分割样品检测计划　　　　　　D. 部分过程计划

56. 通过实验室之间的能力验证,可以达到( )目的。

    A. 识别机构间的差异   B. 增强机构自信

    C. 增强用户信心   D. 确定新方法的有效性及可比性

57. 从组织形式上看,( )可以组织能力验证活动组织。

    A. 行业主管机构   B. 检验检测机构自身

    C. 检验检测机构的资质认定机构   D. 实验室客户

58. 如果采用水泥、沥青等材料作为实验室间能力验证的物品时,不能设计为能力验证类型的是( )。

    A. 测量比对   B. 已知值比对

    C. 部分过程比对   D. 实验室间检测比对

59. 确定能力验证计划时,计划使用的物品的( )因素将影响计划的成功。

    A. 可靠性   B. 均匀性   C. 溯源性   D. 完整性

60. 在检验检测机构能力验证活动的样品制备过程中,应该尽量保证样品的( )。

    A. 数量足够并有剩余   B. 制备者的能力

    C. 与日常检测样品的相识性   D. 样品的可靠性

61. 参与能力验证进行实验室之间比对的样品,一般应具备( )特征。

    A. 从材料源里指定   B. 从材料源随机得到

    C. 与日常检测样品的相识性   D. 样品的均匀性

62. 检验检测机构之间的能力验证主持者应该按照( )步骤进行,才能完成检验检测机构之间的检测比对工作。

    A. 制订验证计划,确定类型   B. 制备样品,制订作业指导书

    C. 协调实施   D. 测量审核

63. 国家认监委可以采取( )方式,对实验室能力验证活动进行监督。

    A. 组织专家评议

    B. 向实验室征求意见

    C. 抽查档案

    D. 要求能力验证的组织者和提供者报告能力验证的实施情况

64. 对能力验证数据的处理需要计算,必须包括( )、最小值、最大值和变化范围等稳健总计统计量。

    A. 中位值   B. 结果数量

    C. 稳健变异系数(C_V)   D. 标准四分位数间距(NIQR)

65. 在进行实验室能力验证结果评价时,( )对于所有的能力验证类型都是必需的。

    A. 指定值的确定   B. 能力统计量的计算

    C. 能力评价   D. 结果使用

66. "极限数值"是指标准中规定考核的以数量形式给出的符合该标准要求的指标数值范围的界限值,也称为( )。

    A. 限度数值   B. 极限值   C. 临界值   D. 界限数值

67. 当表征某测定值或计算值恰好为 A 时,符合要求。下列表述正确的是( )。

A. $\leqslant A$ 　　　　B. $\geqslant A$ 　　　　C. $<A$ 　　　　D. $>A$

68. 在表征盘条直径(mm)(极限数值为 10.0±0.1)其测定值或者计算值按照全数比较法和按照修约值比较法均符合要求的值是(　　)。

  A. 9.89,9.9 　　　　　　　　　　　B. 10.16,10.2

  C. 9.89,9.8 　　　　　　　　　　　D. 10.10,10.1

69. 在表征硅含量(%)(极限数值≤0.05)其测定值或者计算值按照修约值比较法修约后符合要求的值是(　　)。

  A. 0.054 　　　　B. 0.060 　　　　C. 0.055 　　　　D. 0.046

70. 公路工程标准编号由标准代号、(　　)等组成。

  A. 板块序号 　　　　　　　　　　　B. 模块序号

  C. 标准序号 　　　　　　　　　　　D. 标准发布年号

71. 依据(　　),结合我国公路工程标准化工作的实践,制定《公路工程标准体系》。

  A.《中华人民共和国公路法》 　　　B.《中华人民共和国标准化法》

  C.《建设工程质量管理条例》 　　　D.《中华人民共和国产品质量法》

72.《公路工程标准体系》的制定,是为了使公路工程标准的构成更加科学和系统,适应公路工程建设和(　　)等的需要。

  A. 设计 　　　　B. 施工 　　　　C. 养护 　　　　D. 管理

73. 下列选项中,对"标准"的描述正确的是(　　)。

  A. 标准是法律依据 　　　　　　　B. 标准是简要文字说明

  C. 标准由国家部委制定 　　　　　D. 标准过一定时间后可以进行修改

74.《公路工程标准体系》的体系结构分为板块、模块、标准三层,其中建设板块由管理、勘测、设计和(　　)等模块组成。

  A. 检测评价 　　　　B. 试验 　　　　C. 施工 　　　　D. 监理

75. 分项工程应按(　　)等检验项目分别检查。

  A. 基本要求 　　　　B. 实测项目 　　　　C. 外观质量 　　　　D. 质量保证资料

76. (　　)属于质量保证资料范畴。

  A. 所用原材料、半成品和成品质量检验结果

  B. 监理过程中的所用原材料、半成品和成品质量检验结果

  C. 各项质量控制指标的试验记录和质量检验汇总图表

  D. 地基处理、隐蔽工程施工记录和大桥、隧道施工监控资料

77.《公路水运工程安全生产监督管理办法》要求,检验检测机构从业人员应该遵守安全生产规章制度和(　　),服从管理,正确(　　)劳动防护用品。

  A. 法律法规 　　　　B. 操作规程 　　　　C. 购买和使用 　　　　D. 佩戴和使用

78.《公路水运工程安全生产监督管理办法》要求,生产经营单位应当建立健全生产安全事故隐患排查治理制度,采取(　　)措施,及时发现并消除事故隐患。

  A. 技术 　　　　B. 经济 　　　　C. 行政 　　　　D. 管理

79. 按照《公路水运工程安全生产监督管理办法》要求,从业人员应当遵守安全施工的规章制度和操作规程,有权(　　)。

A. 了解其作业场所和工作岗位存在的风险因素

B. 服从单位领导的指令

C. 对施工现场存在的安全问题提出检举和控告

D. 拒绝违章指挥和强令冒险作业

80.按照《公路水运工程安全生产监督管理办法》要求,作业人员应当遵守安全施工的规章制度和操作规程,正确使用(　　　)。

A. 安全防护用具　　　　　　　　B. 机械设备

C. 灭火器　　　　　　　　　　　D. 消防水龙头

81.关于安全生产费用的描述,正确的是(　　　)。

A. 安全生产费用用于生产条件的改善,支付农民工工资

B. 安全生产费用在成本中据实列支

C. 生产经营单位应当具备的安全生产条件所必需的资金投入

D. 生产经营单位应当按照规定提取和使用安全生产费用

82.《公路水运工程安全生产监督管理办法》(交通运输部令2017年第25号)已于2017年08月01日起施行,其编制的依据是(　　　)。

A.《中华人民共和国安全生产法》　　B.《建设工程安全生产管理条例》

C.《中华人民共和国公路法》　　　　D.《安全生产许可证条例》

83.实施《公路水运工程安全生产监督管理办法》,管理办法适用的对象包括从事(　　　)等工作的单位。

A. 勘察　　　　B. 监理　　　　C. 质量监督　　　　D. 检验检测

84.为保证检验检测机构进行的活动常处于安全状态,检验检测机构应该(　　　)。

A. 进行人员教育培训　　　　　　B. 制订规章制度

C. 制订岗位操作规程　　　　　　D. 领导带班工作

85.对公路水运工程从业单位的安全生产条件实施监督管理,安全管理的主要责任人是(　　　)。

A. 项目负责人　　　　　　　　　B. 单位的主要负责人

C. 专职安全生产管理人员　　　　D. 作业班组长

86.对严重危及公路水运工程生产安全的(　　　)应当依法予以淘汰。

A. 工艺　　　　B. 设备　　　　C. 设施　　　　D. 材料

习题参考答案及解析

一、单项选择题

1. D

【解析】理解什么是概率的互斥事件。这是等可能的互斥事件。事件 A 和事件 B 不能同时发生,则事件 A 与 B 称为互斥事件。

2. D

【解析】准确度是指每一次独立的测量之间,其平均值与已知数据真值之间的差距(与理论值相符合的程度);精密则是指当实验数据很精准时,会要求实验有高度的再现性,表示实验数据是可信的,也就是实验数据需要具有高精密度(多次量度或计算的结果的一致程度)。

3. A

【解析】根据《数值修约规则与极限数值的表示和判定》(GB/T 8170—2008)2.2,修约间隔是指修约值的最小数值单位。

4. B

【解析】这里需要知道设备获取检定结果后需要进行确认,而确认的依据是检验检测机构制定的设备检定校准规程。选项A是检定校准机构使用的并依据规范出具设备检定报告。

5. C

【解析】期间核查的概念。了解需要进行期间核查的几种情形。检验检测机构应根据设备的稳定性和使用情况来判断设备是否需要进行期间核查,判断依据包括但不限于:a)设备检定或校准周期;b)历次检定或校准结果;c)质量控制结果;d)设备使用频率;e)设备维护情况;f)设备操作人员及环境的变化;g)设备使用范围的变化。

6. A

【解析】复现性的定义。根据《通用计量术语及定义》(JJF 1001—2011)5.16,复现性是指在复现性条件下的测量精密度。

7. D

【解析】计量溯源性的概念。根据《通用计量术语及定义》(JJF 1001—2011)4.14,计量溯源性是指通过文件规定的不间断的校准链,测量结果与参照对象联系起来的特性。

8. C

【解析】标准差的定义。根据《通用计量术语及定义》(JJF 1001—2011)5.17,标准差 s 用于表征测量结果的分散性。

9. C

【解析】《数值修约规则与极限数值的表示和判定》(GB/T 8170—2008)有效位数的定义。

10. C

【解析】见教材"常见随机变量的概率分布"正态分布曲线的特征。正态分布图具有单峰性、对称性、有界性和抵偿性。

11. A

【解析】《能力验证样品均匀性和稳定性评价指南》(CNAS-GL003:2018)5.3。若 $|\bar{x}-\bar{y}|\leqslant 0.3\sigma$ 成立,则认为被检的样品是稳定的。

12. D

【解析】压强单位的定义。

13. C

【解析】国际单位的基本单位。

14. C

【解析】均匀分布的定义表明,均匀分布是连续随机变量的一种概率分布,该连续随机变量在区间 $[a,b]$ 内任意等长度区间内事件出现的概率相同。

15. C

【解析】《公路工程试验检测仪器设备服务手册》(五)。检验参数是指除外观质量等目测、手感项目外的,影响仪器设备量值准确性的技术参数。

16. A

【解析】《统计学词汇及符号　第 1 部分:一般统计术语与用于概率的术语》(GB/T 3358.1—2009)1.64。频率是指用事件或观测值发生的总数目除频数。

17. A

【解析】《统计学词汇及符号　第 1 部分:一般统计术语与用于概率的术语》(GB/T 3358.1—2009)2.7。分布函数 $F(x)$ 是指随机变量 X 取值落在 $(-\infty,x]$ 的概率,即 $F(x)=P(X\leq x)$。"小于或等于"采用的符号是"]",而不是用")"。

18. A

【解析】《数值修约规则与极限数值的表示和判定》(GB/T 8170—2008)3.2。拟舍弃数字的最左一位数字小于 5,则舍去,保留其余各位数字不变。

19. C

【解析】《数值修约规则与极限数值的表示和判定》(GB/T 8170—2008)中 0.5 单位修约。这里应该需要先计算软化点试验的代表值,然后进行 0.5 单位的修约。

20. C

【解析】《国际单位制及其应用》(GB 3100—1993)5.2。组合单位的名称与其符合表示的顺序一致,乘号无名称,除号名称为"每"且只出现一次。

21. B

【解析】虽然两组同学的平均成绩都是 70 分,A 组的标准差是 17.08,B 组的标准差是 2.16。说明 A 组同学之间的成绩差距比 B 组同学之间的成绩大得多。

22. B

【解析】直方图的组距计算公式。组距是指每组的最高数值与最低数值之间的距离。在分组整理统计量数时,组的大小可因系列内量数的全距及所要划分的组数的不同而有所不同。每一组的最小限度叫作下限,最大限度叫作上限。下限和上限之间的距离,即为组距。组距 =(最大值 - 最小值)÷组数。选项 D 是组的上、下限的计算公式。

23. C

【解析】期间核查是每个检验检测机构必须完成的工作,进行期间核查选用何种标准溯源设备,是首先要解决的问题。

24. B

【解析】校准应满足的基本要求。仪器作为校准用的标准仪器,其误差限应是被校表误差限的 $1/10 \sim 1/3$。

25. C

【解析】《中华人民共和国法定计量单位》(1984 年 2 月 27 日国务院发布)。注意几个选项都是使用过的,准确的名称是选项 C。

26. C

【解析】四个选项都是质量单位,但是法定计量单位只有选项C。

27. B

【解析】注意法定计量单位的准确性,容积计量单位符号只有选项B。

28. B

【解析】这里应该知道时间的法定计量单位是"小时",其准确表述是选项B。

29. C

【解析】这是复合单位的表述。

30. C

【解析】这是高度的表述问题,口头语与书面正确表达是不一样的。见《中华人民共和国法定计量单位》。

31. B

【解析】这里涉及口头表述速度和书面表述速度两种方式,符合法定计量单位的是选项B。

32. B

【解析】选项A、D是日常生活中的表述,选项B与选项C的区别是读法问题。

33. D

【解析】这里主要是加速度的正确读法,也就是从左至右顺序读。

34. A

【解析】对于法定计量单位既要求能正确书写,也要求能正确读出来,题干中除选项D以外,都是生活中的表述方式。所以要准确记忆这方面知识。

35. A

【解析】法定计量单位既要求能正确书写,也要求能正确读出来,规则是自左向右顺序读。所以答案是选项A。

36. C

【解析】这里设计的选项A、D都是原来使用过的单位,选项B是力值的单位。所以答案是选项C。

37. B

【解析】选项A、D都是原来在工程实践里使用过的单位,也是容易混淆的选项。另外要注意选项B的正确书写方式。

38. D

【解析】这里要注意的是16个导出单位。这里提到的是能、功、热量的导出单位名称,还要注意其他15个导出单位的名称和正确的表述符号。

39. B

【解析】除了选项D是一个假设答案外,其他选项都是在日常生活中使用过的称呼。

40. C

【解析】除选项C以外的3个选项都是生活中遇见过的称呼,所以在选择时容易产生混淆。

41. D

【解析】题干设计主要在于选项 A 和选项 D；选项 B 是一个容易混淆的答案。仔细读《中华人民共和国法定计量单位》，就知道是由国务院发布。

42. D

【解析】《中华人民共和国法定计量单位》的 4 个组合单位之一。

43. A

【解析】《中华人民共和国法定计量单位》的 4 个组合单位之一。这是曾经考过的内容。

44. B

【解析】《中华人民共和国法定计量单位》的 4 个组合单位之一。要注意书写方式，也要注意读的顺序。

45. C

【解析】《中华人民共和国法定计量单位》的 4 个组合单位之一。在实际工程里面，使用频率较高的是"米每秒""牛顿米""每米"，但是作为考试来说，"瓦每开尔文米"也是需要知道的。考生应注意 4 个组合单位的名称、正确的书写方式、读的顺序。

46. D

【解析】这是一个平时不太注意的一个问题，使用的是万分之一的天平，天平显示的数据应该是选项 D，原始记录应该准确记录借出仪器上显示的数据，而后才能进行修约数据。

47. D

【解析】这里主要设计了一个反向问题，另外，选项 D 是我国一个古代的重量单位。

48. C

【解析】主要需要区别法定计量单位与其他单位制。我国遵照《中华人民共和国法定计量单位》，规定是 SI 单位制。

49. A

【解析】这里主要提醒注意与 SI 单位制并用的其他允许使用的计量单位。见《中华人民共和国法定计量单位》"表 4 国家选定的非国际单位制单位"长度单位。

50. C

【解析】《数值修约规则与极限数值的表示和判定》（GB/T 8170—2008）3 数值修约规则。(1) 拟舍弃数字的最左一位数字小于 5 时则舍去，即保留的各位数字不变。(2) 拟舍弃数字的最左一位数字大于 5 或等于 5，而其后跟有并非全部为 0 的数字时则进一，即保留的末位数字加 1（指定"修约间隔"明确时，以指定位数为准）。(3) 拟舍弃数字的最左一位数字等于 5，而右面无数字或皆为 0 时，若所保留的末位数字为奇数则进一，为偶数（包含 0）则舍弃。

51. B

【解析】《数值修约规则与极限数值的表示和判定》（GB/T 8170—2008）3 数值修约规则。以小数点后位数最少的数据为依据。

52. D

【解析】有效数字的概念。

53. A

【解析】《数值修约规则与极限数值的表示和判定》(GB/T 8170—2008)3.2.1。

54. A

【解析】这里主要是按照 10% 的变异系数进行 540 的修约。

55. B

【解析】《数值修约规则与极限数值的表示和判定》(GB/T 8170—2008)3.2.2。

56. A

【解析】《数值修约规则与极限数值的表示和判定》(GB/T 8170—2008)3.2.3 以及有效位数的概念。对没有小数位且以若干个零结尾的数值,从非零数字最左一位向右数得到的位数;对其他十进位的数,从非零数字最左一位向右数而得到的位数就是有效位数。

57. B

【解析】有效位数的概念。

58. A

【解析】《数值修约规则与极限数值的表示和判定》(GB/T 8170—2008)3.2。

59. D

【解析】《数值修约规则与极限数值的表示和判定》(GB/T 8170—2008)。加减法计算的结果,其小数点以后有效数字的保留位数,应以参加运算各数中小数点后位数最少的数据为依据。

60. A

【解析】《数值修约规则与极限数值的表示和判定》(GB/T 8170—2008)3.3.2.2。

61. B

【解析】《数值修约规则与极限数值的表示和判定》(GB/T 8170—2008)。乘除法计算的结果,其有效数字保留的位数,应与参加运算各数中有效数字位数最少的为标准。

62. D

【解析】《数值修约规则与极限数值的表示和判定》(GB/T 8170—2008)3.3.2。

63. C

【解析】有效位数的定义是对其他十进位的数,从非零数字最左一位向右数而得到的位数就是有效位数。见《数值修约规则与极限数值的表示和判定》(GB/T 8170—2008)3.2.3。

64. C

【解析】《数值修约规则与极限数值的表示和判定》(GB/T 8170—2008)3.2.5。

65. A

【解析】《数值修约规则与极限数值的表示和判定》(GB/T 8170—2008)3.2.3。负数修约时,先将它的绝对值按规定进行修约,然后在修约值前面加上负号;修约间隔为1,或指明将数值修约到"个"数位。

66. C

【解析】t 分布的概念。

67. B

【解析】正态分布曲线特性。

68. C

【解析】需要熟悉每种方法的特性。

69. B

【解析】需要知道系统抽样的几种类型。

70. A

【解析】精度是测量值与真值的接近程度,包含精密度和准确度两个方面。检验误差可以分为系统检验误差、随机检验误差和粗大检验误差3类。偏差系数用来描述数据的偏度,即数据相对平均值的两边分布情况,其数值小说明精度高。

71. A

【解析】从总体 N 个单位中任意抽取 n 个单位作为样本,使每个可能的样本被抽中的概率相等的一种抽样方式被称为单纯随机抽样。题干的抽取方式符合选项 A 的定义。

72. A

【解析】正态分布一种概率分布,也称"常态分布"。正态分布具有两个参数 μ 和 σ^2 的连续型随机变量的分布,第一参数 μ 是服从正态分布的随机变量的均值,第二个参数 σ^2 是此随机变量的方差,所以正态分布记作 $N(\mu, \sigma^2)$。服从正态分布的随机变量的概率规律为取与 μ 邻近的值的概率大,而取离 μ 越远的值的概率越小;σ 越小,分布越集中在 μ 附近,σ 越大,分布越分散。

73. C

【解析】不同数理统计方法的特性。

74. D

【解析】特征量的不同特性。

75. C

【解析】随机误差的概念。

76. B

【解析】概率知识。对于两个独立事件 A 和 B 之和的概率,等于 A、B 单独发生概率的乘积。

77. B

【解析】分别计算均值、极差、标准差、变异系数。

平均值计算公式:$\bar{x} = \dfrac{1}{n}(x_1 + x_2 + \cdots + x_n) = \dfrac{1}{n}\sum\limits_{i=1}^{n} x_i$

极差计算公式:$R = X_{\max} - X_{\min}$

标准差计算公式:$s = \sqrt{\dfrac{\sum\limits_{i=1}^{n}(x_i - \bar{x})^2}{n-1}}$

变异系数计算公式:$C_v = \dfrac{S}{x}$

78. A

【解析】理解再现性的概念。

79. A

【解析】肖维勒准则定义。

80. A

【解析】这就是平均值的数学表达式,我们掌握几个常用的统计量,既要知道有哪些,也应该知道其正确的数学表达式,这是曾经出现过的考题形式。

81. B

【解析】偏差系数的概念。

82. C

【解析】相对误差 = [测量值 − 标准值(的绝对值)]/标准值×100%。测量仪器的引用误差定义为:测量仪器的示值误差除以仪器的特定值。该特定值称为引用值,通常是测量仪器的量程或标称范围的上限,标称相对误差的分母是读数。

83. C

【解析】极差的定义。

84. D

【解析】利用正负3倍标准差来覆盖99.73%的情况,进而对超过界限的点进行观测,超出界限的点属于99.73%以外的小概率事件。小概率事件几乎不会发生。

85. C

【解析】概率的概念。

86. B

【解析】这是一元线性回归数字的标准数学模型。

87. B

【解析】随机误差是指测量结果与在重复性条件下,对同一被测量进行无限多次测量所得结果的平均值之差。

88. B

【解析】这是4种粗大误差判别准则的定义。肖维勒准则法(Chauvenet):经典方法,改善了拉依达准则,过去应用较多,但它没有固定的概率意义,特别是当测量数据值 n 无穷大时失效。以概率 $1/(2n)$ 设定一判别范围 $(−kn·S, kn·S)$,当离差(测量值 x_i 与其算术平均值之差)超出该范围时,就意味着该测量值 x_i 可疑,可以舍弃。狄克逊准则法(Dixon):对数据值中只存在一个异常值时,效果良好。但当异常值不止一个且出现在同侧时,检验效果不好。尤其同侧的异常值较接近时效果更差,易遭受到屏蔽效应。拉依达准则法(3δ):简单,无需查表,测量次数较多或要求不高时用,是最常用的异常值判定与剔除准则,但当测量次数≤10次时,该准则失效。

89. A

【解析】概率的计算。

90. B

【解析】样本相关系数用 γ 表示,总体相关系数用 ρ 表示,相关系数的取值一般介于 $−1 ~ +1$ 之间。相关系数不是等距度量值,而只是一个顺序数据。计算相关系数一般需大样本。相关系数用希腊字母 γ 表示,γ 值的范围在 $−1$ 和 $+1$ 之间。$\gamma > 0$ 为正相关,$\gamma < 0$ 为负相关,$\gamma = 0$ 表示不相关;γ 的绝对值越大,相关程度越高。

91. D

【解析】这里需要搞清楚抽样检测是一个过程,如下图所示。

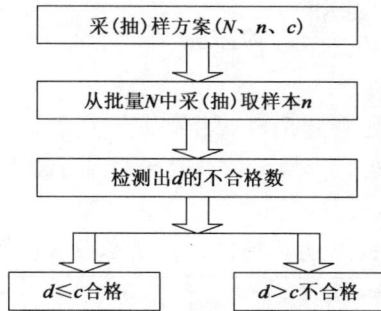

```
        ┌─────────────────────────┐
        │  采(抽)样方案(N、n、c)    │
        └─────────────────────────┘
                     ↓
        ┌─────────────────────────┐
        │  从批量N中采(抽)取样本n    │
        └─────────────────────────┘
                     ↓
        ┌─────────────────────────┐
        │   检测出d的不合格数        │
        └─────────────────────────┘
            ↓                 ↓
   ┌────────────┐      ┌────────────┐
   │  d≤c合格    │      │  d>c不合格  │
   └────────────┘      └────────────┘
```

N-相测批数量;n-按照采(抽)方案随即抽取的样本数;d-抽取样本中的不合格数;c-抽取样本中的允许不合格数

92. D

【解析】利用控制图的方法可以考察生产过程是否稳定,当点子没有跳出控制界限,或者随机排列没有缺陷,则可判定生产处于正常状况。周期性变化不能说明什么问题。

93. C

【解析】工程检测过程中会运用许多的统计特征量,有的表征数据的集中状态,有的表征数据的离散程度,选项 C 就是表征集中状态。选项 A、B、D 都是表征离散程度的。

94. A

【解析】这是运用正态分布数据特征,在工程质量评价中进行判别的应用。σ 越大,曲线低而宽,随机变量在平均值附件出现的密度小。

95. C

【解析】这是变异系数的数学公式描述。

96. D

【解析】这是变异系数的数学公式描述。这些问题说起来简单,但需要我们准确记忆。

97. A

【解析】这是对概率定义的把握。

98. B

【解析】$32 - 28 = 4$。

99. C

【解析】概率的计算。

100. D

【解析】这里涉及关于设备校准结果的确认,以及运用中仪器设备示值误差符合性评定的基本方法,对仪器设备特性进行符合性评定问题。

101. D

【解析】这是一个取用修正值的问题。

102. D

【解析】设备校准结果的确认及运用中,仪器设备示值误差符合性评定的基本方法对仪器设备特性进行符合性评定认为,如果评定值误差的不确定度与被评定仪器设备的最大允许误差的绝对值之比不大于 1∶3,则可以不考虑测量不确定度的影响。

103. B

　　【解析】注意这里设置的是不合格条件。

104. C

　　【解析】这里要求每个检验检测机构都必须完成量值溯源管理程序,并按照该程序下制定的作业指导书进行设备的确认。实施的文件依据是作业指导书。

105. C

　　【解析】标准不确定度的 B 类评定方法。正态分布时概率与置信因子的关系见下表。

概率 $P(\%)$	50	68.27	90	95	95.45	99	99.73
置信因子	0.676	1	1.645	1.960	2	2.576	3

106. B

　　【解析】不确定度的概念。

107. D

　　【解析】不确定度定义中的内容。

108. A

　　【解析】这里集合了不确定度的概念和相关关系两点内容。

109. C

　　【解析】有两个不相关的分量 $\overline{V}$ 计算合成标准不确定度,可按照下式计算:

$$u_{\mathrm{C}}(\overline{V}) = \sqrt{u_{\mathrm{A}}^2(\overline{V}) + u_{\mathrm{B}}^2(\overline{V})}$$

110. C

　　【解析】不确定度定义的文字描述。

111. D

　　【解析】《合格评定　能力验证的通用要求》(GB/T 27043—2012)3.1。指定值是指对能力验证物品的特定性质赋予的值。

112. D

　　【解析】本题主要需要理解能力验证的几个类型是什么。常见能力验证的类型有定性比对、分割样品检测比对、实验室间量值比对、实验室间检测比对、已知值比对、部分过程比对。而对于从待测物品中随机抽取若干散样,同时分发各参加实验室按约定方案进行检测,然后由协调者(主持者)求出公议值,并将各测得值分别与公议值进行比对,从而得出相应的结论,则只能采取选项 D 的方式。这是根据对象特性决定的。

113. C

　　【解析】实验室间比对是按照预先规定的条件,由两个或多个实验室对相同或类似的测试样品进行检测的组织、实施和评价,从而确定实验室能力、识别实验室存在的问题与实验室间的差异,是判断和监控实验室能力的有效手段之一。

$$E_{\mathrm{n}} = \frac{|X_{\mathrm{L}} - X_{\mathrm{R}}|}{\sqrt{U_{\mathrm{L}}^2 + U_{\mathrm{R}}^2}}$$

式中: X_{L} ——本实验室测量值;

X_R——指定实验室测量值;

U_L——本实验室的测量结果不确定度(置信水平95%);

U_R——指定实验室的测量结果不确定度(置信水平95%)。

114. B

【解析】这是Z值作为验证比对活动判定的统计量时的定义。见《能力验证结果的统计处理和能力评价指南》(CNAS-GL02)。

115. C

【解析】这是E_n值作为验证判定的统计量的判据。$|E_n| \leqslant 1$满意结果;$|E_n| > 1$不满意结果。

116. A

【解析】这是Z值作为验证比对活动判定统计量时的判据:$|Z| \leqslant 2.0$,满意结果;$2.0 < |Z| < 3.0$,有问题;$|Z| \geqslant 3.0$,不满意或离群的结果。

117. B

【解析】误差计算。$(5 - 4.995)/10 = 0.05\%$,$(5 - 4.995)/5 = 0.1\%$。

118. C

【解析】误差计算。$10 \times 0.5\% = 0.05$,其允许最大示值误差是0.25。

119. A

【解析】《数值修约规则与极限数值的表示和判定》(GB/T 8170—2008)表3。

120. D

【解析】推荐性标准的编号是在标准代号后面加"/T"表示。

121. D

【解析】《公路工程质量检验评定标准 第一册 土建工程》(JTG F80/1—2017)2.0.2。评定是指对分项工程、分部工程、单位工程和合同段的质量进行检验,并确定其质量等级的活动。

122. C

【解析】《公路工程质量检验评定标准 第一册 土建工程》(JTG F80/1—2017)2.0.3。关键项目是指分项工程中对结构安全、耐久性和主要使用功能起决定性作用的检查项目。

123. D

【解析】《公路工程质量检验评定标准 第一册 土建工程》(JTG F80/1—2017)3.1.2。单位工程、分部工程和分项工程应在施工准备阶段按本标准附录A进行划分。

124. B

【解析】注意新规范将关键项目合格率提高了5%。见《公路工程质量检验评定标准 第一册 土建工程》(JTG F80/1—2017)3.2.5。(1)关键项目的合格率应不低于95%(机电工程为100%),否则该检查项目为不合格;(2)一般项目的合格率应不低于80%,否则该检查项目为不合格;(3)有规定极值的检查项目,任一单个检测值不应突破规定极值,否则该检查项目为不合格;(4)采用本标准附录B至附录S所列方法进行检验评定的检查项目,不满足要求时,该检查项目为不合格。

125. C

【解析】注意选项 A 是 2004 版的提法,选项 B 系统抽样是随机抽样方法之一。见《公路工程质量检验评定标准　第一册　土建工程》(JTG F80/1—2017)3.2.4。(1)对检查项目按规定的应按照规定的检查方法和频率进行随机抽样检验并计算合格率;(2)本标准规定的检测方法为标准方法,采用其他高效检测方法时,应经比对试验确认其可靠性;(3)本标准以长度为评定单位的检测频率为双车道公路每一检查段内的最低检查频率,多车道公路必须按车道数与双车道之比相应增加检查点数。

126. D

【解析】《公路工程质量检验评定标准　第一册　土建工程》(JTG F80/1—2017)3.3.1。工程质量等级应分为合格与不合格。

127. C

【解析】注意选项 D 是 2004 版评定标准的处置方法。见《公路工程质量检验评定标准　第一册　土建工程》(JTG F80/1—2017)3.3.6。评定为不合格的分项、分部工程,经返工、加固、补强或调测满足设计要求后,可以重新进行质量检验和评定。

128. D

【解析】《公路工程质量检验评定标准　第一册　土建工程》(JTG F80/1—2017)附录 E.0.1。标准养护至 28d,用标准试验方法测得的极限抗压强度,乘以 0.95 的系数。

129. C

【解析】《公路工程质量检验评定标准　第一册　土建工程》(JTG F80/1—2017)附录 H.0.1。路段内路面结构层厚度应按代表值和单个合格值的允许偏差进行评定。

130. C

【解析】《公路工程质量检验评定标准　第一册　土建工程》(JTG F80/1—2017)附录 F.0.1。以标准养护 28d 是试件为准,试件为边长 70.7mm 的立方体,每组 3 个试件。

131. C

【解析】《公路工程质量检验评定标准　第一册　土建工程》(JTG F80/1—2017)附录 M.0.1。试件为 40mm×40mm×160mm 的棱柱体。

132. B

【解析】《公路工程质量检验评定标准　第一册　土建工程》(JTG F80/1—2017)3.1.3 条文说明。根据有关法律法规的规定,施工单位对施工质量负责。因此,施工单位按照本标准进行工程质量检验评定。建设单位、监理单位、质监部门在公路工程质量检验评定过程中的作用和需要完成的工作,是由《公路工程竣(交)工验收办法》等规定,不在本标准的范畴里。

133. C

【解析】《公路工程质量检验评定标准　第一册　土建工程》(JTG F80/1—2017)3.2.4 第 2 款。本标准规定的检查方法为标准方法,采用其他高效检测方法应进行对比确认。除选项 C 外,都是方法确认的方法,并不是不能采用,只是评定标准要求进行比对确认而已。

134. D

【解析】现行《危险化学品安全管理条例》已于 2013 年 12 月 4 日国务院第 32 次常务会议通过,自公布之日起施行。

135. C

【解析】目前,交通运输行业检测机构常用的化学试剂中,强酸、强碱,如硫酸、盐酸、氢氧化钠,易燃助燃的有酒精、三氯乙烯等,均属于危险化学品范畴。

136. D

【解析】这里涉及安全生产的风险因素必须事先告知制度。见《中华人民共和国安全生产法》第四十一条。生产经营单位应当教育和督促从业人员严格执行本单位的安全生产规章制度和安全操作规程;并向从业人员如实告知作业场所和工作岗位存在的危险因素、防范措施以及事故应急措施。

137. B

【解析】这里需要注意的是办法的实施时间。《公路水运工程安全生产监督管理办法》于2017年6月7日经第9次部务会议通过,2017年06月12日公布,自2017年8月1日起施行。这里涉及文件的通过日期、公布日期、实施日期。当然文件的实施日期应该需要记忆。

138. A

【解析】《公路水运工程安全生产监督管理办法》第五条。交通运输部负责全国公路水运工程安全生产的监督管理工作。长江航务管理局承担长江干线航道工程安全生产的监督管理工作。县级以上地方人民政府交通运输主管部门按照规定的职责负责本行政区域内的公路水运工程安全生产监督管理工作。

139. C

【解析】《中华人民共和国安全生产法》第五十五条。从业人员应当接受安全生产教育和培训,掌握本职工作所需的安全生产知识,提高安全生产技能,增强事故预防和应急处理能力。

140. B

【解析】《公路水运工程安全生产监督管理办法》第四十九条。交通运输主管部门对有下列情形之一的从业单位及其直接负责的主管人员和其他直接责任人员给予违法违规行为失信记录并对外公开,公开期限一般自公布之日起12个月。

141. C

【解析】注意是重大事故才是上报。见《公路水运工程安全生产监督管理办法》第四十一条。建立职工参与的工作机制,对隐患排查、登记、治理等全过程闭合管理情况予以记录。事故隐患排查治理情况应当向从业人员通报,重大事故隐患还应当按规定上报和专项治理。

二、判断题

1. ×

【解析】正确度是指大量测定的均值与真值的接近程度。

2. √

【解析】《统计学词汇及符号　第1部分:一般统计术语与用于概率的术语》(GB/T 3358.1—2009)2.60。均匀分布的概率密度函数 $f(x) = \dfrac{1}{b-a}$,其中,$a \leq x \leq b$。

3. ×

【解析】分层抽样的概念。根据《统计学词汇及符号　第2部分:应用统计》(GB/T 3358.2—2009)1.3,分层抽样是将总体 N 分成不同的层,然后按照各层比例,从每一层随机抽取一定个体组成样本 n 的方法。

4. ×

【**解析**】《中华人民共和国法定计量单位》。

5. √

【**解析**】《数值修约规则与极限数值的表示和判定》(GB/T 8170—2008)。

6. √

【**解析**】在概率论中,我们把概率很接近于 0(即在大量重复试验中出现的频率非常低)的事件称为小概率事件。一般多采用 0.01、0.05 两个值,即事件发生的概率在 0.01 以下或 0.05 以下的事件称为小概率事件,这两个值称为小概率标准。小概率事件的意义重大,因为有这样一个推理,小概率事件通过上面的定义,它是很难发生的。但是,如果在一次抽样试验中它发生了,说明这件事违反常理;进一步,说明假设不成立。这就是小概率反证法。

7. ×

【**解析**】修正是对估计的系统误差的补偿,因此,修正值等于负的系统误差估计值。

8. ×

【**解析**】《数值修约规则与极限数值的表示和判定》(GB/T 8170—2008)4.3.2。应该采用全数值比较法。

9. √

【**解析**】《计量检测设备的质量保证要求》(ISO 10012-1)。

10. ×

【**解析**】检定的对象才是我国计量法明确规定的强制检定测量装置。

11. ×

【**解析**】检定属于强制性的执法行为,属法制计量管理的范畴。

12. ×

【**解析**】从方式上的不同看,检定必须由有资格的计量部门或法定授权的单位进行。而校准的方式可以采用组织自校、外校,或自校加外校相结合的方式进行。

13. ×

【**解析**】校准的结果可以给出校准证书或校准报告。检定则必须依据检定规程规定的量值误差范围,给出测量装置合格与不合格的判定。

14. √

【**解析**】注意区分检定和校准的不同。校准的结论只是评定测量装置的量值误差,确保量值准确,不判定是否合格,并发出校准证书或校准报告。这是校准结论的特性。

15. √

【**解析**】期间核查定义的释义。

16. ×

【**解析**】国际单位制的基本单位,长度是米。

17. ×

【**解析**】国际单位制的基本单位,质量是千克。

18. √

【解析】国际单位制的基本单位,千克的符号为 kg。

19. ×

【解析】应该读作千克每立方米。

20. ×

【解析】这是检测过程中常用的单位符号。密度的单位为克/立方厘米(g/cm^3);在国际单位制和中国法定计量单位中,密度的单位为千克/立方米(kg/m^3)。

21. ×

【解析】可以读作 25 摄氏度。

22. √

【解析】见 SI 单位及其倍数单位的应用中,关于单位词头和词头符号的书写规则内容。

23. ×

【解析】还包括我国选定的非国际单位制单位。

24. √

【解析】我国的单位制是由国际单位制包括选定的非国际单位制单位组成,其构成包括基本单位、导出单位。

25. ×

【解析】应该是不包括十进制倍数分数单位。

26. ×

【解析】将米换算为千米,应该是 $l = 12.345km$。

27. √

【解析】将输入量的单位先行统一化为 SI 值,输出的单位就是一致的。

28. √

【解析】见 SI 单位及其倍数单位的应用中,关于单位词头和词头符号的书写规则内容。

29. √

【解析】组合单位的正确书写顺序。

30. ×

【解析】时间单位的表述按照国际单位制表述应该是 6.23s。

31. ×

【解析】这是我国对使用国际单位制的定义内容。这里的错误在于"都是"这个词。

32. ×

【解析】按照《数值修约规则与极限数值的表示和判定》(GB/T 8170—2008)有效数字的运算规则,加减法计算的结果,其小数点以后有效数字的保留位数,应以参加运算各数中小数点后位数最少的数据为依据。

33. √

【解析】按照规则进行间隔修约,修约值应该是 840。

34. ×

【解析】按照规则运算,结果应该表述为 0.1100。

35. √

【解析】按照《数值修约规则与极限数值的表示和判定》（GB/T 8170—2008）有效数字的运算规则，$7.65 \times 10^{-1} = 7.7 \times 10^{-1}$。

36. √

【解析】按照有效数字的运算规则，加减法计算的结果，其小数点以后有效数字的保留位数，应以参加运算各数中小数点后位数最少的数据为依据。

37. √

【解析】有效数字的保留位数规则。

38. √

【解析】用一个系列样本和方差计算常规方法，计算得到的结果是指该个系列样本值的一个估计量，若干个系列估计值的期望，就是"样本均值的方差"的期望，也就是一个"样本均值的方差"的估计量。计算可得该估计量是个无偏估计量，其值恰好等于"总体方差除以 n"。简单地说，意义上两者无关，只是计算值相等，属于计算的一个简便方法。样本均值的方差等于总体方差除以 n。

39. √

【解析】在质量管理中，如何预测并监控产品质量状况，如何对质量波动进行分析？直方图就是能一目了然地把这些问题图表化处理的工具。它通过对收集到的貌似无序的数据进行处理，来反映产品质量的分布情况，判断和预测产品质量及不合格率。

40. √

【解析】这里需要理解误差和真值的区别，所以所有的测量结果都存在测量误差。

41. √

【解析】这是总体和样本的关系，样本量的大小直接关系到判断结果的可靠性。一般来说，样本容量越大，可靠性越好。

42. ×

【解析】测量准确度是指测量结果与被测量真值之间一致的程度；测量仪器的准确度是指测量仪器给出接近于真值的响应的能。准确度只是一个定性概念而无定量表达。测量误差的绝对值大，其准确度低。但准确度不等于误差。准确度只有诸如：高、低、大、小、合格、不合格等类表述。对于测量仪器的准确度，则还有级别或等别的表述。用量值给出准确度是错误的，例如：准确度为 0.5 毫克，这里的 0.5 毫克是不明确的。

43. √

【解析】分辨力是指传感器能检出被测信号的最小变化量，是有量纲的数。当被测量的变化小于分辨力时，传感器对输入量的变化无任何反应。对数字仪表而言，如果没有其他附加说明，一般可以认为该表的最后一位所表示的数值就是它的分辨力。一般地说，分辨力的数值小于仪表的最大绝对误差。一般来说，光学镜头、光电成像器件（或称图像传感器）、摄像机，以及所有的成像系统对物像细节的分辨能力，可以用分辨力表示，也可用分辨率表示。将分辨力除以仪表的满度量程就是仪表的分辨率。

44. √

【解析】概率的定义。

45. √

【解析】误差的概念。任何观察和通过仪器设备得到的质量特征数据都存在真值和偏差值的概念。

46. √

【解析】系统误差的概念。

47. √

【解析】误差分为随机误差和系统误差。误差的特性就是存在于一切试验中,虽可削弱、减少,但无法彻底消除。

48. ×

【解析】题干里面前一句是对的,错误在于后一句,说明不了优劣。

49. ×

【解析】题干混淆了线性关系和非线性关系的概念。

50. ×

【解析】题干里面主要问题出在"可以保证提交批中每件都合格"。这不符合抽样检验的规律。抽样检验又称抽样检查,是从一批产品中随机抽取少量产品(样本)进行检验,据以判断该批产品是否合格的统计方法和理论。抽样检验是根据样本中的产品的检验结果来推断整批产品的质量。如果推断结果认为该批产品符合预先规定的合格标准,就予以接收;否则就拒收。所以,经过抽样检验认为合格的一批产品中,还可能含有一些不合格品。

51. √

【解析】这还是样本量与结果可靠性方面的问题。

52. √

53. √

54. √

55. √

第 52~55 题【解析】根据概率的概念进行计算。

56. √

【解析】这是告诉我们在设备确认过程中如何使用检定/校准结果。应该将结果与该设备的使用要求进行比对,得出是否符合使用要求。

57. √

【解析】这里涉及的知识是:校准结果的确认和运用中,如何在显示示值误差的测量不确定度不符合要求时,对设备作出合理判定。

58. ×

【解析】设备测试报告显示示值误差的测量不确定度不符合要求时,设备应该使用示值误差的绝对值与 MPEV 值比较后再评定。

59. ×

【解析】只能是内部实施。

60. ×

【解析】测量不确定度与测量方法有关,与具体测量得到的数值大小无关。

61. ×

【解析】误差和不确定度是完全两个不同的概念。

62. ×

【解析】这里有意混淆了误差与不确定度的两个概念,题干后半句是误差的概念。

63. √

【解析】检验检测机构能力验证方式比较多,机构间的比对是方法之一,也是常用的方法。

64. ×

【解析】题干的问题是把问题简单化、绝对化,比对是方法之一,但不是全部。

65. ×

【解析】按照《CNAS 能力验证领域和频次表》(CNAS-AL07)要求,对不同行业/领域的不同子领域要求不一样。比如:力学性能 1 次/2 年;物理性能 1 次/1 年。

66. √

【解析】这是对能力验证样品准备和均匀性检验的要求。

67. √

【解析】这是对组织能力验证机构在样品方面提出的要求,样品的质量直接关系到比对结果的真实性。

68. √

【解析】这里既说明了对能力验证样品的要求,更说明了样品均匀性、稳定性与结果真实性的关系。

69. ×

【解析】能力验证的样品制备无论是机构自己完成还是外包,都必须能满足能力验证对样品的要求和能力验证计划的各项要求。

70. ×

【解析】《数值修约规则与极限数值的表示和判定》(GB/T 8170—2008)4.3.2。应该用全数值比较法。

71. √

【解析】《数值修约规则与极限数值的表示和判定》(GB/T 8170—2008)4.3.2。

72. ×

【解析】《公路工程标准体系》(JTG 1001—2017)1.0.3。本体系范围包括公路工程从规划建设到养护管理全过程所需要制定的技术、管理与服务标准,也包括相关的安全、环保和经济方面的评价等标准。

73. √

【解析】《公路工程标准体系》(JTG 1001—2017)1.6.3。这是关于体系编号定义规则的内容。

74. ×

【解析】《公路工程标准体系》(JTG 1001—2017)4.3.5。注意区分同一板块的"检测模块"的定义,这里应该包括"养护"环节的室内试验。而"检测模块"是针对现场检测的,因此,就不包括"养护"环节的室内试验。

75. √

【解析】《公路工程标准体系》(JTG 1001—2017)3.2.6。注意区分与公路建设板块的区别,公路建设板块是实施公路新建和改扩建工程所遵循的技术和管理要求。

76. √

【解析】《公路工程质量检验评定标准　第一册　土建工程》(JTG F80/1—2017)1.0.3。本标准是公路工程施工质量的最低限值标准,公路工程施工质量检验评定应以本标准为准。注意要强调的是最低限值标准,明确了本标准在施工质量检验中具备的必须执行而且唯一性特性,其刚性要求得到加强。

77. √

【解析】《公路工程质量检验评定标准　第一册　土建工程》(JTG F80/1—2017) 3.2.3第 1 款。分项工程应对所列基本要求逐项检查,经检查不符合规定时,不得进行工程质量的检验评定。注意新的评定标准把验收和判定分开进行,在取消评分制的情况下,新的评价层次需要梳理,可表述为:建设项目→合同段→单位工程→分部工程→分项工程→检验项目(基本要求、实测项目、外观质量和质量保证资料)→实测项目(实测项目表)→检查项目(表中所列)→检测指标(有些检查项目如平整度等包括多个指标)。

78. ×

【解析】《公路工程质量检验评定标准　第一册　土建工程》(JTG F80/1—2017)3.2.4第 2 款。本标准规定的检测方法为标准方法,采用其他高效检测方法时,应经比对试验确认其可靠性。注意这里指的标准方法,就是本标准中实测项目表中规定的"检查方法和频率"表述的方法。比如,表 4.2.2 土方路基实测项目中,压实度项目标准方法是"密度法";表 7.2.2 水泥混凝土面层实测项目中,平整度标准方法是"平整度仪法"和"3m 直尺法"。

79. √

【解析】《公路工程质量检验评定标准　第一册　土建工程》(JTG F80/1—2017) 附录P。附表 P.0.3 列举了 9 种涉及结构混凝土外观质量的缺陷现象,给出了各种限制缺陷的特征现象。根据外观缺陷对结构性能、使用功能、耐久性和景观的影响程度,规定不允许存在或者出现后必须加以处置的限制缺陷。

80. ×

【解析】《公路水运工程安全生产监督管理办法》第二十三条。施工单位应在劳动合同中载明有关保障从业人员劳动安全等事项,同时还应书面告知危险岗位的操作规程。题干的问题是没有明确以什么方式告知,管理办法中明确的是以书面形式。

81. ×

【解析】《公路水运工程安全生产监督管理办法》第三十二条。依合同承担试验检测或者施工监测的单位,应当按照法律、法规、规章、工程建设强制性标准和合同文件开展工作。所提交的试验检测或者施工监测数据应当真实、准确,数据出现异常时应当及时向合同委托方报告。

82. √

【解析】《公路水运工程安全生产监督管理办法》第二十七条。从业单位应当建立健全安全生产责任制,明确各岗位的责任人员、责任范围和考核标准等内容。从业单位应当建立相应的机制,加强对安全生产责任制落实情况的监督考核。虽然检验检测机构不是公路工程施工企业,但仍然存在安全生产问题,所以也应按照《公路水运工程安全生产监督管理办法》要求完善各种安全生产制度。

83. √

【解析】《公路水运工程安全生产监督管理办法》第十五条。从业单位应当依法对从业人员进行安全生产教育和培训。未经安全生产教育和培训合格的从业人员,不得上岗作业。

三、多项选择题

1. ABD

【解析】根据测量误差产生的原因,按照其性质,可分为系统误差、随机误差和过失误差。

2. ACD

【解析】能力验证是指利用实验室间对比,按照预先制定的准则评价参加者能力的活动,实际上它是为确保实验室维持较高的校准和检测水平而对其能力进行考核、监督和确认的一种验证活动。

3. ACD

【解析】此题考查的是重力换算力值问题。重力加速度 $g \approx 9.8\text{N/kg}$;为方便计算,g 有时取 10N/kg。选项 A、C 是错在认为重力等于重量,选项 D 为干扰项。

4. BCD

【解析】相对误差指的是测量所造成的绝对误差与被测量(约定)真值之比乘以 100% 所得的数值,以百分数表示。相对误差 $\delta = \Delta / L \times 100\%$。选项 B、D 错在计算为差值,选项 C 错在负误差,应该是正误差。

5. AB

【解析】将总体中的抽样单元按一定顺序排列,在规定的范围内随机抽取一个或一组初始单元,然后按照一定规则确定其他样本单元的抽样叫作系统抽样。系统抽样分为等距抽样和定位系统抽样。

6. BD

【解析】利用互斥事件求概率。

(1)记事件 A_1:从 12 只球中任取 1 球得红球;A_2:从中任取 1 球得黑球;A_3:从中任取 1 球得白球;A_4:从中任取 1 球得绿球。则:

$$P(A_1) = \frac{5}{12}, P(A_2) = \frac{4}{12}, P(A_3) = \frac{2}{12}, P(A_4) = \frac{1}{12}。$$

(2)根据题意,A_1、A_2、A_3、A_4 彼此互斥,由互斥事件概率得:

①取出红球或黑球的概率为:$P(A_1 \cup A_2) = P(A_1) + P(A_2) = \frac{5}{12} + \frac{4}{12} = \frac{3}{4}$。

②取出红或黑或白球的概率为:$P(A_1 \cup A_2 \cup A_3) = P(A_1) + P(A_2) + P(A_3) = \frac{5}{12} + \frac{4}{12} + \frac{2}{12} = \frac{11}{12}$。

7. BD

【解析】参考标准是指在给定地区或在给定组织内,通常具有最高计量学特性的测量标准,在该处所做的测量均从它导出。参考标准是具有量值功能的实验室的最高计量标准,由有能够提供溯源的机构,即法定计量技术机构进行检定或校准。参考标准只能仅用于校准而不用于其他目的,除非能证明作为参考标准的性能不会失效。

8. AD

【解析】《统计学词汇及符号 第1部分:一般统计术语与用于概率的术语》(GB/T 3358.1—2009/ISO 3534.1:2006)2.15。

9. ACD

【解析】校准可以内部校准、外校或内部校准与外部校准相结合。选项B不是校准的方式。

10. ABC

【解析】《检验检测机构资质认定能力评价 检验检测机构通用要求》(RB/T 214—2017)4.5.15。检验检测机构可在检验检测出现临界值、内部质量控制或客户有要求时,报告测量不确定度。

11. CD

【解析】《能力验证样品均匀性和稳定性评价指南》(CNAS-GL003:2018)1前言。比对样品的一致性对利用实验室间比对进行能力验证至关重要。在实施能力验证计划时,组织方应确保能力验证中出现的不满意结果不归咎于样品之间或样品本身的变异性。因此,对于能力验证样品的检测特性量,必须进行均匀性检验和(或)稳定性检验。

对于制备批量样品的检测能力验证计划,通常必须进行样品均匀性检验。对于稳定性检验,则可根据样品的性质和计划的要求来决定。对于性质较不稳定的检测样品如生物制品,以及在校准能力验证计划中传递周期较长的测量物品,稳定性检验是必不可少的。

对于均匀性检验或稳定性检验的结果,可根据有关统计量表明的显著性或样品的变化能否满足能力验证计划要求的不确定度进行判断。

选项A、B是得到样品的方式不是样品的特征,选项C、D才是作为能力验证对样品特征的要求。

12. CD

【解析】《国际单位制及其应用》(GB 3100—1993)2.3。SI单位包括SI基本单位、SI导出单位(包括辅助单位在内的专门名称、组合形式)。选项A是SI辅助单位,选项B是SI基本单位。

13. AB

【解析】《能力验证样品均匀性和稳定性评价指南》(CNAS-GL003:2018)。如果σ是某个能力验证计划中能力评价标准偏差的目标值,S_s为样品之间不均匀性的标准偏差。若$S_s \leqslant 0.3\sigma$,则使用的样品可认为在本能力验证计划中是均匀的。单因子方差分析。若$F <$自由度为(f_1, f_2)及给定显著性水平σ(通常$\sigma = 0.05$)的临界值$F_\sigma(f_1, f_2)$,则表明样品内和样品间无显著性差异,样品是均匀的。

14. ABCD

【解析】见教材"能力验证"的基本步骤。

15. ABCD

【解析】数据处理贯穿于从获得原始数据到得出结论的整个实验过程,包括数据记录、整理、计算、作图、分析等方面涉及数据运算的处理方法。常用的数据处理方法有:表格法、图示法、图解法、逐差法和最小二乘线性拟合法等。四个选项均为工程试验检测数据处理通常采用的方法。

16. ABCD

【解析】校准的内容和项目,只是评定测量装置的示值误差,以确保量值准确。而检定的内容则是对测量装置的全面评定,要求更全面,除了包括校准的全部内容之外,还需要检定有关项目。例如,某种计量器具的检定内容应包括计量器具的技术条件、检定条件、检定项目和检定方法、检定周期及检定结果的处置等。

17. BD

【解析】《能力验证结果的统计处理和能力评价指南(试用)》(CNAS-GL02)附件 A "A.4 总计统计量"。

18. ACD

【解析】《检测和校准实验室能力的通用要求》(ISO/IEC 17025:2017)7.2.2.1。实验室应对非标准方法、实验室制定的方法、超出预定范围使用的标准方法、或其他修改的标准方法进行确认。确认应尽可能全面,以满足预期用途或应用领域的需要。

注1:确认可包括检测或校准物品的抽样、处置和运输程序。

注2:可用以下一种或多种技术进行方法确认:

a)使用参考标准或标准物质进行校准或评估偏倚和精密度;

b)对影响结果的因素进行系统性评审;

c)通过改变控制检验方法的稳健度,如培养箱温度、加样体积等;

d)与其他已确认的方法进行结果比对;

e)实验室间比对;

f)根据对方法原理的理解以及抽样或检测方法的实践经验,评定结果的测量不确定度。

19. ABC

【解析】《检测和校准实验室能力的通用要求》(ISO/IEC 17025:2017)7.3.2。抽样方法应描述:a)样品或地点的选择;b)抽样计划;c)从物质、材料或产品中取得样品的制备和处理,以作为后续检测或校准的物品。作为公路检测机构,抽样少不了,如何规范地选择抽样方案、确定抽样计划、编写抽样方法,是需要掌握的知识。该条款全面告诉我们在描述抽样方法时应该包括的内容。

20. BC

【解析】《水运工程试验检测仪器设备检定/校准指导手册》(五)。依据标准是指对仪器设备进行检定/校准时,应依据的技术文件,包括以下公开发布的技术文件:(1)国家计量检定规程及校准规范;(2)交通运输部部门计量检定规程及校准规范。需要区分手册编制的依据和设备检定/校准的依据,选项 A、D 是手册编制的依据,而不是检定/校准的依据。

21. BC

【解析】离散型随机变量的定义。随机变量分为离散型随机变量与连续型随机变量两种,随机变量的函数仍为随机变量。有些随机变量,它全部可能取到的不相同的值是有限个或可列无限多个,也可以说概率 1 以一定的规律分布在各个可能值上。这种随机变量称为"离散型随机变量"。当随机变量的可取值全体为一离散集时,称其为离散型随机变量。选项 B、C 是概率分布的两条基本性质。

22. AB

【解析】相关系数具有的性质。描述的是两个变量间线性相关强弱的程度。ρ_{xy} 的取值在 -1 与 $+1$ 之间,若 $\rho_{xy} > 0$,表明两个变量是正相关,即一个变量的值越大,另一个变量的值也会越大;若 $\rho_{xy} < 0$,表明两个变量是负相关,即一个变量的值越大另一个变量的值反而会越小。ρ_{xy} 的绝对值越大表明相关性越强,要注意的是这里并不存在因果关系。若 $\rho_{xy} = 0$,表明两个变量间不是线性相关,但有可能是其他方式的相关。

23. ABC

【解析】《中华人民共和国计量法》第九条。

24. ABC

【解析】校准周期由检验检测机构自己制定。

25. ABCD

【解析】校准的内容和项目,只是评定测量装置的示值误差,以确保量值准确。检定的内容则是对测量装置的全面评定,要求更全面,除了包括校准的全部内容之外,还需要检定有关项目。例如,某种计量器具的检定内容应包括计量器具的技术条件、检定条件、检定项目和检定方法、检定周期及检定结果的处置等内容。

26. ABC

【解析】校准应满足的基本要求如下:①环境条件校准如在检定(校准)室进行,则环境条件应满足实验室要求的温度、湿度等规定。校准如在现场进行,则环境条件以能满足仪表现场使用的条件为准。②仪器作为校准用的标准仪器其误差限应是被校表误差限的 1/10 ~ 1/3。③人员校准虽不同于检定,但进行校准的人员也应经有效的考核,并取得相应的合格证书,只有持证人员方可出具校准证书和校准报告,也只有这种证书和报告才认为是有效的。

27. AD

【解析】考生需要正确理解期间核查的概念。期间核查是为保持对设备校准状态的可信度,在两次检定之间进行的核查,包括设备的期间核查和参考标准器的期间核查。为了解仪器状态,维护仪器设备在两次校准期间校准状态的可信度,减少由于仪器稳定性变化造成的结果偏差,有必要对其进行检查,除了在开机前和关机后检查仪器外,对重要的检测设备在两次周期检定(校准)之间需进行期间核查。最终使其满足监测工作要求,保证监测结果的质量。

28. ABCD

【解析】这里把对仪器设备进行期间核查可以采用的方法都罗列在四个选项中,目的是帮助考生全面记忆期间核查的方法。

29. ABC

【解析】设计此题干的目的,主要是希望大家记忆 15 个与 SI 并用的我国选定的非国际单位制的其他单位。

30. BCD

【解析】"平面角"是属于国家选定的非国际单位制单位,它有 3 个单位名称和相应的单位符号以及与 SI 单位的换算关系,希望通过本题引起考生的重视。

31. ACD

【解析】时间单位是我们常用的单位,也是属于国家选定的非国际单位制单位,也有 3 个单位名称和相应的单位符号以及与 SI 单位的换算关系,希望考生注意它们的符号大小写形式。

32. AB

【解析】这就是我国法定计量单位构成的全面描述。选项 C、D 也是其他的单位制,但不是现行国家选定的法定计量单位。

33. AD

【解析】这里需要知道哪些是法定计量单位,又需要知道这些法定计量单位符号的正确表述方式。

34. BCD

【解析】这是需要记忆 16 个导出单位是哪些,它们的名称和相应表达的符号。选项 A 是 SI 制的基本单位。

35. AC

【解析】对于每个法定计量单位我们都必须知道其名称、用什么符号代表,符号的大小写以及左右顺序。

36. BCD

【解析】选项 B、C、D 表征的是样品的特性,也是对采用抽样方式检验检测对样品的要求。选项 A 是混淆项。

37. ABD

【解析】采用抽样检验检测方式首先就要制订抽样方案,方案的合理性涉及最终检验检测结果的真实性,所以方案要全面细致,这里包括了方案的部分必要内容。

38. BD

【解析】这是 4 种常用数理统计工具之一,设计的是因果图概念,采用的是反向提问。

39. ABD

【解析】检验检测数据的表达方式有多种,在工程数据的表达上采用较多的是选项 A、B、D。

40. BC

【解析】本题是以标准正态分布为例,所以答案是选项 B、C。

41. AB

【解析】充分理解正态分布的特征。

42. ACDE

【解析】这里实际上通过两类误差的比较,让我们知道它们的一些共同特性。

43. ABCDE

【解析】这里需要理解什么是"重复性试验",构成重复性的全部要件是什么。

44. AC

【解析】需要理解相关系数的定义。相关系数是用以反映变量之间相关关系密切程度的统计指标。相关系数是按积差方法计算,同样以两变量与各自平均值的离差为基础,通过两个离差相乘来反映两变量之间相关程度。

45. ABC

【解析】充分理解什么是变量之间的相关关系,以及相关或者不相关变量具备的特征。

46. ABC

【解析】本题主要想介绍计数抽样的一些知识。与计数抽样相比,计量抽样检验所需的样本量少,获得的信息多。但是,对样本质量特性的计量和测定较检查产品是否合格所需的时间长、工作量大、费用高,并需要具备一定的设备条件,判断程序比较复杂。当检验指标多时,采用计量抽样检验是不合适的,因为每个特性值都需要单独考虑。对大多数检验指标采用计数抽样检验,仅对一两个重要指标采用计量抽样检验,两者配合,效果较好。在计量抽样检验时,一批产品质量的好坏是根据样本质量特性值的平均值、标准差或不合格品率作为标准来判定的。对于以平均值和不合格品率作为批质量指标的抽样,其计量抽检方案都是将样本平均值或不合格品率与一个判定界限比较来进行判断。在计量抽样检验中,通常假定质量特性服从正态分布。因此,只有确认质量特性服从正态分布,才能有效采用计量抽样检验。

47. CDA

【解析】需要注意题干设计了计算,尤其是每个选项的顺序不能错。

48. ABCD

【解析】检验检测仪器设备在进行完设备的检定/校准后,如何使用检定/校准结果,是现在大多数检验检测机构的薄弱环节,这里设计主要是让我们知道应该利用检定/校准结果对本机构的仪器设备进行"确认",确认的目的是什么,以及确认什么。

49. AB

【解析】自校验是仪器设备常用的 5 种计量溯源方式之一,通过本题干的设计就是提醒大家知道计量溯源方式有哪些,各自的定义是什么。

50. AB

【解析】精确度的概念,注意区别精确度和准确度的概念。

51. ABCD

【解析】测量不确定度的来源很多,这里选取其中的 4 个来源,提醒大家既要理解哪些因素会造成测量不确定度,也让大家知道怎么去分析计算不确定度。

52. ABD

【解析】考生需要知道不确定度的分类。

53. ABCD

【解析】考生需要了解整个机构间比对的过程,以及要经历几个大的步骤。

54. CD

【解析】这是实验室之间采用机构比对方式进行能力验证的目的。

55. BC

【解析】考生首先应该知道能力验证有哪些种类,其次应该知道哪些能力验证的方式需要和机构间进行比对采用。

56. ABCD

【解析】无论采用什么形式对检验检测机构进行能力验证,最终目的就是提升自己的社会服务能力和服务水平。

57. ABCD

【解析】选项 B、D 是容易被误解的。一般认为只有上级主管部门才能组织相应的能力验证活动,这是不对的。

58. ABC

【解析】这是对选取能力验证方式的实际案例的应用,对于水泥、沥青比较好的形式只能是机构间的比对。

59. ABCD

【解析】考生应该知道选择能力验证类型应该考虑的因素。

60. ACD

【解析】这是对组织进行能力验证单位在制备样品上的要求。

61. BCD

【解析】这是对组织进行能力验证单位在制备样品上的要求。要保证样品的真实性、随机性和均匀性,这样才能保证最终能力验证结果的可靠性。

62. ABCD

【解析】考生需要知道采用机构间的比对形式进行能力验证必须经历的几个大的步骤。

63. ABCD

【解析】《实验室能力验证实施办法》(认监委 2006 年公告第 9 号)。

64. ABCD

【解析】在实施完成能力验证后,要对能力验证的结果进行统计处理和分析,最后得出机构能力的评价,在处理和分析过程中涉及的统计量有许多,都需要考生理解。

65. ABCD

【解析】能力验证的最终结果评价、必需的统计设计内容有很多,希望考生注意能力验证统计处理结果及设计内容的方方面面。

66. ABCD

【解析】《数值修约规则与极限数值的表示和判定》(GB/T 8170—2008)极限数值的表示和判定。

67. AB

【解析】《数值修约规则与极限数值的表示和判定》(GB/T 8170—2008)极限数值的表示和判定第 4.2 条。

68. D

【解析】《数值修约规则与极限数值的表示和判定》(GB/T 8170—2008)极限数值的表示和判定第 4.3.3 条。选项 A 是按照全数比较法判定不符合,按照修约值比较法判定符合;选项 B 和选项 C 是按照两种方法都不符合。

69. AD

【解析】《数值修约规则与极限数值的表示和判定》(GB/T 8170—2008)极限数值的表示和判定第4.3.3条。选项B显然不对;选项C修约值是0.06,不符合要求;选项A的修约值是0.05,满足要求;选项D修约值是0.05,也是满足要求的。

70. ABCD

【解析】《公路工程标准体系》(JTG 1001—2017)5.0.1。标准编号由标准代号、板块序号、模块序号、标准序号和标准发布年号组成。

71. AB

【解析】《公路工程标准体系》(JTG 1001—2017)前言。考生需要关注的是每个法律法规、规章制度、管理办法都说明了其制定依据。

72. CD

【解析】《公路工程标准体系》(JTG 1001—2017)1.0.1。为加强公路工程标准的构成的科学性和系统性,适应公路建设、管理、养护及运营的需要,制定本体系。

73. ABCD

【解析】《标准化工作指南 第1部分:标准化和相关活动的通用词汇》(GB/T 20000.1—2014)5.3。标准是指通过标准化活动,按照规定的程序经协商一致制定,为各种活动或其结果提供规则、指南或特性,供共同和重复使用的文件(注:规定的程序指制定标准的机构颁布的标准制定程序。必要时通过修正或修订保持与最新技术水平同步)。

74. BCD

【解析】《公路工程标准体系》(JTG 1001—2017)4.3.1。考生应注意,选项A"检测评价"模块属于"公路养护"板块;而"检测"模块属于"公路建设"板块。

75. ABCD

【解析】《公路工程质量检验评定标准 第一册 土建工程》(JTG F80/1—2017)3.2.1检验项目应按基本要求、实测项目、外观质量和质量保证资料分别检查。

76. ACD

【解析】《公路工程质量检验评定标准 第一册 土建工程》(JTG F80/1—2017)3.2.7。工程应有真实、准确、齐全、完整的施工原始记录、试验数据、质量检查结果等质量保证资料。质量保证资料应包括下列主要内容:(1)所用原材料、半成品和成品质量检验结果;(2)材料配比、拌和加工控制检验和试验数据;(3)地基处理、隐蔽工程施工记录和大桥、隧道施工监控资料;(4)各项质量控制指标的试验记录和质量检验汇总图表;(5)施工过程中遇到的非正常情况记录及其对工程质量影响分析;(6)施工过程中如发生质量事故,经处理补救后,达到设计要求的认可证明文件等。

77. BD

【解析】《中华人民共和国安全生产法》第五十四条。从业人员在作业过程中,应当严格遵守本单位的安全生产规章制度和操作规程,服从管理,正确佩戴和使用劳动防护用品。

78. AD

【解析】《中华人民共和国安全生产法》第三十八条。生产经营单位应当建立健全生产安全事故隐患排查治理制度,采取技术、管理措施,及时发现并消除事故隐患。事故隐患排查治理情况应当如实记录,并向从业人员通报。

79. ACD

【解析】《公路水运工程安全生产监督管理办法》第四十三条。作业人员应当遵守安全施工的规章制度和操作规程,正确使用安全防护用具、机械设备。发现安全事故隐患或者其他不安全因素,应当向现场专(兼)职安全生产管理人员或者本单位项目负责人报告。

作业人员有权了解其作业场所和工作岗位存在的风险因素、防范措施及事故应急措施,有权对施工现场存在的安全问题提出检举和控告,有权拒绝违章指挥和强令冒险作业。

80. AB

【解析】《公路水运工程安全生产监督管理办法》第四十三条。灭火器和消防水龙头都属于安全器材。

81. BCD

【解析】《中华人民共和国安全生产法》第二十条。生产经营单位应当具备的安全生产条件所必需的资金投入,由生产经营单位的决策机构、主要负责人或者个人经营的投资人予以保证,并对由于安全生产所必需的资金投入不足导致的后果承担责任。有关生产经营单位应当按照规定提取和使用安全生产费用,专门用于改善安全生产条件。安全生产费用在成本中据实列支。安全生产费用提取、使用和监督管理的具体办法由国务院财政部门会同国务院安全生产监督管理部门征求国务院有关部门意见后制定。

82. AB

【解析】《公路水运工程安全生产监督管理办法》第一条。考生应关注制定管理办法的上位法律法规。

83. ABD

【解析】《公路水运工程安全生产监督管理办法》第三条。本办法所称公路水运工程,是指列入国家和地方基本建设计划的公路、水运基础设施新建、改建、扩建以及拆除、加固等建设项目。本办法所称从业单位,是指从事公路水运工程建设、勘察、设计、监理、施工、检验检测、安全评价等工作的单位。

84. ABC

【解析】《公路水运工程安全生产监督管理办法》。

第十一条　从业单位从事公路水运工程建设活动,应当具备法律、法规、规章和工程建设强制性标准规定的安全生产条件。任何单位和个人不得降低安全生产条件。

第十五条　从业单位应当对从业人员进行安全生产教育和培训,保证从业人员具备必要的安全生产知识,熟悉有关的安全生产规章制度和安全操作规程,掌握本岗位的安全操作技能。未经安全生产教育和培训合格的从业人员,不得上岗作业。

第二十七条　从业单位应当建立健全安全生产责任制,明确各岗位的责任人员、责任范围和考核标准等内容。从业单位应当建立相应的机制,加强对安全生产责任制落实情况的监督考核。

第四十三条　作业人员应当遵守安全施工的规章制度和操作规程,正确使用安全防护用具、机械设备。发现安全事故隐患或者其他不安全因素,应当向现场专(兼)职安全生产管理人员或者本单位项目负责人报告。作业人员有权了解其作业场所和工作岗位存在的风险因素、防范措施及事故应急措施,有权对施工现场存在的安全问题提出检举和控告,有权拒绝违章指挥和强令冒险作业。在施工中发生可能危及人身安全的紧急情况时,作业人员有权立即停止作业或者在采取可能的应急措施后撤离危险区域。

85. ABC

【解析】《公路水运工程安全生产监督管理办法》第十四条。施工单位从事公路水运工程建设活动,应当取得安全生产许可证及相应等级的资质证书。施工单位的主要负责人和安全生产管理人员应当经交通运输主管部门对其安全生产知识和管理能力考核合格。施工单位应当设置安全生产管理机构或者配备专职安全生产管理人员。施工单位应当根据工程施工作业特点、安全风险以及施工组织难度,按照年度施工产值配备专职安全生产管理人员,不足5000万元的至少配备1名;5000万元以上不足2亿元的按每5000万元不少于1名的比例配备;2亿元以上的不少于5名,且按专业配备。选项A、B、C三个选项实际上专指第十四条里的在公路水运工程中实施监督管理负责安全生产的三类人员。

86. ABD

【解析】《公路水运工程安全生产监督管理办法》第二十条。对严重危及公路水运工程生产安全的工艺、设备和材料,应当依法予以淘汰。交通运输主管部门可以会同安全生产监督管理部门联合制定严重危及公路水运工程施工安全的工艺、设备和材料的淘汰目录并对外公布。

考生在做练习题或者考试中,会经常遇到各种所谓的易错题。这些题目通常设置了一些"陷阱"或强干扰项,考生往往不注意而导致解答出错。

易错的原因各不相同:有的是考生没能准确记忆一些常规数据;有的是题目的非主流选项干扰了考生对主流选项的把握,考生一旦分析不到位,便容易选择非主流选项;有的是题目按逆向思维设置,而考生却按正向思维作答;有的是考生对概念的理解不够清晰明确,容易被偷换概念的选项所迷惑;有的是题目设置了日常工作中机构和人员一些错误的习惯做法,造成考生作答不正确。此外,还有的是计算错误。

下面摘选了一些典型易错题目并进行剖析。

一、没能准确记忆一些常规数据

1.(单项选择题)下列关于《公路水运工程试验检测机构等级标准》中试验检测用房使用面积(不含办公面积)的规定,正确的是(　　)。

　　A.公路工程综合甲级不小于1000m² 　　B.公路工程综合乙级不小于700m²

　　C.公路工程综合丙级不小于400m² 　　D.桥梁隧道工程专项不小于800m²

【错误答案】B

【答案剖析】《交通运输部办公厅关于公路水运工程所有检测机构等级评定工作有关事项的通知》五。这里首先需要知道,试验检测使用面积只是指用于试验检测的用房面积,不包括培训、教育、演练的场地面积,档案室、设备室最多计50m²,封闭的车载式检测设备场地最多计100m²。其次,要准确记忆《公路水运工程试验检测机构等级标准》"一、公路工程试验检测机构等级标准"表3中不同等级机构的面积要求。再次,要知道如果是申请多项等级,使用面积又该如何计算。《公路水运工程试验检测等级管理要求》(JT/T 1181—2018)7.2.3.3规定,对于多项等级申请的初审工作,还应审查是否符合下列要求:公路工程、水运工程专业重叠部分的检测用房可共用,不重叠部分检测用房应独立分别满足要求(注:面积的计算公式为:本级面积+综合等级面积×专项等级的检测项目数/综合等级的检测项目数)。故正确答案为C。

2.(单项选择题)按照《公路水运工程试验检测机构等级标准》的要求,可选参数(非黑体)的申请数量应不低于本等级可选参数总量的(　　)。

　　A.80% 　　　　B.85% 　　　　C.60% 　　　　D.75%

【错误答案】B

【答案剖析】《公路水运工程试验检测等级管理要求》(JT/T 1181—2018)6.1.2。试验检测能力包括必选试验检测参数(简称必选参数)和可选试验检测参数(简称可选参数),检测机构申请等级评定或换证复核时,应按照所申请等级的等级标准所列试验检测项目及参数进行能力评定。其中,必选参数应全部申请,可选参数可根据自身条件和业务需求部分申请,但可选参数申请数量应不低于本等级可选参数总数量的60%。故正确答案为C。

这里首先应该知道,交通运输行业对试验检测机构的管理是以参数的多少来表征机构的试验检测能力。其次,要知道交通运输行业又把参数分为必选和可选两类。

题目中,干扰选项B是换证复核的三个基本条件之一。《公路水运工程试验检测机构等级评定及换证复核工作程序》第九条规定,申请换证复核的检测机构,还应审查在其等级证书有效期内以下基本条件是否符合要求:

a)信用等级均为B级及以上;

b)所开展的试验检测参数覆盖批准的所有试验检测项目且不少于批准参数的85%;

c)甲级及专项类检测机构每年有不少于一项高速公路或大型水运工程的现场检测项目或设立工地试验室业绩,其他等级检测机构每年有不少于一项公路或水运工程现场检测项目或设立工地试验室业绩。

3.(判断题)按照《公路水运工程试验检测管理办法》的有关规定,公路水运工程试验检测机构被评为乙级后,须满2年且具有相应的试验检测业绩方可申报上一等级的评定。

【错误答案】√

【答案剖析】《公路水运工程试验检测管理办法》第八条。检测机构可以同时申请不同专业、不同类别的等级。检测机构被评为丙级、乙级后,须满1年且具有相应的试验检测业绩方可申报上一等级的评定。故题干表述错误。

二、分析不到位

1.(单项选择题)从试验检测工作安全管理的角度,下列哪种行为是不被允许的(   )。

   A. 使用高温电阻炉,燃烧炉等加热器具用于室内试验

   B. 使用易制毒化学药品用于室内试验

   C. 使用易燃易爆化学药品用于室内试验

   D. 用于金属材料拉伸试验的万能试验机未设防护装置

【错误答案】C

【答案剖析】本题属于通过题干不能直接找到作答思路,或者不能得到正确提示而作出正确选择的一类题。解答时,考生需要根据题干的要求作出正确判断。题干是试验检测工作安全管理,进行粉煤灰试验所规定的仪器就是高温电阻炉,故选项A显然不对。选项B、C所提到的化学参数检测中需要的药品,比如乙醚、丙酮等属于易制毒化学药品,高锰酸钾、煤油、工业酒精等属于易燃易爆药品,都是我们需要使用的。而选项D应该是本题的正确答案,因为万能试验机未设防护装置,就不能防止物体飞溅对检测人员的伤害。

2.(单项选择题)当需要利用期间核查以保持设备校准状态的(   )时,应建立和保持相关的程序。

   A. 可信度   B. 可使用   C. 正确   D. 可持续

【错误答案】D

【答案剖析】本题涉及"设备状态",考生一看,认为可以是选项B或D。进一步分析,认为比较接近正确答案的是选项D,因为期间核查就是要保持设备的使用状态可持续。但是,题干

的核心词是"校准状态"。而校准是指在规定条件下,为确定计量器具示值误差的一组操作。它是在规定条件下,为确定计量仪器或测量系统的示值,或实物量具或标准物质所代表的值,与相对应的被测量的已知值之间关系的一组操作。校准结果可用以评定计量仪器、测量系统或实物量具的示值误差,或给任何标尺上的标记赋值。因此,从校准的定义可以知道是利用期间核查保持设备的可信度。《检测和校准实验室能力的通用要求》(GB/T 27025—2019)5.5.10 规定,当需要利用期间核查以保持设备校准状态的可信度时,应建立和保持相关的程序。故正确答案为 A。

3.(多项选择题)《中华人民共和国计量法》中规定的"不合格的计量器具"是指(　　)。

A.未经检定的设备　　　　　　　B.超过检定合格有效期的设备

C.经检定不合格的计量器具　　　D.未按规定进行期间核查的设备

E.未贴检定标识的设备

【错误答案】ABCDE

【答案剖析】《中华人民共和国计量法》第二十六条规定,使用不合格的计量器具或者破坏计量器具准确度,给国家和消费者造成损失的,责令赔偿损失,没收计量器具和违法所得,可以并处罚款。《中华人民共和国计量法实施细则》第四十六条规定,属于强制检定范围的计量器具,未按照规定申请检定和属于非强制检定范围的计量器具未自行定期检定或者送其他计量检定机构定期检定的,以及经检定不合格继续使用的,责令其停止使用,可并处一千元以下的罚款。上述条款明确了计量器具需要定期检定,而且使用的计量器具需检定合格后方可使用。就五个选项来看,选项 D、E 属于设备管理上存在的疏漏。故正确答案为 ABC。

4.(判断题)非试验人员一律不得进入和使用对工作质量有影响的区域。

【错误答案】√

【答案剖析】《检验检测机构资质认定能力评价　检验检测机构通用要求》(RB/T 214—2017)4.2.1 规定:检验检测机构应建立和保持人员管理程序,对人员资格确认、任用、授权和能力保持等进行规范管理。检验检测机构应与其人员建立劳动、聘用或录用关系。明确技术人员和管理人员的岗位职责、任职要求和工作关系。使其满足岗位要求并具有所需的权力和资源。履行建立、实施、保持和持续改进管理体系的职责。检验检测机构中所有可能影响检验检测活动的人员。无论是内部还是外部人员,均应行为公正,受到监督,胜任工作,并按照管理体系要求履行职责。

该条款涉及可能影响检验检测活动的人员,包括内部人员或者外部人员,既有技术人员也有管理人员。考生应充分理解该条款的内容。题干的"非试验人员"有意模糊了检测机构人员的概念,把问题绝对化为"一律不得",使得表述错误。故正确答案为"×"。

三、未按逆向思维答题

1.(单项选择题)按照《检验检测实验室技术要求验收规范》(GB/T 37140—2018)的规定,下列不属于实验室核心区域的是(　　)。

A.样品接受区　　　B.样品制备区　　　C.客户接待室　　　D.危化品区

【错误答案】A

【答案剖析】按照《检验检测实验室技术要求验收规范》(GB/T 37140—2018)的规定,核心区域应包括样品接收区、样品储存区、样品制备区、实验检测区、样品处理区、危化品区等。考生在复习时,按照规范要求正向记忆了这六个区域属于检验检测机构的实验室核心区域。而题目需要我们判断"不属于"的选项,容易出错的地方就是选项 A。

选项 C 客户接待室是我们检验检测机构都有的一个区域,而且在资质认定评审和等级评定时,一般还对该区域作出相对独立、告知内容展示等要求。因此,该选项是一个较强的干扰项。考生只要准确记忆了上述六个区域,就能正确作答。故正确答案为 C。

2.(单项选择题)现场评审完成后,专家评审组应当向质监机构提交现场评审材料,下列选项中不属于必须提交的是(   )。

A. 有关工作用表

B. 现场考核评审报告

C. 所申报试验检测项目的典型报告

D. 公路水运工程试验检测机构等级评分表

【错误答案】D

【答案剖析】《公路水运工程试验检测机构评定及换证复核工作程序》第二十一条。提交的现场评审材料包括评审报告、有关工作用表(包括选项 D 在内的材料)和两份典型试验检测报告。两份典型报告是指现场技术能力评审过程的试验检测报告,而非申报过程中提交的试验检测项目典型报告。本题设计的是一个"不属于"的反向问题,因此正确答案为 C。

四、偷换概念

1.(单项选择题)建立公路水运工程工地试验室是为了进一步加强工地试验室管理,规范试验检测行为,提高试验检测数据的(   )和准确性,保证公路水运工程质量。

A. 客观性   B. 完整性   C. 科学性   D. 真实性

【错误答案】C

【答案剖析】这类题目需要考生抓住根本的选项,舍去次要的选项,不要本末倒置。考生要注意《关于进一步加强公路水运工程工地试验室管理工作的意见》这一文件对于检测数据的要求。文件规定,公路水运工程工地试验室是工程质量控制和评判的重要基础数据来源,是工程建设质量保证体系的重要组成部分。为进一步加强工地试验室管理,规范试验检测行为,提高试验检测数据的客观性、准确性,保证公路水运工程质量。题目中的四个选项好像都对,而文件中指的是"客观性"。

我们仔细分析一下这四个选项。检验检测机构是为社会出具证明性的数据。《检验检测机构资质认定能力评价 检验检测机构通用要求》(RB/T 214—2017)的从业行为要求是客观独立(4.1.3 检验检测机构及其人员从事检验检测活动,应遵守国家相关法律法规的规定,遵循客观独立、公平公正、诚实信用原则,恪守职业道德,承担社会责任)。对于选项 B、D 以及选项 C,如果我们给出的数据不完整、真实,就肯定不能说明被检测对象的全部特征;如果我们检测过程的方法不是科学的,就不能得到正确的合理结论。其实这三个选项包含在"客观性"之中。故正确答案为 A。

2.(判断题)某机构因电液式万能试验机故障,不得已将钢筋拉伸检测委托另外一家检测机构检测,这属于无能力分包。

【错误答案】√

【答案剖析】此题是有意偷换"有能力分包"和"无能力分包"的概念,正确表述应是"有能力分包"。《检验检测机构资质认定能力评价 检验检测机构通用要求》(RB/T 214—2017)4.5.5 规定,检验检测机构需分包检验检测项目时,应分包给依法取得资质认定并有能力完成分包项目的检验检测机构。条文释义里说明,有能力的分包是指一个检验检测机构拟分包的项目是其已获得检验检测机构资质认定的技术能力,但因工作量急增、关键人员暂缺、设备设施故障、环境状况变化等原因,暂时不满足检验检测条件而进行的分包。显然,检验检测机构首先必须具有能力和资质才能承接该检验检测项目,这里的分包,是因为"未预料的原因(如工作量、需要更多专业技术或暂时不具备能力)或持续性的原因(如通过长期分包、代理或特殊协议)"。未预料的原因是暂时的,"不具备能力"也是暂时的,例如工作量意外集中无法按时完成,又如检验检测使用的计量标准或测量仪器出现故障或者送检,因上级的原因不能及时修复或者取回,无法按时完成检验检测项目,此时允许实验室将承包的项目分包。而没有能力的分包则是指实验室将没有经过实验室资质认定计量认证(CMA)或实验室认可(CNAS)的项目分包给获得资质认定并具有相关技术能力的另一检测机构。

对于没有能力的分包,考生应该注意的是:

①分包给经过实验室资质认定(CMA)或实验室认可的实验室(CNAS),在结果报告中声明是分包,并得到分包方同意从它们实验室结果报告中摘取数据用于本实验室,可以盖 CMA 章或 CNAS 章;

②分包给未经实验室资质认定的,不能盖 CMA 章,否则就是违规的;

③实验室通过认可,在结果报告中声明分包不在认可范围,可以盖 CNAS 章。但是全部项目分包不能盖 CNAS 章。

3.(判断题)抽取样品是工程质量检测的第一步,也是极其重要的一关,因此抽取方法必须是现场随机抽样。

【错误答案】√

【答案剖析】这里明显是一个混淆随机抽样和抽样方法概念的问题。一般地,设一个总体含有 N 个个体,从中逐个不放回地抽取 n 个个体作为样本($n \leq N$),如果每次抽取使总体内的各个个体被抽到的机会都相等,就把这种抽样方法叫作简单随机抽样。抽样方法主要包括:随机抽样、分层抽样、整体抽样、系统抽样。而"现场抽样"是相对于室内抽样而言的。现场抽样采取什么方法,随机也好、系统也罢,都是抽取方法之一,而不是室外就一定要采取随机抽样。此问题也是大部分检测人员应该明确的一个概念。故正确答案为"×"。

4.(判断题)检验检测设备应由经过授权的人员操作,还应保存对检验检测具有重要影响的设备的记录,软件不属于设备范畴。

【错误答案】√

【答案剖析】此类题型在判断题中出现得比较多。其特点是在描述某一事件时,题干往往大部分内容都是正确的,而在误导考生判断的地方,将概念进行放大、另解,因而引导考生作出错误判断。软件在《检验检测机构资质认定能力评价 检验检测机构通用要求》(RB/T 214—2017)中,被纳入了设备管理范畴。4.4.1 设备设施的配备:检验检测机构应配备满足检验检测(包括抽样、物品制备、数据处理与分析)要求的设备和设施。用于检验检测的设施,应有利于检验检测工作的正常开展。设备包括检验检测活动所必需并影响结果的 仪器、软件、测量标准、标准物质、参考数据、试剂、消耗品、辅助设备或相应组合装置。检验检测机构使 用非本机构的设施和设备时,应确保满足本标准要求。

注意,题干还让我们知道设备的使用必须经过授权,未经过授权的人员不能使用相关设备。题干前半部分的表述是没有问题的,而结尾出现的"软件不属于设备范畴"则属于错误的干扰表述。故正确答案为"×"。这类由正确表述突然"变道"、紧接着出现一句错误表述的题目,很容易误导考生。

5.(判断题)纠正措施就是为保证发现的不合格不再犯而采取的预防措施。

【错误答案】√

【答案剖析】这是一个多数机构在整改过程中产生的概念混淆问题。纠正、纠正措施、预防措施的区别见下表,故正确答案为"×"。

项目	纠　正	纠 正 措 施	预 防 措 施
定义	为消除已发现的不合格所采取的措施	为消除已发现的不合格或其他不良情况的原因所采取的措施	为消除潜在的不合格或其他潜在不期望情况的原因所采取的措施
对象不同	不合格,只是"就事论事"	产生不合格或其他不期望情况的原因,是"追本溯源"	潜在的不合格或其他潜在不期望情况的原因,是"未雨绸缪""防微杜渐"
目的不同	针对不合格的处置。例如,在审核的报告/证书时发现填写有误,当即将错误之处改正过来,避免错误报告/证书流入顾客手中	为了防止已出现的不合格、缺陷或其他不希望的情况再次发生。例如,通过建立模板来固定报告/证书上的检测/校准项目,防止今后不再出现项目遗漏的错误	预防不合格的发生。例如,在阴霾天,许多人出门时戴上口罩。又如,作业现场的张贴的安全警示标识、质量提醒
时效性不同	纠正是"返修""返工""降级"或"调整",是对现有的不合格所进行的当机立断的补救措施,当即发生作用	纠正措施是针对不合格原因采取措施如通过修订程序和改进体系等,从根本上消除问题根源,通过跟踪验证才能看到效果	预防措施是针对潜在的不合格或其他潜在不期望情况的原因采取措施,措施的效果一般需要较长时期才能够看到
效果不同	纠正是对不合格的处置,不涉及不合格工作的产生原因,不合格可能再发生,即纠正仅仅是"治标"	纠正措施可能导致文件、体系等方面的更改,切实有效地纠正措施由于从根本上消除了问题产生的根源,可以防止同类事件的再次发生,因此纠正措施是"标本兼治"	预防措施能彻底避免不合格或不期望情况发生
触发条件不同	不符合分为不合格项和不合格品。一般情况下,所有的不合格品都需要立即纠正	需要采取纠正措施的四种情况是:审核发现的不合格、顾客抱怨的不合格、反复出现的不合格以及后果严重的不合格	预防措施是在没有发生不合格前提下,往往从数据分析得到这种预见和趋势

例如,A 商家的玻璃门被撞破了,于是:

①A 商家把撞破的地方换了一块玻璃——**纠正**;

②A 商家为了不再发生此事,在新的玻璃上用白笔画了一只眼睛——**纠正措施**;

③对面的 B 商家看到了,也在自己的玻璃上用白笔写上"当心玻璃"——**预防措施**。

6.（判断题）校准周期属于强制性约束的内容。

【错误答案】√

【答案剖析】正确答案是：检定周期属于强制性约束的内容。而校准周期由组织根据使用计量器具的需要自行确定。考生很容易将"检定周期"和"校准周期"弄混淆。类似地，考生还需要分清楚"自校准"和"内部校准"等这类易混概念。

五、错误的习惯做法

1.（单项选择题）下列有关检验检测机构记录的规定，表述错误的是（　　）。

A. 记录应按照适当程序规范进行

B. 修改后的记录应重抄后存档

C. 规定了原始观测记录的保存期限

D. 保存记录应防止虫蛀

【错误答案】A

【答案剖析】本题是一个逆向思维的题干，同时也是一些机构采用的方法。《检验检测机构资质认定能力评价　检验检测机构通用要求》（RB/T 214—2017）4.5.11 规定，检验检测机构应建立和保持记录管理程序，确保每一项检验检测活动技术记录的信息充分，确保记录的标识、贮存、保护、检索、保留和处置符合要求。

分析四个选项，A、C、D 都没问题；选项 B 提到"修改"，文件修改的正确做法是"采用杠改方式"，而不是"重抄"。故正确答案为 B。

2.（判断题）检定的设备无需对其检定结果进行确认。

【错误答案】√

【答案剖析】设备检定校准以后获取了检定校准证书，按照一些机构习惯的做法，认为只要进行了检定校准且有了证书，使用设备就是合法的。但是真正需要注意的是对照证书和自己的使用要求，对检定校准结果进行确认，核实检定校准的计量参数是否满足设备的使用要求。《检验检测机构资质认定能力评价　检验检测机构通用要求》（RB/T 214—2017）4.4.3 规定，检验检测机构应对检验检测结果、抽样结果的准确性或有效性有显著影响的设备，包括用于测量环境条件等辅助测量设备有计划地实施检定或校准。设备在投入使用前，应采用检定或校准等方式，以确认其是否满足检验检测的要求。同时，还应标识其状态并进行设备的计量确认。故正确答案为"×"。

六、计算错误

1.（单项选择题）用钢尺测量某结构层厚度为 50mm，已知该钢尺的最大允许误差为 0.5mm，则该结构层的厚度及相对误差表述正确的是（　　）。

A. 50mm ± 0.5mm，1%　　　　　　　　B. 50mm，0.5%

C. 50mm ± 0.5mm，0.5%　　　　　　　D. 50mm，1%

【错误答案】B

【答案剖析】计算结果选择在历年考题中比例也不少，如有关数理统计中常用统计量的标准差、中位数、样本均值,概率的计算,数字修约,误差计算等。这类需要经过简单计算作出结论的题,考生应该做到概念清楚、计算正确。此题考生如果不知道相对误差概念或者相对误差的计算,就不能正确作答。

相对误差指的是测量所造成的绝对误差与被测量(约定)真值之比乘以100%所得的数值,以百分数表示。一般来说,相对误差更能反映测量的可信程度。计算公式为:相对误差 = 绝对误差 ÷ 真值。故正确答案为 A。

2.(判断题)某测值为1000,真值为998,则测量误差为 -2,修正值为2。

【错误答案】√

【答案剖析】本题必须知道误差和修正值是怎么计算的。在测量时,测量结果与实际值之间的差值叫作误差。绝对误差就是被测量的测得值与其真值之差。即:绝对误差 = 测得值 - 真值。修正值是指用代数方法与未修正测量结果相加,以补偿其系统误差的值,其等于负的系统误差估计值。计算公式是:真值 = 测量结果 + 修正值。正确的计算结果应该是:测量误差为2,修正值为 -2。故正确答案为"×"。

3.(单项选择题)一批验收10组混凝土试块的抗压强度试验结果分别为27.6、33.4、37.9、38.8、37.8、27.8、38.3、38.9、35.0、40.4(单位:MPa),则其极差为(   )。

A.4.2MPa   B.12.6MPa   C.12.8MPa   D.35.6MPa

【错误答案】B

【答案剖析】考生在读题干时,如果认为是平均值,则将错误选择 D。再如果将最小值误读为27.8,则将错误选择 B。这就要求考生先对试验数据进行升序或者降序排列,然后根据题干要求计算极差值。本题的计算结果为40.4 - 27.6 = 12.8,故正确答案为 C。

一、试验检测师模拟试卷

说明:

1. 本模拟试卷设置单选题 40 道、判断题 30 道、多选题 25 道,总计 120 分;模拟自测时间为 120 分钟。

2. 本模拟试卷仅供考生进行考前自测使用。

一、单项选择题(共 40 题,每题 1 分,共 40 分)

1. 样品编号应由检测单位自行编制,但其编号的特性是(　　　)。

   A. 独特性　　　　　　B. 唯一性　　　　　　C. 便捷性　　　　　　D. 合法性

2. 按照《公路水运试验检测数据报告编制导则》(JT/T 828—2019)规定,编制记录表时,若出现重复含义的字段,可以简化或省略的情况是(　　　)。

   A. 不产生歧义　　　B. 能够理解　　　　C. 方便记录　　　　D. 合理合规

3. (　　　)个工作日是资质认定评审组出具技术评审结论的时限。

   A. 45　　　　　　　　B. 20　　　　　　　　C. 7　　　　　　　　D. 3

4. 实验室内部审核的周期通常为(　　　)。

   A. 2 年　　　　　　　B. 1 年　　　　　　　C. 6 个月　　　　　　D. 3 个月

5. 管理评审是试验室的执行管理层根据预定的日程和程序,定期地对实验室的质量体系检测和校准活动进行评审,典型的周期为(　　　)。

   A. 1 个月　　　　　　B. 12 个月　　　　　C. 24 个月　　　　　D. 不定期

6. 根据《公路水运工程试验检测信用评价办法》的规定,检验检测人员如果同时受聘于两个或两个以上试验检测机构的,对于检验检测人员扣(　　　)。

   A. 5 分　　　　　　　B. 10 分　　　　　　C. 20 分　　　　　　D. 40 分

7. 作为检验检测机构的报告或者证书,具备法律效力和其有效性体现在必须加盖(　　　)。

   A. 公司公章　　　　　　　　　　　　B. 标识章

   C. CMA 章　　　　　　　　　　　　D. 公路水运工程试验机构检测专用章

8. 实验室质量管理体系文件自发布后,至少运行(　　　)个月,才能进行计量认证评审。

   A. 1　　　　　　　　　B. 3　　　　　　　　C. 6　　　　　　　　D. 12

9. 全国标准化工作由( )统一管理。

　　A. 国务院　　　　　　　　　　　　B. 行政主管部门

　　C. 国务院标准化行政主管部门　　　　D. 国家认监委

10. 下列是 SI 单位的十进倍数与分数单位中正应力帕(斯卡)Pa 单位,书写错误的是( )。

　　A. GPa　　　　　B. MPa　　　　　C. KPa　　　　　D. kPa

11. 下列仅适用于评价工地试验室失信行为的是( )。

　　A. 存在虚假数据和报告及其他虚假资料的

　　B. 工地试验室未履行合同擅自撤离工地

　　C. 未按规定或合同配备相应条件的试验检测人员或擅自变更试验检测人员

　　D. 授权负责人不是母体机构派出人员或长期不在岗的

12. 按照《公路水运试验检测数据报告编制导则》(JT/T 828—2019)规定,编制记录表填写检测的基本信息时,除涉及( )外要填写工程名称。

　　A. 一般取样　　　B. 特殊样品　　　C. 抽查样品　　　D. 盲样

13. 无故不参加质监机构组织的比对试验等能力验证活动的,扣( )。

　　A. 10 分/次　　　B. 10 分/台　　　C. 10 分/类　　　D. 10 分/处

14. 对于签发的涉及结构安全的产品或试验检测项目不合格报告,工地试验室授权负责人应在( )个工作日之内报送试验检测委托方。

　　A. 7　　　　　　B. 5　　　　　　C. 2　　　　　　D. 1

15. 按照《公路工程试验检测仪器设备服务手册》规定,其溯源类别道路工程专业、桥隧工程专业、交通工程专业内容与《公路工程试验检测机构等级标准》的( )对应。

　　A. 试验检验标准　　　　　　　　　B. 试验检测项目

　　C. 试验检测内容　　　　　　　　　D. 试验检测类别

16. 5.29 × 0.9259 = ( )。

　　A. 4.89　　　　　B. 4.90　　　　　C. 4.898　　　　D. 4.8980

17. 下列属于检验检测机构核查人员的是( )。

　　A. 诚信建设负责人　　　　　　　　B. 质量负责人

　　C. CMA 资质认定内审员　　　　　　D. 授权签字人

18. 工地试验室的试验检测台账分为管理和技术台账。管理台账一般包括( )。

　　A. 样品台账　　　B. 试验/检测台账　C. 不合格材料台账　D. 标准规范台账

19. 下列属于文化传播加分项活动的是( )。

　　A. 宣贯行标　　　　　　　　　　　B. 参与行标试点运用

　　C. 参与行标修订　　　　　　　　　D. 参与诚信联盟活动

20. 信用评价周期为( )年。

　　A. 5　　　　　　B. 3　　　　　　C. 1　　　　　　D. 2

21. 原始记录应真实有效,可追溯的时间不少于( )。

　　A. 3 年　　　　　B. 5 年　　　　　C. 6 年　　　　　D. 8 年

22. 仪器设备的状态标识中,表明仪器设备存在部分缺陷,但在限定范围内可以使用的应为(　　)标志。

　　A.绿色　　　　　　B.黄色　　　　　　C.红色　　　　　　D.白色

23.向社会出具具有证明作用报告的检验检测机构,其建立的质量体系应符合(　　)的要求。

　　A.《公路水运工程试验检测管理办法》

　　B.《检验检测机构资质认定管理办法》

　　C.《检验检测机构资质认定能力评价　检验检测机构通用要求》

　　D.ISO 9001 质量体系

24.概率是赋予事件闭区间中的一个实数,下列描述闭区间正确的是(　　)。

　　A.(0,1]　　　　　B.[0,1]　　　　　C.[0,1)　　　　　D.(0,1)

25.按照《公路水运试验检测数据报告编制导则》(JT/T 828—2019)规定,检测类报告的标题应由报告名称、唯一性标识编码、检测单位名称、专用章、报告编号、页码等内容构成,这些而格式由(　　)固定的格式组成。

　　A.三行　　　　　　B.四行　　　　　　C.五行　　　　　　D.六行

26.检验检测机构需要加强标准物质的管理,定期对标准物质进行核查,核查的参数不包括(　　)。

　　A.有效期　　　　B.回弹率定值　　　C.账物相符　　　　D.浓度含量

27.一般来讲,检定比校准包括的内容(　　)。

　　A.更少　　　　　B.更多　　　　　C.一样多　　　　D.选项 ABC 均不正确

28.客户的机密信息应该在合同的(　　)中进行约定。

　　A.特别条款　　　B.一般条款　　　C.重要条款　　　D.服务条款

29.机构如有参与检验检测领域诚信国家标准、行业标准和联盟标准制修订,这是属于(　　)的加分项。

　　A.贯标　　　　　B.标准制修订　　　C.试点应用　　　D.文化传播

30.下列不属于《公路水运工程试验检测机构等级证书》中应当注明关于检测机构的内容的是(　　)。

　　A.授权签字人　　B.项目范围　　　　C.类别　　　　　D.等级

31.按照《公路水运试验检测数据报告编制导则》(JT/T 828—2019)规定,用于被检对象、测试过程中有关技术信息详细描述的是(　　)部分。

　　A.基本信息　　　　　　　　　　B.检测数据

　　C.正文信息　　　　　　　　　　D.检测对象属性

32.标准差是总体各单位标准值与其平均数离差平方的算术平均数。标准差是方差的算术平方根,能反映一个数据集的(　　)。

　　A.集中程度　　　B.离散程度　　　C.平均程度　　　D.均匀程度

33.下列可不出具检测报告的是(　　)。

　　A.现场试验　　　　　　　　　　B.现场演示试验

　　C.非现场试验　　　　　　　　　D.能力验证试验

34.在公路工程试验检测能力的分类代码中,是用(　　)表述"试验参数"的。

A. 一位小大写字母 B. 一位大写字母

C. 两位大写字母 D. 三位阿拉伯数字

35. 公路水运检测机构在提供等级评定申请材料的相关辅助材料时,要提供不低于申请等级必选设备总量的( )的主要仪器设备的检定/校准证书数量。

A. 10% B. 20% C. 30% D. 40%

36. 质监机构通过电子邮件向评审专家发送评审所需资料的时限是在评审前的( )。

A. 30 日内 B. 15 日内 C. 7 日内 D. 1 日内

37. 检测机构等级评定现场评审时,抽取的现场试验操作考核参数要覆盖全部申请试验检测项目,除了保证不低于15%的必选参数总量外,还需要特别关注( )标准规范发生变更的参数。

A. 1 年内 B. 2 年内 C. 3 年内 D. 5 年内

38. 在公路水运工程试验检测机构等级评定中,对试验检测能力的界定是指( )。

A. 检测机构具有满足检验检测要求固定的工作场所、工作环境

B. 检测机构具备从事检验检测活动所必需的检验检测设备设施

C. 检测机构具有与其从事检验检测活动相适应的检验检测技术人员和管理人员

D. 试验检测参数

39. 按照任何事件 A 概率的计算公式为 $P(A) = \dfrac{k}{n}$,一批产品有 n 件,其中有 m 件次品,表述若一次抽 2 件,则 B = 抽到 2 件正品的概率的公式应该表示为( )。

A. $P(B) = \dfrac{n-m}{n}$ B. $P(B) = \dfrac{c_{n-m}^2}{c_n^2}$

C. $P(B) = \dfrac{c_n^2}{c_{n-m}^2}$ D. $P(B) = \dfrac{c_{n-m}^2}{n}$

40. 进行某路段水泥混凝土路面面板厚度的检测,检测得到数据是 25.6、23.2、24.4、24.6、25.0、25.8、24.0、26.0(单位:mm)。当测定值为( )时,按照拉依达法应该评定为可疑数据。

A. +27.4 B. -28.7 C. +28.7 D. -29

二、判断题(共 30 题,每题 1 分,共 30 分)

1. 根据《检验检测机构诚信评价规范》规定,分包应事先获得客户书面准许。 ( )

2. 检验检测机构只需对检验检测机构的管理人员和操作人员进行诚信教育和培训。 ( )

3. 检验检测机构应该采取回避措施处理投诉。 ( )

4. 当识别出不符合工作或在管理体系或发生不符合,以及技术运作中出现对政策和程序偏离时,应实施纠正措施。 ( )

5. 公路水运工程安全生产监督管理的方针是坚持"安全第一、预防为主、综合治理"。 ( )

6. 对于有利害关系的评审对象,评审专家应主动申请回避。 ( )

7. 外资、分支机构申请资质认定按照规定必须具备 3 年及 3 年以上在所在国或者地区从事相关检测活动的业务经历。　　　　　　　　　　　　　　（　　）

8. 乙级资质的机构，对于最大干密度、最佳含水率，必须采用振动压实法。　（　　）

9. 定期对员工进行健康和安全知识的培训是检验检测机构的责任要求。　（　　）

10. 《公路工程试验检测仪器设备服务手册》中的仪器设备，原则上与《公路工程试验检测机构等级标准》中的"仪器设备配置"一致。　　　　　　　　　　（　　）

11. 《公路水运工程试验检测信用评价办法》也适用于承担公路水运工程质量鉴定的其他试验检测业务的试验检测机构诚信行为的评价。　　　　　　　　　　（　　）

12. 工地试验室及现场检测出具虚假数据报告并造成质量标准降低的，信用评价扣100 分。　　　　　　　　　　　　　　　　　　　　　　　　　　　　　（　　）

13. 检测人员应该独立开展检测工作，并保证试验检测数据科学、客观、公正，对试验检测结果承担法律责任。　　　　　　　　　　　　　　　　　　　　　　　（　　）

14. 机构评审中，如果初审合格的就进入现场评审阶段；但是，初审认为有需要补正的，质监机构应当及时退还申请材料，并说明理由。　　　　　　　　　　　　　　（　　）

15. 申请换证复核的试验检测机构，应将机构、人员、设备等信息录入公路水运工程试验检测管理信息系统。　　　　　　　　　　　　　　　　　　　　　　（　　）

16. 利用实验室间的比对，按照预先制定的准则评价参加者的能力叫作能力验证。

（　　）

17. 检验检测报告不应随意涂改也是一个检验检测机构诚信的表现。　　（　　）

18. 《公路工程试验检测仪器设备服务手册》规定，检测设备可分为三类：Ⅰ类为工具类，Ⅱ类为通用类，Ⅲ类为专用类。　　　　　　　　　　　　　　　　　（　　）

19. 《公路工程试验检测仪器设备服务手册》规定，对仪器设备进行检定时，若设备未首次检定，检定参数为全部项目；若设备未后续检定，检定参数为非下划线项目。　（　　）

20. 工地试验室应在其母体检测机构授权的项目及参数范围内开展检测活动，如有属规范变化而新增参数的，可以根据需要开展检测活动。　　　　　　　　　　（　　）

21. 按照《公路水运工程工地试验室及现场检测项目信用评价标准》，试验检测档案管理不规范的将被扣 10 分。　　　　　　　　　　　　　　　　　　　　　（　　）

22. 两个独立事件 M、N 发生的概率分别为 $P(M)$、$P(N)$，则 $P(M+N)=P(M)+P(N)$。

（　　）

23. 在对失信行为进行监督复查时，若仍存在同样问题应再次扣分。　　（　　）

24. 试验检测的专业、领域、项目及仪器设备 4 个层次的分类及代码构成了公路水运试验检测试验能力的描述。　　　　　　　　　　　　　　　　　　　　　　（　　）

25. 报出值 11.5^+ 表明在修约过程中实测值已经舍去过。　　　　　　（　　）

26. 准确度是指无穷多次测量值的平均值与一个参考量值间的一致程度。　（　　）

27. "$\geqslant A$" 的用语表达包括大于或等于 A、不少于 A、不低于 A、至少 A。　（　　）

28. 检验检测人员配备严重不足属于检验检测机构诚信评价指标的否决项。　（　　）

29. 检验检测设备是否定期检定或校准并不影响该机构的诚信评价。　　（　　）

30. 对于检验检测机构的诚信评价只有达到二项以上的否决项,才终止对该机构的评价。

（　　　　）

三、多项选择题(共 25 题,每题 2 分,共 50 分。下列各题的备选项中,至少有两个符合题意,选项全部正确得满分,选项部分正确按比例得分,出现错误选项该题不得分)

1. 公路水运试验检测类报告包括(　　　　)。

　　A. 检测对象属性　　　B. 基本信息　　　　C. 检测数据　　　　D. 附加声明

2. 乙级资质的机构,对于地基承载力,必须采用(　　　　)。

　　A. 平板载荷试验　　　　　　　　　B. 动力触探法

　　C. 静力触探法　　　　　　　　　　D. 标准贯入法

3. 下列不能作为检测机构能力确认依据的是(　　　　)。

　　A. 许诺　　　　　　　　　　　　　B. 推测

　　C. 能力验证　　　　　　　　　　　D. 租用、临时借用仪器设备

4. 试验检测机构、工地试验室及现场检测项目信用评价的依据包括(　　　　)。

　　A. 等级评定、换证复核中发现的失信行为

　　B. 上一年度信用评价时发现的严重失信行为

　　C. 交通运输主管部门通报批评或行政处罚的失信行为

　　D. 投诉举报查实的违规行为

5. 方法确认的步骤应该包括(　　　　)。

　　A. 确定分析要求　　　　　　　　　B. 设计一组实验

　　C. 进行实验,使用数据评估适用性　　D. 作出确认说明

6. 凡是获取资质认定证书机构的从业人员在进行检验检测活动中,必须(　　　　)。

　　A. 客观公正　　　　B. 科学严谨　　　C. 公平公正　　　　D. 诚实信用

7. 在利用计算机或自动化设备条件下,关于如何保证保护数据完整性和安全性,描述正确的是(　　　　)。

　　A. 软件应有不同等级的密码保护

　　B. 要逐步开展对计算机软件的测评,以确保软件的功能和安全性

　　C. 计算机操作人员应实行专职制,未经批准不得交叉使用

　　D. 当很多用户同时访问同一个数据库时,系统应有几层不同级别的访问权,以确定对每个用户的开放性

8. 根据《检验检测机构诚信评价规范》规定,检验检测机构对于守法指标的落实就是要看机构是否遵守(　　　　)相关法律法规的要求。

　　A. 工商　　　　　　B. 税务　　　　　C. 环保　　　　　　D. 人社

9. 下列有关系统测量误差的描述,正确的是(　　　　)。

　　A. 测得量值与参考量值之差称系统测量误差

　　B. 在重复测量中保持不变或按可预见方式变化的测量误差的分量称系统测量误差

　　C. 测量误差包括样品制备不当产生的误差

　　D.系统测量误差及来源已知时,可采用修正值进行补偿

10.无论是试验检测机构还是工地试验室,如果出现检测设备未按规定检定校准,则被扣除(　　)。

　　A.2 分/台　　　　　　　　　　　　B.3 分/台

　　C.单次扣分不超过 10 分/次　　　　D.单次扣分不超过 20 分/次

11.下列属于检验检测机构诚信评价否决项的行为的是(　　)。

　　A.未对样品来源有效识别

　　B.编造或销毁原始记录

　　C.租样、买样或不送(抽)样直接出具检验检测报告

　　D.分包给非法检验检测机构、未经资质认定的检验检测机构或未诚信达标的检验检测机构

12.公路专用试验检测设备近 600 种,根据溯源方式将其分为(　　)。

　　A.通用类　　　　B.专用类　　　　C.工具类　　　　D.管理类

13.抽样方案至少应当包括(　　)。

　　A.样本量　　　　　　　　　　　　B.质量判定规则

　　C.抽样时间　　　　　　　　　　　D.抽样方法

14.检定/校准的对象通常为(　　)。

　　A.检测设备　　　　B.标准物质　　　　C.测量仪器　　　　D.样品

15.对于具有公开发布的国家或交通运输部部门计量检定规程及校准规范的仪器设备,根据(　　)所示的内容进行检定/校准。

　　A.法律规定　　　　B.依据标准　　　　C.检验参数　　　　D.主要参数

16.下列选项中,(　　)可作为复核换证试验检测机构业绩的报告。

　　A.母体机构出具的试验报告

　　B.参加能力验证的项目或报告

　　C.母体机构授权工地试验室出具的报告

　　D.模拟试验出具的报告

17.编制《公路工程试验检测仪器设备服务手册》的目的是(　　)。

　　A.指导各地交通运输主管部门加强仪器设备的监督检查

　　B.提升工程质量检测的准确性

　　C.降低质量风险

　　D.有效服务试验检测机构开展仪器设备的溯源管理

18.公路水运试验检测的记录表包括(　　)。

　　A.标题　　　　B.基本信息　　　　C.检测数据　　　　D.附加声明

19.公路水运试验检测的记录表是将被测对象按照标准规范要求进行试验检测过程中产生的数据和信息,所形成的数字和文字的记载,因此应该(　　)。

　　A.信息齐全　　　　　　　　　　　B.数据真实可靠

　　C.报告结论准确　　　　　　　　　D.报告内容完整

20.水运工程检测机构在公路水运工程试验检测机构等级标准中对相关专业高级职称人

数及专业配置有要求的是( )。

    A.水运材料甲级   B.水运结构甲级

    C.水运材料丙级   D.水运材料乙级

21.承担公路水运工程质量事故鉴定的试验检测机构应满足以下( )条件。

    A.取得由交通运输主管部门颁发的《等级证书》

    B.通过计量认证

    C.通过国家实验室认可

    D.取得由交通运输主管部门颁发的甲级或者相应专项能力的《等级证书》

22.方差是一个确定的数值,它反映了随机变量取值的分散程度,方差具有( )性质。

    A.$D(X) = E(X^2) - E^2(X)$

    B.若 X 和 Y 独立,则 $D(X+Y) = D(X) + D(Y)$

    C.$D(C) = 0$

    D.若 X 和 Y 独立,则 $D(X-Y) = D(X) - D(Y)$

23.公路水运试验检测报告可分为检测类报告和综合评价类报告,其分类是依据( )。

    A.检验的目的   B.检验的标准

    C.报告的内容   D.报告的要求

24.下列能适用《公路水运工程试验检测等级管理要求》(JT/T 1181—2018)的活动范围有( )。

    A.工程招标   B.机构建设   C.等级评定   D.机构管理

25.公路水运试验检测报告的编制应该( )。

    A.形式统一   B.形式合规

    C.宜采用信息化方式   D.不宜采用信息化方式

模拟试卷参考答案及解析

一、单项选择题

1.B

【解析】《公路水运试验检测数据报告编制导则》(JT/T 828—2019)及释义规定,样品编号应由检测单位自行编制,用于区分每个独立样品的唯一性编号。检测单位应在质量管理体系中明确样品编号规则,确保其唯一性,同一组内的样品也应分别编号。这里容易出错的选项是 A,但独特性并不能保证唯一;唯一也不一定非要具有独特的特点;选项 C、D 两项不可能成为样品收集和整理的特性。

2.A

【解析】《公路水运试验检测数据报告编制导则》(JT/T 828—2019)规定,当按照上述原则编制记录表名称时,若出现重复含义的字段,在不产生歧义的情况下可简化或省略。因此答案只能是选项 A,其他三项不符合规定。

3.D

【解析】《检验检测机构资质认定管理办法》第十七条。资质认定评审组自资质认定技术评审结束之日起 3 个工作日内出具技术评审结论。注意区分选项 A、B 与选项 D 的区别。选项 A 是根据《检验检测机构资质认定管理办法》第十条,资质认定部门自受理申请之日起 45 个工作日内完成技术评审。选项 B 是根据《检验检测机构资质认定管理办法》第十条,资质认定部门自收到技术评审结论之日起 20 个工作日内作出是否准予许可的书面决定。

4. B

【解析】"1 年"是内审的周期。注意并不是说一定是 1 月 1 日到 12 月 31 日。

5. B

【解析】区分一年与 12 个月的概念。

6. C

【解析】《公路水运工程试验检测信用评价办法》规定,检验检测人员如果同时受聘于两个或两个以上试验检测机构的,将被扣 20 分。

7. C

【解析】《检验检测机构资质认定管理办法》第二十八条。检验检测机构出具具有证明作用的检验检测数据、结果的,应加盖检验检测专用章,并标注资质认定标志。

8. C

【解析】《实验室资质认定工作指南》(中国计量出版社出版,2007),《检测和校准实验室能力的通用要求》(GB/T 27025—2019)。有效运行 6 个月以上。

9. C

【解析】《中华人民共和国标准化法》第五条。国务院标准化行政主管部门统一管理全国标准化工作。

10. C

【解析】《力学的量和单位》(GB 3102.3—1993)。选项 C 是因为"K"没有小写。

11. D

【解析】《公路水运工程试验检测信用评价办法》规定,"授权负责人不是母体机构派出人员或长期不在岗的"仅适用于工地试验室的评价。

12. D

【解析】《公路水运试验检测数据报告编制导则》(JT/T 828—2019)5.2.3.1。工程名称应为测试对象所属工程项目的名称。当涉及盲样时,可不填写。因此,除了选项 D 可以不填写外,其他都不是不填写的理由。

13. A

【解析】《公路水运工程试验检测信用评价办法》规定,无故不参加质监机构组织的比对试验等能力验证活动的,扣 10 分/次。

14. C

【解析】《关于进一步加强公路水运工程工地试验室管理工作的意见》第十条(四)。实行不合格品报告制度,对于签发的涉及结构安全的产品或试验检测项目不合格报告,工地试验室授权负责人应在 2 个工作日之内报送试验检测委托方,抄送项目质量监督机构,并建立不合格试验检测项目台账。此条文要注意两点:一是不合格品报告制度,二是上报时限;强调的是"签发的涉及结构安全的产品或试验检测项目不合格报告"。

15. B

【解析】《公路工程试验检测仪器设备服务手册》规定,其溯源类别道路工程专业、桥隧工程专业、交通工程专业内容与《公路工程试验检测机构等级标准》的试验检测项目对应。

16. B

【解析】《数值修约规则与极限数值的表示和判定》(GB/T 8170—2008)"修约的积"。

17. C

【解析】根据《检验检测机构诚信评价规范》(GB/T 36308—2018)中对检验检测人员的规定,选项A、B、D都属于检验检测机构的管理人员;选项C才是检验检测机构的核查人员。

18. D

【解析】《关于印发工地试验室标准化建设要点的通知》3.4.4。试验检测台账分为管理和技术台账。管理台账一般包括人员、设备、标准规范等台账;技术台账一般包括原材料进场台账、样品台账、试验/检测台账、不合格材料台账、外委试验台账等。台账应格式统一、简洁适用、信息齐全,台账的填写和统计应及时、规范。注意区分台账中的管理台账和技术台账,二者不能混为一谈。

19. D

【解析】根据《检验检测机构诚信评价规范》(GB/T 36308—2018)中对加分项的规定,选项A是贯标加分项,选项B是试点运用加分项,选项C是标准制修订加分项;只有选项D是文化传播的加分项。

20. C

【解析】《公路水运工程试验检测信用评价办法》第五条。信用评价周期为1年。

21. C

【解析】根据《检验检测机构诚信评价规范》(GB/T 36308—2018)对记录控制的规定,原始记录必须真实有效、可追溯,追溯时间应不少于6年内。

22. B

【解析】(1)合格标志(绿色):经计量检定或校准、验证合格,确认其符合检测/校准技术规范规定的使用要求的;(2)准用标志(黄色):仪器设备存在部分缺陷,但在限定范围内可以使用的(即受限使用的);(3)停用标志(红色):仪器设备目前的状态不能使用的,但经检定、校准或修复后可以使用的。

23. C

【解析】《检验检测机构资质认定能力评价 检验检测机构通用要求》(RB/T 214—2017)4.5.1的相关要求。

24. B

【解析】概率的范围。根据《统计学词汇及符号 第1部分:一般统计术语与用于概率的术语》(GB/T 3358.1—2009)2.5,概率是赋予事件闭区间[0,1]中的一个实数。"[ ]"表示闭区间,"( )"表示开区间。

25. A

【解析】《公路水运试验检测数据报告编制导则》(JT/T 828—2019)规定,标题部分应由报告名称、唯一性标识编码、检测单位名称、专用章、报告编号、页码组成。标题部分共由三行固定的格式组成,第一行是页码,第二行是报告名称和报告唯一性标识编码,第三行是检测单位名称和编号。

26. B

【解析】检验检测机构应建立和保持标准物质管理程序。可能时,标准物质应溯源到 SI 单位或有证标准物质。检验检测机构应根据程序对标准物质进行期间核查。标准物质是用作参照对象的具有规定特性、足够均匀和稳定的物质,其已被证实符合测量或标称特性检查的预期用途。定期检查机构各检测项目所对应的标准物质是否相符。对新增检测项目所对应的标准物质应及时纳入规范管理,是标准物质管理的要点,而核查标准物质就是定期核查标准物质参数:种类、级别、介质、浓度含量、有效期、批号、环境条件、储存方法、账物相符等。选项 B 的目的为了检验回弹仪,证明其是符合规范要求的合格回弹仪,与标准物质无关。

27. B

【解析】需要理解检定和校准的定义,这是不同的两种行为。校准的内容和项目,只是评定测量装置的示值误差,以确保量值准确;检定的内容则是对测量装置的全面评定,要求更全面,除了包括校准的全部内容之外,还需要检定有关项目。

28. A

【解析】《检验检测机构诚信评价规范》(GB/T 36308—2018)规定,客户机密信息是在合同中用特别条款进行约定。

29. B

【解析】《检验检测机构诚信评价规范》(GB/T 36308—2018)规定,在标准制修订下,参与检验检测领域诚信国家标准、行业标准和联盟标准制修订;每参与 1 项加 5 分,最多不超过 25 分。

30. A

【解析】《公路水运工程试验检测管理办法》第十八条。

31. D

【解析】《公路水运试验检测数据报告编制导则》(JT/T 828—2019)规定,检测对象属性部分位于基本信息部分之后,用于被检对象、测试过程中有关技术信息的详细描述。

32. B

【解析】《通用计量术语及定义》(JJF 1001—2011)5.17。标准差用于表征测量结果的分散性。

33. B

【解析】《公路水运工程试验检测等级管理要求》(JT/T 1181—2018)规定,对检测机构的现场试验操作考核,主要采取现场试验的方式进行,当采取现场演示试验时,应结合查阅检测报告验证和现场提问组合确认的方式进行。现场试验应出具检测报告,现场演示试验可不出具检测报告。

34. D

【解析】《公路水运工程试验检测等级管理要求》(JT/T 1181—2018)5.5.3。公路工程试验检测参数的代码为三位阿拉伯数字。

35. D

【解析】《公路水运工程试验检测等级管理要求》(JT/T 1181—2018)7.2.1.2。检测机构等级评定申请,主要仪器设备的权属证明和检定/校准证书应不低于申请等级必选设备总量的40%。

36. C

【解析】《公路水运工程试验检测机构等级管理要求》(JT/T 1181—2018)7.3.3。印发评审通知,质监机构应在现场评审前7日内向评审专家发送评审所需资料。

37. B

【解析】《公路水运工程试验检测等级管理要求》(JT/T 1181—2018)7.3.4.3。现场评审抽取的实操参数应不低于必选参数总量的15%,一般可采取随机抽取参数的方式进行,且宜重点考虑最近2年内标准规范发生变更的试验检测参数。

38. D

【解析】《公路水运工程试验检测等级管理要求》(JT/T 1181—2018)6.1.1。试验检测能力即试验检测参数。

39. B

【解析】概率的基本计算公式。这里只要求知道任何列出正确的计算公式。选项A表示的是一次任抽1件,抽到正品的概率计算公式。

40. D

【解析】当某一测量数据与其测量结果的算术平均值之差大于3倍标准偏差时,用公式表示为$|x_i - \bar{x}| > 3s$。

二、判断题

1. √

【解析】《检验检测机构诚信评价规范》(GB/T 36308—2018)规定,在分包管理的指标评价下,分包应事先获得客户书面准许。

2. ×

【解析】《检验检测机构诚信评价规范》(GB/T 36308—2018)规定,检验检测机构要对检验检测机构的管理人员、操作人员、核查人员以及其他人员都要进行诚信教育和培训。

3. ×

【解析】检验检测机构应建立和保持处理投诉的程序。明确对投诉的接收、确认、调查和处理职责,并采取回避措施。这里需要区别:对投诉要接收、确认、调查、处理;但对于客户投诉相关的人员、被客户投诉的人员,应采取适当的回避措施。

4. √

【解析】检验检测机构应建立和保持在识别出不符合工作时,采取纠正措施的程序;当发现潜在不符合时,应采取预防措施。检验检测机构应通过实施质量方针、质量目标,应用审核结果、数据分析、纠正措施、预防措施、管理评审来持续改进管理体系的适宜性、充分性和有效性。纠正措施是指消除已发现的不合格或其他不期望情况的原因所采取的措施。预防措施针对的对象为:(1)潜在的不符合,即尚未发展到不符合规定要求的程度,但有这种可能性或发展趋势;(2)其他尚未发生但不希望发生的情况;(3)预防措施旨在消除潜在的原因。

5. √

【解析】《公路水运工程安全生产监督管理办法》第四条。

6. √

【解析】根据《公路水运工程试验检测等级管理要求》(JT/T 1181—2018)中的评审纪律要求,对于有利害关系的评审对象,评审专家应主动申请回避。

7. ×

【解析】《检验检测机构资质认定管理办法》第十四条、第十五条。

8. ×

【解析】《公路水运工程试验检测等级管理要求》(JT/T 1181—2018)表 C.1。对于最大干密度、最佳含水率,甲级必须采用击实法和振动压实法,乙级和丙级必须采用击实法。

9. √

【解析】根据《检验检测机构诚信评价规范》(GB/T 36308—2018)责任要求指标的规定,是否定期对员工进行健康和安全知识的培训是评价机构的公共责任、道德行为和公益支持的指标要求。

10. √

【解析】《公路工程试验检测仪器设备服务手册》规定,仪器设备原则上与《公路工程试验检测机构等级标准》中的"仪器设备配置"一致。

11. ×

【解析】《公路水运工程试验检测信用评价办法》第二条。

12. √

【解析】《公路水运工程试验检测信用评价办法》附件 2 中 JJC202001。注意区分机构的失信行为扣分标准与人员的失信行为扣分标准。

13. √

【解析】《公路水运工程试验检测管理办法》第三十九条。

14. ×

【解析】《公路水运工程试验检测管理办法》第十四条。初审合格的进入现场评审阶段;初审认为有需要补正的,质监机构应当通知申请人予以补正直至合格;初审不合格的,质监机构才应当及时退还申请材料,并说明理由。文件分别说明了"初审合格""初审合格但需要补正""初审不合格"三种情形的处理办法。

15. √

【解析】《公路水运工程试验检测机构评定及换证复核工作程序》第五条。要强调的是,机构、人员、设备等信息的录入是进行评审工作的前提条件。省级质监机构和现场核查专家组在进行材料审查时,都需要核查录入在公路水运工程试验检测管理信息系统中的相关信息。

16. √

【解析】《合格评定　能力验证的通用要求》(GB/T 27043—2012)3.7 能力验证的概念。

17. √

【解析】根据《检验检测机构诚信评价规范》(GB/T 36308—2018)技术要求指标的规定,有采用是否存在检验检测记录、报告、证书不应随意涂改的现象,来评价报告证书的信用状态。

18. ×

【解析】《公路工程试验检测仪器设备服务手册》规定,公路专用试验检测设备近600种,根据溯源方式将其分为通用类、专用类、工具类三类,分别用Ⅰ类、Ⅱ类和Ⅲ类表示。

19. √

【解析】《公路工程试验检测仪器设备服务手册》规定,对仪器设备进行检定时,若设备未首次检定,检定参数为全部项目;若设备未后续检定,检定参数为非下划线项目。

20. ×

【解析】《关于进一步加强公路水运工程工地试验室管理工作的意见》四。不能开展新参数检测。

21. ×

【解析】按照《公路水运工程工地试验室及现场检测项目信用评价标准》,试验检测档案管理不规范的行为将被扣5分/项。

22. √

【解析】"统计技术的基础"概率的定义。

23. √

【解析】《公路水运工程试验检测机构信用评价标准》《公路水运工程工地试验室及现场检测项目信用评价标准》《公路水运工程试验检测人员信用评价标准》都明确规定了在对失信行为进行监督复查时,若仍存在同样问题应再次扣分。

24. √

【解析】《公路水运工程试验检测等级管理要求》(JT/T 1181—2018)5.1。检测机构试验检测能力由试验检测的专业、领域、项目及参数4个层次表示。

25. √

【解析】《数值修约规则与极限数值的表示和判定》(GB/T 8170—2008)3.3。报出值最右的非零数字为5时,应在数值右上角加"＋"或"－"或不加符号,分别表明已经进行过舍、进或未舍未进。这样表述是为了避免连续修约。

26. ×

【解析】《通用计量术语及定义》(JJF 1001—2011)5.8、5.9。准确度是指测量值与真值的一致程度。正确度是指无穷多次测量值的平均值与一个参考量值间的一致程度。

27. √

【解析】《通用计量术语及定义》(JJF 1001—2011)4.2。"≥A"的基本用语包括大于或等于A、不小于A、不少于A、不低于A,允许用语为A及以上或至少A。

28. √

【解析】根据《检验检测机构诚信评价规范》(GB/T 36308—2018)规定,合规性、人员、设备、样品、行政监督结果、分包非法机构等指标的否决项,而人员配备严重不足属于人员否决项的指标。

29．×

【解析】根据《检验检测机构诚信评价规范》(GB/T 36308—2018)规定,检验检测设备是否定期检定或校准,是否具有真实、有效的校准报告和证书,是诚信评价中有关设备管理的指标。

30．×

【解析】根据《检验检测机构诚信评价规范》(GB/T 36308—2018)规定,否决项指标若有,应"一票否决",终止评价。

三、多项选择题

1．ABCD

【解析】《公路水运试验检测数据报告编制导则》(JT/T 828—2019)4.5。检测类报告应由标题、基本信息、检测对象属性、检测数据、附加声明、落款六部分组成。

2．ABC

【解析】《公路水运工程试验检测等级管理要求》(JT/T 1181—2018)表 C.1。乙级资质的机构,对于地基承载力,必须采用:平板载荷试验,动力触探法,静力触探法。而标准贯入法和十字剪切法不是必需的,因此选项 D 错误。

3．ABD

【解析】《公路水运工程试验检测等级管理要求》(JT/T 1181—2018)规定,试验检测能力应以现有的条件为依据,不得以许诺、推测作为依据。租用、临时借用仪器设备不得作为相应试验检测能力的确认依据。因此选项 A、B、D 为正确答案,而选项 C 被排除。

4．ACD

【解析】《公路水运工程试验检测信用评价办法》第十条。

5．ABCD

【解析】方法确认的定义是通过检验和提供客观证据,证实满足指定最终用途的特定要求。方法确认包含三个重要组成部分:(1)"特定的最终用途",是从分析所要解决问题中产生的对于分析的要求;(2)"客观证据"常表现为从有计划的实验过程中获得的数据,从中可计算出适当的方法性能参数;(3)"证实"是通过将性能数据与诸如方法适用性方面的要求进行充分的比较来进行的。

6．CD

【解析】《检验检测机构资质认定管理办法》第二十二条。

7．ABCD

【解析】《检验检测机构资质认定能力评价　检验检测机构通用要求》(RB/T 214—2017)4.5.16。检验检测机构应当对媒介上的数据予以保护,应对计算和数据转移进行系统和适当地检查。当利用计算机或自动化设备对检验检测数据进行采集、处理、记录、报告、存储或检索时,检验检测机构应建立和保持保护数据完整性和安全性的程序。自行开发的计算机软件应形成文件,使用前确认其适用性,并进行定期、改变或升级后的再确认。维护计算机和自动设备以确保其功能正常。

8. ABCD

【解析】《检验检测机构诚信评价规范》(GB/T 36308—2018)规定,守法作为检验检测机构诚信评价的二级指标,落实到三级指标就是是否遵守工商、税务、消防、环保、人社等相关法律法规的要求。

9. BD

【解析】误差的定义。

10. AD

【解析】《公路水运工程试验检测信用评价办法》第六条和附件1。试验检测设备未按规定检定校准的,扣2分/台、单次扣分不超过20分。

11. ABCD

【解析】《检验检测机构诚信评价规范》(GB/T 36308—2018)规定,属于否决项的有:未对样品来源有效识别(样品);编造或销毁原始记录(人员);租样、买样或不送(抽)样直接出具检验检测报告(样品);分包给非法检验检测机构、未经资质认定的检验检测机构或未诚信达标的检验检测机构(分包非法机构)。

12. ABC

【解析】《公路工程试验检测仪器设备服务手册》规定,公路专用试验检测设备近600种,根据溯源方式将其分为通用类、专用类、工具类三类,因此选项D错误。

13. ABCD

【解析】"统计技术和抽样技术"制定抽样方案的内容。

14. ABC

【解析】凡是用于检测的仪器设备都要进行检定/校准。

15. BC

【解析】《公路工程试验检测仪器设备服务手册》规定,具有公开发布的国家或交通运输部部门计量检定规程及校准规范的仪器设备,根据依据标准、检验参数所示的内容进行检定/校准。

16. ACD

【解析】《公路水运工程试验检测机构评定及换证复核工作程序》第十五条。

17. ABCD

【解析】编制《公路工程试验检测仪器设备服务手册》的目的,是有效服务试验检测机构和公路工程项目建设从业单位开展仪器设备的溯源管理,指导各地交通运输主管部门加强仪器设备的监督检查,提升工程质量检测的准确性,降低质量风险。因此四个选项都是正确的。

18. ABCD

【解析】《公路水运试验检测数据报告编制导则》(JT/T 828—2019)4.4。记录表应由标题、基本信息、检测数据、附加声明、落款五分部组成。

19. ABCD

【解析】《公路水运试验检测数据报告编制导则》(JT/T 828—2019)4.3。记录表应信息齐全、数据真实可靠,具有可追溯性;报告应结论准确、内容完整。

20. ABD

【解析】根据《公路水运工程试验检测机构等级标准》"二、水运工程试验检测机构等级标准"表1,除水运材料丙级外,其余四个等级均有要求。

21. BD

【解析】《公路水运工程试验检测管理办法》。

22. ABC

【解析】方差的定义。

23. AC

【解析】根据检测目的和报告内容的不同,报告可分为检测类报告和综合评价类报告两类。

24. BCD

【解析】《公路水运工程试验检测等级管理要求》(JT/T 1181—2018)1 范围。

25. ABC

【解析】《公路水运试验检测数据报告编制导则》(JT/T 828—2019)4。公路水运试验检测数据报告应格式统一、形式合规,宜采用信息化方式编制,因此选项 D 错误。

二、助理试验检测师模拟试卷

说明：

1. 本模拟试卷设置单选题40道、判断题30道、多选题25道，总计120分；模拟自测时间为120分钟。

2. 本模拟试卷仅供考生进行考前自测使用。

一、单项选择题（共40题，每题1分，共40分）

1. 综合评价报告多数情况属于（　　）类别。

    A. 见证取样检测　　　　　　　　　　B. 委托取样检测

    C. 委托抽样检测　　　　　　　　　　D. 质量监督检测

2. 团体标准应当按照由国务院标准化行政主管部门制定并公布的编号规则进行编号。未进行编号且逾期不改正的，由（　　）标准化行政主管部门撤销相关标准编号，并在标准信息公共服务平台上公示。

    A. 团体　　　　　　B. 国务院　　　　　　C. 行业　　　　　　D. 省级以上

3. 按照《公路水运试验检测机构等级评定及换证复核工作程序》要求换证复核合格，且现场评审评分大于或等于80分的，在完成（　　）个月整改后，由组长进行现场验证，形成整改情况确认意见报送质监机构。

    A. 1　　　　　　　　B. 5　　　　　　　　C. 3　　　　　　　　D. 6

4. 除（　　）为强制性标准和推荐性标准外，国家鼓励采用推荐性标准。

    A. 行业标准　　　　B. 企业标准　　　　C. 国家标准　　　　D. 团体标准

5. 在公路水运工程试验检测机构等级评定中，评审组内部评议环节评审专家独立打分，组长评分权重为（　　）。

    A. 60%　　　　　　B. 30%　　　　　　C. 40%　　　　　　D. 没有权重

6. 检测机构对于数据信息管理，要建立和保持数据的完整性、正确性和（　　）的保护程序。

    A. 权威性　　　　　B. 保密性　　　　　C. 可靠性　　　　　D. 客观性

7. 综合评价类报告一般是针对（　　）的检测。

    A. 构筑物　　　　　B. 构造物　　　　　C. 结构物　　　　　D. 土工构造物

8. 综合评价类报告的重中之重是（　　）。

    A. 结论与分析评估　　　　　　　　　B. 人员和仪器设备

    C. 检测内容与方法　　　　　　　　　D. 检测数据分析

9. 依据《建设工程质量管理条例》，对涉及结构安全的试块、试件以及有关材料现场取样，应当在建设单位或者工程监理单位的（　　）下进行，并送具有相应资质等级的质量检测单位进行检测。

  A. 旁站   B. 见证   C. 监督   D. 协助

10. 对于样品管理情况的检查属于(　　　)。

  A. 能力评审   B. 管理能力评审

  C. 技术能力评审   D. 基本条件评审

11. 下列不属于资质认定证书内容的是(　　　)。

  A. 资质认定标志   B. 检验检测能力范围

  C. 技术评审时间   D. 获证机构名称和地址

12. 期间检查的目的是保持设备校准状态的(　　　)。

  A. 可信度   B. 可使用   C. 正确   D. 可持续

13. 实验室的监督人员应对(　　　)进行监督。

  A. 检测的整个过程   B. 检测的某一工序

  C. 检测的关键环节   D. 随机抽取的一个环节

14. 对于公路水运工程试验检测机构换证复核不合格的整改期限为(　　　)个月。

  A. 1   B. 3   C. 5   D. 6

15. 有下列(　　　)情形时,资质认定部门应当撤销其资质认定证书。

  A. 接受影响检验检测公正性的资助或者存在影响检验检测公正性行为的

  B. 超出资质认定证书规定的检验检测能力范围,擅自向社会出具具有证明作用数据、
结果的

  C. 出具的检验检测数据、结果失实的

  D. 未经检验检测或者以篡改数据、结果等方式,出具虚假检验检测数据、结果的

16. 对于检验检测机构诚信评价选用的评价模式是(　　　)。

  A. 自我评价和社会监督相结合

  B. 自我评价和第三方评价相结合

  C. 自我评价、第三方评价和监管部门评价相结合

  D. 自我评价、第三方评价和社会监督相结合

17. 为保证检验检测结果的(　　　),检验检测机构应当确保其相关测量和校准结果,能够
溯源至国家标准。

  A. 可靠性   B. 正确性   C. 精确性   D. 准确性

18. 李明从分别标有 1、2、3、4、5、6、7、8、9、10 标号的小球中,任取一球,"取的 1 号球",
"取的 7 号球"则称"取的 1 号球"与"取的 7 号球"是(　　　)事件。

  A. 相互   B. 孤立   C. 对立   D. 互斥

19. 工地试验室超出母体检测机构授权范围的试验检测项目和参数应进行外委,接受外委
试验的检测机构应取得《等级证书》,通过计量认证,且上年度信用等级为(　　　)。

  A. B 级   B. B 级及以上   C. C 级   D. C 级及以上

20. 检验检测机构因自身原因导致对其出具的检验检测报告结果偏离时,应当(　　　)。

  A. 解释、召回或者赔偿   B. 按照不符合工作程序处理

  C. 与客户协商解决   D. 采取纠偏措施

21.下列属于人员能力诚信评价的情形是( )。

    A.出具虚假数据和结果   B.核心人员的违法违规违纪行为

    C.编造原始记录   D.编造检测人员档案

22.作为检验检测机构诚信评价的"识法"指标要求,就是机构应建立( )的跟踪和实施机制。

    A.业务信息   B.风险信息

    C.诚信信息   D.培训信息

23.( )是超过合理使用年限的建设工程鉴定的委托人。

    A.建设单位   B.施工单位

    C.产权使用人   D.产权所有人

24.须经国务院有关部门或( )考核合格,方可从事工程质量监督。

    A.县级人民政府其他有关部门

    B.国务院建设行政主管部门

    C.省级人民政府其他有关部门

    D.行政区域内的地方政府

25.施工单位应该按照( )配备专职安全生产管理人员。

    A.工程总投资额   B.工程管理目标

    C.年度投资额   D.年度施工产值

26.检验检测机构需定期向第三方和监管部门提交( )。

    A.环评报告   B.诚信报告

    C.检验检测报告   D.风险分析报告

27.若事件 A 与 B 互斥,互斥事件 A 与 B 之和的概率 $P(A+B)$ 等于( )。

    A.$P(A)+P(B)$ B.$P(A)-P(B)$

    C.$P(A)\times P(B)$ D.$P(A)/P(B)$

28.按照《公路水运工程试验检测机构信用评价标准》,作为责任单位被直接确定为 D 级的失信行为是( )。

    A.对各级交通运输主管部门及质监机构提出的意见整改未闭合的

    B.试验检测记录报告使用标准不正确的

    C.使用已过期的《等级证书》和专用标识章出具报告的

    D.存在严重失信行为,被部、省级交通运输及以上有关部门行政处罚的

29.按照《公路工程试验检测仪器设备服务手册》规定,公路专用试验检测设备近 600 种,可以分为通用类、专用类、工具类三类,这三类是以( )来划分的。

    A.溯源方式   B.管理方式   C.专业分类   D.设备功能

30.按照0.2 单位修约规则,将830 修约到"百"位数,表述正确的是( )。

    A.850   B.800   C.830   D.840

31.组合单位力矩单位名称的正确书写方式为( )。

    A.kN-m   B.kN·m   C.千牛米   D.千牛-米

32.标准差是总体各单位标准值与其平均数离差平方的算术平均数。标准差是方差的算

术平方根,能反映一个数据集的(　　　)。

    A. 集中程度　　　　　B. 离散程度　　　　　C. 平均程度　　　　　D. 均匀程度

33. 质监机构用于复核评价的不良信用信息采集且要覆盖到评价标准的所有项,次数至少为(　　　)。

    A. 1 次/月　　　　　B. 1 次/年　　　　　C. 2 次/年　　　　　D. 3 次/年

34. 为确保实验室文件现行有效,应该采取以下(　　　)措施。

    A. 指定专人保管文件

    B. 实验室的所有文件都加盖受控章

    C. 文件必须存放在指定的地方

    D. 建立文件控制程序

35. 作为责任主体的(　　　)应该加强对授权工地试验室的管理和指导,并对工地试验室试验检测结果的真实性和准确性负责。

    A. 施工总包机构　　　　　　　　　B. 施工检测机构

    C. 母体试验检测机构　　　　　　　D. 工程质量监督机构

36. 按照《公路工程试验检测仪器设备服务手册》规定,检验参数是影响仪器设备量值(　　　)的技术参数。

    A. 特殊性　　　　　　　　　　　　B. 科学性

    C. 准确性　　　　　　　　　　　　D. 唯一性

37. 《检验检测实验室技术要求验收规范》(GB/T 37140—2018)不适用的是(　　　)。

    A. 医学实验室　　　　　　　　　　B. 检定/校准实验室

    C. 公路行业实验室　　　　　　　　D. 机动车检验

38. 公路水运工程试验检测机构等级评定中,试验检测能力的界定是指(　　　)。

    A. 检测机构具有满足检验检测要求固定的工作场所、工作环境

    B. 检测机构具备从事检验检测活动所必需的检验检测设备设施

    C. 检测机构具有与其从事检验检测活动相适应的检验检测技术人员和管理人员

    D. 试验检测参数

39. 按照任何事件 A 概率的计算公式为 $P(A) = \dfrac{k}{n^2}$,一批产品有 n 件,其中有 m 件次品,表述若一次抽 2 件,则 B = 抽到 2 件正品的概率的公式应该表示为(　　　)。

    A. $P(B) = \dfrac{n-m}{n}$　　　　　　　　　B. $P(B) = \dfrac{c_{n-m}^2}{c_n^2}$

    C. $P(B) = \dfrac{c_n^2}{c_{n-m}^2}$　　　　　　　　　D. $P(B) = \dfrac{c_{n-m}^2}{n}$

40. 进行某路段水泥混凝土路面面板厚度的检测,检测得到数据是 25.6、23.2、24.4、24.6、25.0、25.8、24.0、26.0(单位:mm)。当测定值为(　　　)时,按照拉依达法应该评定为可疑数据。

    A. +27.4　　　　　B. −28.7　　　　　C. +28.7　　　　　D. −29

二、判断题(共 30 题,每题 1 分,共 30 分)

1.《公路工程标准体系》的建设板块中,试验模块是指用于指导公路设计、施工、运营等环节的室内试验,由土工试验、土工合成材料试验、岩石试验、集料试验、结合料试验、沥青及沥青混合料试验、水泥及水泥混凝土试验等标准构成。 (　)

2. 公路水运工程试验检测服务方式主要分为工地试验室和母体机构两种,在试验检测工作的信息管理功能方面不存在差异。 (　)

3. 试验检测机构申请可选的参数数量,应该以质监机构最后的确认数量为准。 (　)

4. 根据《公路水运试验检测数据报告编制导则》(JT/T 828—2019)有关检测类报告的编制要求,实验室应准确、清晰、明确、客观和科学地出具结果。 (　)

5.《公路水运试验检测数据报告编制导则》(JT/T 828—2019)规定,检测类报告的编制不得采用数字签名。 (　)

6. 国家认监委负责评审员管理制度的建立和组织实施,培训评审员师资,并负责国家认监委所使用评审员的确认、培训和监督管理工作。 (　)

7. 检验检测机构要不断识别诚信要素,以满足法律、技术、管理和责任方面的基本要求。 (　)

8. 检测机构信用评价采用的是加权平均评分制。 (　)

9. 检测类报告采用自动调取委托信息、试验检测数据、结果和手工编辑相结合的方式进行编制。 (　)

10. 一份合格的报告应编写规范,内容完整,数据、图片、术语准确无误,判定科学、公正、明确。 (　)

11. 综合类报告内容侧重于测试结果的获取。 (　)

12. 监理单位可直接委托具有《等级证书》和《计量认证证书》的第三方试验检测机构设立工地试验室。 (　)

13. 检测机构和人员信用评价公示期为 10 天。 (　)

14.《公路水运试验检测数据报告编制导则》(JT/T 828—2019)释义规定,记录表和综合类报告都是由标题、基本信息、检测数据、附加声明、落款五部分组成。 (　)

15. 对检验检测机构依法设立的分支机构,可以根据具体情况简化文件审查、减少现场评审内容,采信相关评价结果,避免重复评审。 (　)

16. 试验检测报告的落款部分,对于检测复核由检测人员手签或数字签名即可。 (　)

17. 施工单位自行设计、组装的施工挂(吊)篮等设施,经工人试用无误后可以投入使用。 (　)

18. 母体机构对工地试验室授权的内容不包括公章。 (　)

19. 工地试验室的工作区总体上可分为收样室、办公室、资料室和活动室。 (　)

20. 仪器设备的管理标识的信息除了设备名称、型号、人员信息外,还应该标明是否合格。 (　)

21. 仪器设备管理卡设置二维码,可通过扫码查看检测进度、报告编制进度等情况。 (　)

22.《公路水运工程试验检测机构等级评定及换证复核工程程序》的制定依据为《检验检测机构资质认定管理办法》。　　　　　　　　　　　　　　（　　）

23.水运工程试验检测机构等级标准中,对技术负责人没有高级职称要求的是结构(地基)乙级。　　　　　　　　　　　　　　　　　　　　　　　　　（　　）

24.试验检测的专业、领域、项目及仪器设备4个层次的分类及代码,构成了公路水运试验检测试验能力的描述。　　　　　　　　　　　　　　　　　　　　　（　　）

25.报出值11.5⁺表明在修约过程中实测值已经舍去过。　　　　　　　　（　　）

26.甲级资质的机构,对于理论最大相对密度,必须采用真空法和计算法。　　（　　）

27.检验检测机构获得有效的第三方机构颁发的质量管理体系认证证书、环境管理体系认证证书和安全管理体系认证证书,是检验检测机构的责任要求。　　　　　（　　）

28.交通运输部职业资格中心按照职责分工负责指导、监督和检查公路水运工程助理试验检测师、试验检测师职业资格考试的实施工作。　　　　　　　　　　　（　　）

29.检验检测诚信评价的原则是科学性、系统性和适应性。　　　　　　　（　　）

30."编号"是《公路工程试验检测仪器设备服务手册》所列仪器设备的唯一标识,统一采用字母加数字的10位字符编码。　　　　　　　　　　　　　　　　　　（　　）

三、多项选择题(共25题,每题2分,共50分。下列各题的备选项中,至少有两个符合题意,选项全部正确得满分,选项部分正确按比例得分,出现错误选项该题不得分)

1.综合类评价报告可针对(　　　)的一个或多个技术指标进行检测而出具数据结果、检测结论和评价意见。

A.材料　　　　　　　B.构件　　　　　　　C.工程制品　　　　　D.实体

2.下列选项中,属于试验检测信息化新技术运用的有(　　　)。

A.物联网应用　　　　　　　　　　B.二维码运用

C.数据报告电子化　　　　　　　　D.使用软化点测定仪

3.公路水运工程试验检测机构等级评定中,评审组要对场地面积、环境条件(　　　)等总体情况进行考察。

A.样品管理　　　　B.文件控制　　　　C.安全防护　　　　D.环境保护

4.设备出现故障或者异常时,检验检测机构应采取相应措施,同时还必须对以前检验检测结果的影响,其行为包括(　　　)。

A.暂停检验检测工作　　　　　　　B.启动偏离程序

C.追回之前的检验检测报告　　　　D.执行不符合工作的处理程序

5.(　　　)是检验检测机构的采购服务内容,因此检验检测机构应建立和保持选择和购买对检验检测质量有影响的服务和供应品的程序。

A.设备安装　　　　　　　　　　　B.新员工招聘

C.仪器设备购置　　　　　　　　　D.废物处理

6.为保证检验检测结果的有效性,抽样作为检验检测工作的一部分时,检验检测机构应建立抽样计划和程序,程序记录包括(　　　)。

A. 抽样程序   B. 抽样人

C. 抽样设备名称   D. 抽样工程部位

7. 从诚信的管理要求而言,检验检测机构应该真实记录检测全过程,保证原始记录的完整、真实和可追溯性,因此检验检测机构不应该随意(　　)原始记录。

A. 销毁   B. 伪造   C. 编造   D. 更改

8. 对于地基承载力,必须采用的平板载荷试验、动力触探法;静力触探法以及标准贯入法是针对(　　)。

A. 乙级资质   B. 甲级资质

C. 丙级资质   D. 桥梁隧道工程专项

9. 诚信文化建设包括(　　)。

A. 质量意识   B. 诚信理念   C. 品牌效应   D. 社会承诺

10. 检验检测机构诚信评价指标由(　　)构成。

A. 法律法规   B. 技术要求   C. 管理要求   D. 责任要求

11. 下列信用评价应当扣分的行为有(　　)。

A. 同时受聘于两个及以上试验检测机构

B. 出借本人试验检测人员资格证书

C. 助理检测师进行报告审核并签字

D. 试验检测人员所在工地试验室信用评价得分小于70分

12. 检验检测机构的试验检测数据应当(　　)。

A. 客观   B. 公正   C. 严谨   D. 准确

13. 划分检测机构等级,除依据检测机构的检测水平外,还需要哪些基本条件(　　)。

A. 主要试验检测仪器设备的配备情况

B. 工商注册资金数量

C. 检测人员配备情况

D. 试验检测环境

14. 下列对于检验检测机构诚信评价结果采信表述正确的是(　　)。

A. 评价结果可由专业诚信评价机构通过第三方检验检测机构诚信信息公共服务平台向全社会公布或政府监管部门及相关部门统一公布

B. 评价结果可由专业诚信评价机构推荐给政府监管部门,以供政府监管部门建立诚信档案并实施分类监管

C. 评价结果可由政府监管部门、政府采购部门、证券、银行、保险、各社会团体和各大电商平台逐步采信

D. 由专业诚信评价机构采集评价结果向社会公布

15. 下列样品管理符合诚信评价要求的行为是(　　)。

A. 对检验检测样品的标识、储存、流转和处理是否进行有效管理

B. 样品管理、全过程流转的记录应真实、完整、可追溯

C. 保存样品流转记录

D. 是否利用有效手段识别样品的来源

16. 下列属于工地试验室失信行为的有(　　)。
    A. 工地试验室或授权负责人未经母体机构有效授权
    B. 未按规定或合同配备相应条件的试验检测人员或擅自变更试验检测人员
    C. 试验检测环境达不到技术标准规定要求的
    D. 未按规定上报发现的试验检测不合格事项或不合格报告

17. 在公路水运检测机构的评定工作中,持单一专业检测人员的证书不会重复计算,但下列持证人除外(　　)。
    A. 行政负责人　　　　　　　　　　B. 技术负责人
    C. 质量负责人　　　　　　　　　　D. 授权签字人

18. 工地试验室选址应充分考虑以下的因素(　　)。
    A. 安全　　　　　B. 环保　　　　　C. 经济因素　　　　D. 交通便利

19. 工地试验室的技术台账一般包括(　　)。
    A. 样品台账　　　　　　　　　　　B. 标准规范台账
    C. 不合格材料台账　　　　　　　　D. 外委试验台账

20. 在《公路水运工程试验检测机构等级标准》中,对公路工程检测机构相关专业高级职称人数及专业配置有要求的是(　　)。
    A. 综合甲级　　　　　　　　　　　B. 综合乙级
    C. 交通工程专项　　　　　　　　　D. 桥梁隧道工程专项

21. 《公路工程试验检测仪器设备服务手册》的适用范围是(　　)。
    A. 加强对设备的控制
    B. 机构对设备的管理
    C. 开展仪器设备的溯源
    D. 便于各级交通运输主管部门开展监督检查、信用评价

22. 方差是一个确定的数值,它反映了随机变量取值的分散程度,方差具有(　　)性质。
    A. $D(X) = E(X^2) - E^2(X)$
    B. 若 X 和 Y 独立,则 $D(X+Y) = D(X) + D(Y)$
    C. $D(C) = 0$
    D. 若 X 和 Y 独立,则 $D(X-Y) = D(X) - D(Y)$

23. 为了做好检验检测机构的诚信保障,应在管理中体现(　　)精神。
    A. 守信激励　　　B. 公平合理　　　C. 失信惩罚　　　　D. 守法奖励

24. 下列既属于检验检测机构的失信行为,也属于工地试验室失信行为的有(　　)。
    A. 聘用重复执业试验检测人员从事试验检测工作的
    B. 超出授权范围开展业务
    C. 试验检测设备未按规定检定校准的
    D. 试验记录、报告存在代签事实的

25. 各省质监机构组织比对试验,应该(　　)。
    A. 年初制定计划　　　　　　　　　B. 计划备案
    C. 年末报实施情况　　　　　　　　D. 自行计划、实施、总结

模拟试卷参考答案及解析

一、单项选择题

1. C

【解析】《公路水运试验检测数据报告编制导则》(JT/T 828—2019)规定,综合评价类报告多数情况属于委托抽样检测的类别。

2. D

【解析】《中华人民共和国标准化法》第四十二条。社会团体、企业未依照本法规定对团体标准或者企业标准进行编号的,由标准化行政主管部门责令限期改正;逾期不改正的,由省级以上人民政府标准化行政主管部门撤销相关标准编号,并在标准信息公共服务平台上公示。

3. C

【解析】《公路水运试验检测机构等级评定及换证复核工作程序》第二十三条(二)。80 分≤评分<85 分,整改期限一般为 3 个月。

4. C

【解析】《中华人民共和国标准化法》第二条。国家标准分为强制性标准、推荐性标准,行业标准、地方标准是推荐性标准。

5. C

【解析】《公路水运试验检测机构等级评定及换证复核工作程序》第十九条。

6. B

【解析】《公路水运试验检测数据报告编制导则》(JT/T 828—2019)及释义规定,数据信息管理要求:检验检测机构应对计算和数据转移进行系统和适当地检查。检测机构应建立和保持数据 完整性、正确性和保密性的保护程序。

7. C

【解析】《公路水运试验检测数据报告编制导则》(JT/T 828—2019)释义规定,综合评价类报告一般是针对结构物检测。

8. A

【解析】根据《公路水运试验检测数据报告编制导则》(JT/T 828—2019)释义规定,结论与分析评估是综合评价类报告的重中之重。

9. C

【解析】《建设工程质量管理条例》第三十一条。施工人员对涉及结构安全的试块、试件以及有关材料,应当在建设单位或者工程监理单位的监督下现场取样,并送具有相应资质等级的质量检测单位进行检测。

10. C

【解析】《公路水运工程试验检测等级管理要求》(JT/T 1181—2018)规定,样品管理情况的检查属于技术能力评审项目。所以只有选项 C 符合规定。

11. C

【解析】《检验检测机构资质认定管理办法》第十三条。资质认定证书内容包括:发证机关、获证机构名称和地址、检验检测能力范围、有效期限、证书编号、资质认定标志。

12. A

【解析】《检测和校准实验室能力认可准则》(CNAS-CL01:2018)6.4.10。当需要利用期间核查以保持对设备性能的信心时,应按程序进行核查。

13. C

【解析】对实验室监督人员的要求应该是检测的关键环节。要注意区分监督员与内审员的职责,内审员可以是全过程,监督员不应该有这个职责。选项 B、D 又达不到人员能力监督的目的。

14. D

【解析】《公路水运工程试验检测管理办法》第二十二条。换证复核结构为不合格的,质监机构当责令其在 6 个月内进行整改,在整改期间不得承担质量评定和工程验收的试验检测业务。

15. D

【解析】《检验检测机构资质认定管理办法》第四十五条。注意区分四十三条与四十五条的内容。检验检测机构有下列情形之一的,资质认定部门应当撤销其资质认定证书:

(一)未经检验检测或者以篡改数据、结果等方式,出具虚假检验检测数据、结果的;

(二)违反本办法第四十三条规定,整改期间擅自对外出具检验检测数据、结果,或者逾期未改正、改正后仍不符合要求的;

(三)以欺骗、贿赂等不正当手段取得资质认定的;

(四)依法应当撤销资质认定证书的其他情形。

被撤销资质认定证书的检验检测机构,三年内不得再次申请资质认定。

16. D

【解析】根据《检验检测机构诚信评价规范》(GB/T 36308—2018)中对评价方法的规定,采用自我评价、第三方评价和社会监督相结合,只有选项 D 与规定是一致的。

17. D

【解析】量值溯源的目的是保证使检验检测机构的检测活动结果的准确性,其他选项是近似选项。

18. D

【解析】理解什么是概率的互斥事件。这是等可能的互斥事件。事件 *A* 和事件 *B* 不能同时发生,则事件 *A* 与 *B* 称为互斥事件。

19. B

【解析】《关于印发工地试验室标准化建设要点的通知》4.6.2。接受外委试验的检测机构应取得《公路水运工程试验检测机构等级证书》(含相应参数)、通过计量认证(含相应参数)且上年度信用等级为 B 级及以上。

20. A

【解析】《国家认监委关于实施〈检验检测机构资质认定管理办法〉的若干意见》八(一)。取得检验检测机构资质认定的机构对其出具的检验检测报告或者证书负责,并承担相应法律责任。检验检测机构因自身原因导致检验检测结果错误、偏离或者其他后果的,应当自行承担相应解释、召回或者赔偿责任。涉及违反相关法律法规的,还应依法追究其相关法律责任。这里需要注意题干是检测结果产生的偏离,而且是自身的原因造成的,处置的办法应该是自行承担相应解释、召回或者赔偿责任。而不是纠偏措施能解决。考生更要区分偏离和不符合工作的定义。

21. B

【解析】根据《检验检测机构诚信评价规范》(GB/T 36308—2018)规定,选项 A、D 是人员管理评价指标;B 选项是人员能力评价指标;C 选项是记录控制评价指标。

22. C

【解析】《检验检测机构诚信评价规范》(GB/T 36308—2018)评价指标下的"识法"二级指标里,含有对是否建立了有关法律法规包括诚信信息的跟踪和实施机制的指标。故选项 C 正确,其他三项与规定不符。

23. D

【解析】《建设工程质量管理条例》第四十二条。建设工程超过合理使用年限后需要继续使用的,产权所有人应委托具有相应资质的勘察、设计单位鉴定。

24. C

【解析】《建设工程质量管理条例》第四十六条。从事专业建设工程质量监督机构,必须经国务院或省级人民政府其他有关部门考核合格。

25. D

【解析】《公路水运工程安全生产监督管理办法》第十四条。施工单位应按照年度施工产值配备专职安全生产管理人员。

26. B

【解析】《检验检测机构诚信评价规范》(GB/T 36308—2018)规定,是否定期向第三方和监管部门提交诚信报告是机构的责任要求。故选项 B 正确,其他三项与诚信评价规范规定不符。

27. A

【解析】互斥事件的定义。对于互斥事件 A 与 B 而言,$P(A+B)=P(A)+P(B)$。

28. D

【解析】《公路水运工程试验检测机构信用评价标准》规定,存在严重失信行为,作为责任单位被部、省级交通运输及以上有关部门行政处罚的,直接确定为 D 级。

29. A

【解析】《公路工程试验检测仪器设备服务手册》规定,公路专用试验检测设备近 600 种,根据溯源方式将其分为通用类、专用类、工具类三类,只有选项 A 符合要求。

30. D

【解析】《数值修约规则与极限数值的表示和判定》(GB/T 8170—2008)。0.2 单位修约。

拟修约数值 X	5X	5X 修约值	X 修约值
830	4150	4200	840

31. C

【解析】《国际单位制及其应用》(GB 3100—1993)。5.5　书写组合单位的名称时,不加乘或(和)除的符号或(和)其他符号。4.3　组合单位的倍数单位一般只用一个词头,并尽量用于组合单位的第一个单位。

32. B

【解析】《通用计量术语及定义》(JJF 1001—2011)5.17。标准差用于表征测量结果的分散性。

33. B

【解析】《公路水运工程试验检测信用评价办法》规定,质监机构用于复核评价的不良信用信息采集每年至少 1 次且要覆盖到评价标准的所有项。

34. B

【解析】《检测和校准实验室能力认可准则》(ISO/IEC 17025:2017)8.3.2。实验室应确保:a)文件发布前由授权人员审查其充分性并批准;b)定期审查文件,必要时更新;c)识别文件更改和当前修订状态;d)在使用地点应可获得适用文件的相关版本,必要时,应控制其发放;e)文件有唯一性标识;f)防止误用作废文件,无论出于任何目的而保留的作废文件,应有适当标识。

35. C

【解析】《关于进一步加强公路水运工程工地试验室管理工作的意见》第六条。母体试验检测机构应加强对授权工地试验室的管理和指导,根据工程现场管理需要或合同约定,合理配备工地试验室试验检测人员和仪器设备,并对工地试验室试验检测结果的真实性和准确性负责。

工地试验室涉及的单位较多,包括建设单位、监理单位、施工总承包单位、检测单位、监督单位等。谁负有主体责任? 应该是母体试验检测机构。

36. C

【解析】《公路工程试验检测仪器设备服务手册》规定,检验参数是指除外观质量等目测、手感项目外的,影响仪器设备量值准确性的技术参数。只有选项 C 符合要求。

37. A

【解析】《检验检测实验室技术要求验收规范》(GB/T 37140—2018)1 范围。本标准适用于新建、改建、扩建的检验检测实验室的设计和建设,以及建设方对设计文件的审查和使用验收。本标准不适用生物安全、动植物检验、净化及医学实验室。

38. D

【解析】《公路水运工程试验检测等级管理要求》(JT/T 1181—2018)6.1.1。试验检测能力即试验检测参数。

39. B

【解析】概率的基本计算公式。这里只要求知道任何列出正确的计算公式。选项 A 表示的是一次任抽 1 件,抽到正品的概率计算公式。

40. D

【解析】当某一测量数据与其测量结果的算术平均值之差大于 3 倍标准偏差时,用公

式表示为 $|x_i - \bar{x}| > 3s$。

二、判断题

1. ×

【解析】《公路工程标准体系》(JTG 1001—2017)4.3.5。注意区分同一板块的"检测模块"的定义,这里应该包括养护环节的室内试验。而"检测模块"是针对现场检测的,因此不包括养护环节的室内试验。

2. ×

【解析】《公路水运试验检测数据报告编制导则》(JT/T 828—2019)规定,公路水运工程试验检测服务方式主要分为工地试验室和母体机构两种,在试验检测工作的信息管理功能方面存在一定差异。

3. ×

【解析】《交通运输部办公厅关于公路水运工程所有检测机构等级评定工作有关事项的通知》七。应该以现场评审组最终确认的数量为准。

4. ×

【解析】根据《公路水运试验检测数据报告编制导则》(JT/T 828—2019)有关检测类报告的编制要求,实验室应准确、清晰、明确和客观地出具结果。本题题干出现了"科学"两个字,这并不是编制要求规定,因此错误。

5. ×

【解析】根据《公路水运试验检测数据报告编制导则》(JT/T 828—2019)有关检测类报告的编制要求,对于采用信息化编制的报告,可使用数字签名。

6. √

【解析】《检验检测机构资质认定　评审员管理要求》第三条。

7. √

【解析】《检验检测机构诚信基本要求》(GB/T 31880—2015)4.1。

8. ×

【解析】《公路水运工程试验检测信用评价办法》第六条。试验检测机构的信用评价实行综合评分制。

9. √

【解析】根据《公路水运试验检测数据报告编制导则》(JT/T 828—2019)有关检测类报告的编制要求,检测类报告采用自动调取委托信息、试验检测数据、结果和手工编辑相结合的方式进行编制。题干与规定一致,因此正确。

10. √

【解析】根据《公路水运试验检测数据报告编制导则》(JT/T 828—2019)释义有关报告的要求:一份合格的报告应编写规范,内容完整,数据、图片、术语准确无误,判定科学、公正、明确。题干与规定一致,因此正确。

11. ×

【解析】根据《公路水运试验检测数据报告编制导则》(JT/T 828—2019)释义规定,检测类报告一般以获得测试结果为主要目的,内容侧重于测试结果的获取;而综合评价类报告是以获得新建及既有工程性质评价结果为目的,内容侧重于检测结论和评价意见科学合理性的证明。因此题干表述错误。

12. ×

【解析】《关于进一步加强工地试验室管理工作的意见》第三条。建设单位可直接委托具有《等级证书》和《计量认证证书》的第三方试验检测机构设立工地试验室。

13. ×

【解析】《公路水运工程试验检测信用评价办法》第十五条。信用评价结果公布前应予以公示,公示期为10个工作日。

14. ×

【解析】《公路水运试验检测数据报告编制导则》(JT/T 828—2019)规定,检测类报告还要增加一项:检测对象属性。

15. √

【解析】《国家认监委关于实施〈检验检测机构资质认定管理办法〉的若干意见》五(三)。资质认定部门应当根据检验检测机构的申请事项、自我声明和分类监管情况,确定复查换证评审方式,减少不必要的现场评审;对检验检测机构依法设立的分支机构,可以根据具体情况简化文件审查、减少现场评审内容,采信相关评价结果,避免重复评审。

16. ×

【解析】《公路水运试验检测数据报告编制导则》(JT/T 828—2019)规定,检测、记录复核由具有权限的人员手签或采用数字签名。

17. ×

【解析】《公路水运工程安全生产监督管理办法》第十九条。施工单位自行设计、组装的施工挂(吊)篮等设施,经有关单位或检测机构验收合格后方可使用。

18. ×

【解析】《关于进一步加强工地试验室管理工作的意见》第四条。母体机构对工地试验室授权的内容包括:授权开展的试验项目及参数、授权负责人、授权工地试验室的公章、授权期限等。

19. ×

【解析】《关于印发工地试验室标准化建设要点的通知》3.1.4。工地试验室工作区总体上可分为功能室、办公室和资料室。工地试验室工作区功能室一般分为:土工室、集料室、石料室、水泥室、留样室等,不包括收样室。

20. ×

【解析】本题注意区分设备的管理标识和状态标识的区别。根据《关于印发工地试验室标准化建设要点的通知》4.2.4,仪器设备的管理状态标识包括:设备名称、编号、生产厂商、型号、操作人员和保管人员等信息。仪器设备的使用状态标识分为三种:合格、准用、停用。

21. ×

【解析】《公路水运试验检测数据报告编制导则》(JT/T 828—2019)规定,仪器设备管理卡设置二维码,是通过扫码查看设备基本信息、检定/校准等信息;而检测进度、报告编制进度的查验是委托合同上的二维码查验。

22. ×

【解析】《公路水运工程试验检测机构等级评定及换证复核工程程序》第一条。制定依据为《公路水运工程试验检测管理办法》。

23. ×

【解析】《公路水运工程试验检测机构等级评定及换证复核工程程序》"二、水运工程试验检测机构等级标准"表1。应该是材料丙级没有高级职称要求。

24. ×

【解析】《公路水运工程试验检测等级管理要求》(JT/T 1181—2018)5.1。检测机构试验检测能力由试验检测的专业、领域、项目及参数4个层次表示。

25. √

【解析】《数值修约规则与极限数值的表示和判定》(GB/T 8170—2008)3.3。报出值最右的非零数字为5时,应在数值右上角加"+"或"−"或不加符号,分别表明已经进行过舍、进或未舍未进。这样表述是为了避免连续修约。

26. √

【解析】《公路水运工程试验检测等级管理要求》(JT/T 1181—2018)表 C.1。对于理论最大相对密度,甲级、乙级必须采用真空法和计算法;丙级必须采用真空法。

27. √

【解析】根据《检验检测机构诚信评价规范》(GB/T 36308—2018)责任要求指标的规定,是否获得有效的第三方机构颁发的质量管理体系认证证书、环境管现体系认证证书和安全管理体系认证证书,是评价机构的公共责任、道德行为和公益支持的指标要求。

28. ×

【解析】《公路水运工程试验检测专业技术人员职业资格考试实施办法》。第一条　人力资源社会保障部、交通运输部按照职责分工负责指导、监督和检查公路水运工程助理试验检测师、试验检测师职业资格考试的实施工作。第二条　交通运输部职业资格中心具体负责公路水运工程助理试验检测师、试验检测师职业资格考试的实施工作。

29. √

【解析】《检验检测机构诚信评价规范》(GB/T 36308—2018)4 评价原则。

30. √

【解析】《公路工程试验检测仪器设备服务手册》规定,"编号"是《服务手册》所列仪器设备的唯一标识,统一采用字母加数字的10位字符编码。

三、多项选择题

1. ABCD

【解析】《公路水运试验检测数据报告编制导则》(JT/T 828—2019)规定,综合评价类报告是指以获得新建及既有工程性质评价结果为目的,针对材料、构件、工程制品及实体的一个或多个技术指标进行检测而出具的数据结果、检测结论和评价意见。

2. ABC

【解析】《公路水运试验检测数据报告编制导则》(JT/T 828—2019)规定,目前新技术的运用主要是物联网运用、二维码运用、数据报告电子化,而软化点测定仪只是可以作为物联网运用的具体仪器设备,所以只能选 ABC。

3. ABCD

【解析】《公路水运试验检测机构等级评定及换证复核工作程序》第十四条。

4. ACD

【解析】本题注意区分什么是偏离什么叫不符合工作。不符合是指检验检测活动不满足标准或者技术规范的要求、与客户约定的要求或者不满足体系文件的要求。偏离指一定的允许范围、一定的数量和一定的时间段等条件下的书面许可。《检验检测机构资质认定能力评价　检验检测机构通用要求》(RB/T 214—2017)4.4.5 规定,设备出现故障或者异常时,检验检测机构应采取相应措施,如停止使用、隔离或加贴停用标签、标记,直至修复并通过检定、校准或核查表明设备能正常工作为止。应核查这些缺陷或超出规定限度对以前检验检测结果的影响。

如果设备出现故障或者异常,检验检测机构还应对这些因缺陷或超出规定极限而对过去进行的检验检测活动造成的影响进行追溯,发现不符合应执行不符合工作的处理程序,暂停检验检测工作、不发送相关检验检测报告或证书,或者追回之前的检验检测报告或证书。

5. ACD

【解析】《检验检测机构资质认定能力评价　检验检测机构通用要求》(RB/T 214—2017)4.5.6。采购服务,包括检定和校准服务,仪器设备购置,环境设施的设计和施工,设备设施的运输、安装和保养,废物处理等。

6. AB

【解析】《检验检测机构资质认定能力评价　检验检测机构通用要求》(RB/T 214—2017)4.5.17 及条文释义。选项 C 应该包括在抽样计划里。选项 D 应该记录在检测记录和报告里。4.5.17 释义里说明,当抽样作为检验检测工作的一部分时,检验检测机构应有程序记录与抽样有关的资料和操作。这些记录应包括所用的抽样程序、抽样人的识别、环境条件(如果相关)、必要时有抽样位置的图示或其他等效方法,如适用,还应包括抽样程序所依据的统计方法。

7. ACD

【解析】《检验检测机构诚信基本要求》(GB/T 31880—2015)4.4.5 记录控制。

8. BD

【解析】《公路水运工程试验检测等级管理要求》(JT/T 1181—2018)表 C.1。甲级资质、桥梁隧道工程专项,对于地基承载力,必须采用:平板载荷试验,动力触探法,静力触探法,标准贯入法;而十字剪切法不是必需的。因此选项 B、D 正确。

9. ABCD

【解析】《检验检测机构诚信评价规范》(GB/T 36308—2018)规定,对于检测机构诚信评价中的对诚信文化的评价,主要看诚信建设是否包括质量意识、诚信理念、品牌效应、社会承诺四项。因此四个选项都正确。

10. ABCD

【解析】《检验检测机构诚信评价规范》(GB/T 36308—2018)规定,检验检测机构诚信评价指标构成基于 GB/T 31880—2015,应包括法律法规指标,技术要求指标,管理要求指标,责任要求指标,否决项指标。题目中的四个选项都属于规定中的指标。

11. ABD

【解析】依据《公路水运工程试验检测信用评价办法》,选项 A 扣 20 分(信用代码 JJC203004);选项 B 扣 20 分(信用代码 JJC203005);选项 D 扣 20 分(信用代码 JJC2003014)。

12. ABD

【解析】《公路水运工程试验检测管理办法》第三十条。检验检测机构应当严格按照现行有效的国家和行业标准、规范和规程独立开展检测工作,不受任何干扰和影响,保证试验检测数据客观、公正、准确。

13. ACD

【解析】《公路水运工程试验检测管理办法》第六条。检测机构等级,是依据检测机构的公路水运工程试验检测水平、主要试验仪器、仪器设备及检测人员的配备情况、试验检测环境等基本条件对检测机构进行的能力划分。

14. ABC

【解析】《检验检测机构诚信评价规范》(GB/T 36308—2018)规定,检验检测机构诚信评价结果采信:一是可由专业诚信评价机构通过第三方检验检测机构诚信信息公共服务平台向全社会公布或政府监管部门及相关部门统一公布;二是可由专业诚信评价机构推荐给政府监管部门,以供政府监管部门建立诚信档案并实施分类监管;三是可由政府监管部门、政府采购部门、证券、银行、保险、各社会团体和各大电商平台逐步采信。选项 ABC 与规定一致,所以正确;而选项 D 不符合规定。

15. ABCD

【解析】《检验检测机构诚信评价规范》(GB/T 36308—2018)规定,对于样品管理须做到:a) 对检验检测样品的标识、储存、流转和处理是否进行有效管理;b) 是否利用有效手段识别样品的来源;c) 样品管理、全过程流转的记录应真实、完整、可追溯;d) 保存样品流转记录。题目的四个选项与规定一致,因而都正确。

16. ABCD

【解析】根据《公路水运工程试验检测信用评价办法》的规定,选项 A 属于行为代码为 JC202004 的失信行为;选项 B 是行为代码为 JC202007 的失信行为;选项 C 是行为代码为 JJC202009 的失信行为;选项 D 是行为代码为 JC202012 的失信行为。因此四个选项符合要求。

17. ABC

【解析】《公路水运工程试验检测机构等级评定及换证复核工作程序》第八条(二)。

18. ABD

【解析】《关于印发工地试验室标准化建设要点的通知》3.1.1。工地试验室选址应充分考虑安全、环保、交通便利及工程质量管理要求等因素,其周边场地一般应进行硬化处理。

19. ACD

【解析】《关于印发工地试验室标准化建设要点的通知》4.4.4。试验检测台账分为管理和技术台账。其中,管理台账一般包括人员、设备、标准规范等台账;技术台账一般包括原材料进场台账、样品台账、试验/检测台账、不合格材料台账、外委试验台账等。

20. ABCD

【解析】《公路水运工程试验检测机构等级标准》"一、公路工程试验检测机构等级标准"表1。除综合丙级外,其余四个等级(综合甲级、综合乙级、交通工程专项、桥梁隧道工程专项)均有要求。

21. BCD

【解析】《公路工程试验检测仪器设备服务手册》的适用范围是:(1)试验检测机构用于开展仪器设备的溯源;(2)工程从业单位在工程管理,加强质量控制时对设备的管理;(3)各级交通运输主管部门开展监督检查、信用评价。因此,只有选项A是错误的。

22. ABC

【解析】方差的定义。

23. AC

【解析】《检验检测机构诚信评价规范》(GB/T 36308—2018)的管理要求中,对诚信的保障是应体现守信激励、失信惩罚的要求。

24. AC

【解析】根据《公路水运工程试验检测信用评价办法》的规定,表1机构的行为代码JC201008和表2的行为代码JJC202003,都规定了聘用重复执业试验检测人员从事试验检测工作的属于失信行为;表1机构的行为代码JC201014和表2的行为代码JC202008,都规定了试验检测设备未按规定检定校准的属于失信行为。因此只有选项AC正确。

25. ABC

【解析】《公路水运工程试验检测管理办法》第四十四条。质监机构应当组织比对试验,验证检测机构的能力。部质量监督机构不定期开展全国检测机构的比对试验。各省级交通质监机构每年年初应当制定本行政区域检测机构年度比对试验计划,报部质量监督机构备案,并于年末将比对试验的实施情况报部质量监督机构。